Human
Resources

普通高等职业教育“教学做”一体化教材

21世纪高职高专规划教材·人力资源管理系列

孙立如　编著

劳动关系实务操作

（第三版）

中国人民大学出版社

·北京·

图书在版编目（CIP）数据

劳动关系实务操作 / 孙立如编著. --3版. --北京：中国人民大学出版社，2021.2
21世纪高职高专规划教材. 人力资源管理系列
ISBN 978-7-300-29043-0

Ⅰ. ①劳… Ⅱ. ①孙… Ⅲ. ①劳动关系-中国-高等职业教育-教材 Ⅳ. ①F249.26

中国版本图书馆CIP数据核字（2021）第030907号

普通高等职业教育"教学做"一体化教材
21世纪高职高专规划教材·人力资源管理系列
劳动关系实务操作（第三版）
孙立如 编著
Laodong Guanxi Shiwu Caozuo

出版发行	中国人民大学出版社		
社　址	北京中关村大街31号	邮政编码	100080
电　话	010－62511242（总编室）		010－62511770（质管部）
	010－82501766（邮购部）		010－62514148（门市部）
	010－62515195（发行公司）		010－62515275（盗版举报）
网　址	http：//www.crup.com.cn		
经　销	新华书店		
印　刷	北京溢漾印刷有限公司	版　次	2009年2月第1版
开　本	787 mm×1092 mm　1/16		2021年2月第3版
印　张	16.5	印　次	2024年5月第3次印刷
字　数	376 000	定　价	39.00元

第二版前言

劳动关系是社会关系的重要组成部分，劳动关系的稳定和谐是社会和谐的基础。近年来，随着我国经济体制改革的不断发展、劳动领域改革的深入进行、法制建设的不断完善，特别是随着2007年《劳动合同法》和《劳动争议调解仲裁法》的颁布实施，劳动关系双方——用人单位与劳动者的利益日渐公开化、法制化，劳动关系问题日益突出和复杂化。2007年11月，劳动和社会保障部（现人力资源和社会保障部）颁布了《劳动关系协调员国家职业标准（试行）》（以下简称《试行标准》）；2019年3月，人力资源和社会保障部在对《试行标准》进行修订的基础上，制定并颁布实施了《劳动关系协调员国家职业技能标准（2019年修订）》，该标准的颁布实施，标志着我国劳动关系管理专业人员队伍的建设进入更加规范化和法制化的轨道。所有这些变化都给劳动关系管理带来了新的挑战。如何把握劳动关系管理环节，如何预防和避免劳动争议的发生，发生劳动争议后如何处理等，成为企业管理者普遍关心的问题。

近年来，随着劳动关系日益引起全社会的普遍关注，各大专院校人力资源管理专业、劳动与社会保障专业纷纷开设了劳动关系管理类课程，许多院校也设立了劳动关系管理专业。为了满足各高校开设此课程以及企业劳动关系管理人员准确把握劳动关系管理实务、提高劳动关系管理水平的需求，作者结合多年来从事劳动关系管理咨询、教学研究和劳动争议处理的实践经验，编写了本书。本书积极发挥教材培根铸魂的重要作用，做到知识传授与品德修养相互促进的高度统一。本书以习近平新时代中国特色社会主义思想为指导，全面融入党的二十大精神，在进行相关知识阐释的过程中，始终把提高学生的思想道德素质与专业素养融为一体，培养学生诚实守信、爱岗敬业等优秀品质。本书的特点主要体现在以下几个方面：

（1）力求"实际、实操、实用、实效"。本书对劳动关系运行环节的每个流程、每个环节的操作方法进行了阐释，突出劳动关系管理技术，以帮助学生和劳动关系管理人员迅速了解劳动关系管理的内容和方法。

（2）以劳动关系协调员的国家职业技能标准为基础，结合企业劳动关系管理的实际选取内容，融考证和社会需求为一体。本书在内容上力求浓缩精华，具有针对性、典型性、实用性；内容的选取既考虑等级认定考证所需知识，更注重社会实践需要。

（3）采用项目化技能训练模式组织教材内容，每个项目下有从实践中提炼出来的典型的工作任务和相应的业务示例及学生实操演练的任务，实现"教、学、练、做"

的一体化。

（4）考虑到劳动关系管理的实际需要和学生的实际需要，在内容的选取上，本书遵循“理论够用”“技能过硬”的原则，在每个项目下设相关知识链接对基本理论做简单的介绍，侧重于业务技能与实操演练，每个任务在给出业务示例的基础上又设计了实操的内容，以帮助读者消化、掌握劳动关系管理各个环节的操作技能。

本书自第二版出版至今已有近 6 年。在此期间，劳动关系、劳动争议都呈现出了许多新的特点，并且国家新出台了部分法律、法规，为此，我们对第二版进行了必要的调整和修改。新版教材结合了最新出台的法律、法规，与国家劳动关系协调员职业技能标准更加贴近，更突出了实务操作方面的特色。

本书既可以用作职业院校“劳动关系管理实务”课程的教材，也可以用作用人单位人力资源管理人员、劳动关系管理人员、法律顾问实际操作的指导书，还可以用作劳动关系协调员职业技能等级认定考试的参考书。

本次修订得到了刘兰老师的大力支持，在此表示感谢！

编者

目录

导 论

构建和谐社会要求在全社会形成融洽和谐的社会关系，而劳动关系是当今社会经济生活中最普遍、最基础、最重要的社会关系。劳动关系和谐与否，不仅关系到劳动者及其家庭的幸福安康，更关系到经济的发展与社会的稳定，从这个意义上说，劳动关系是社会和谐的“风向标”和“晴雨表”。

劳动关系也是复杂的社会关系，其内容高度敏感，形式复杂多样。从当前的情况看，我国的劳动关系总体上和谐稳定，但也存在矛盾与摩擦，特别是在共享经济等新型业态大量涌现的形势下，新型劳动关系不断产生，再加上缺乏成熟的调控机制，使得我国目前的劳动关系总体上比以前更加脆弱，劳动违法案件和劳动争议案件数量也在持续增长。为适应新形势下保持和谐劳动关系这一需要，用人单位有必要建立劳动关系管理的专业化队伍，从事劳动关系管理的专业化运作。劳动关系管理业务包括建立、履行、变更、解除、终止劳动关系，协调劳动关系和劳动争议处理等环节的操作。

一、劳动关系管理员职位描述

企业劳动关系管理包括劳动标准管理、劳动合同管理、集体协商和集体合同管理、劳动规章制度管理、企业民主管理、劳动争议处理等方面的内容，从事劳动关系管理活动的职位被称为劳动关系管理职位。

（一）职位概况

职业名称：劳动关系协调员

职业编码：4-07-03-02

职业定义：从事劳动保障法律法规宣传、用人单位劳动标准和劳动规章制度制定、劳动合同管理、参与集体协商、劳企沟通、劳动争议预防与处理等工作的人员。

相关职业岗位群：“劳动关系协调员”职业技能标准以协调劳动关系为核心内容，因此，在实践中，劳动关系协调员这一职业分布于众多不同的岗位，形成了各自独立又相互关联的岗位群。例如：隶属于人力资源管理部门的劳动关系管理人员，隶属于工会组织的劳动关系协调人员，隶属于基层调解组织的劳动争议协商调解人员，等等。其中，隶属于人力资源管理部门的劳动关系管理人员最为典型。

典型职位名称：劳动关系管理职位。

职务名称：劳动关系管理员、劳动关系管理主办（管）、劳动关系管理项目经理、劳动关系协调员、劳动关系专员。

隶属关系：隶属于人力资源部。

（二）主要业务职责

劳动关系管理职位的主要业务职责是：劳动标准管理，劳动关系的建立、履行、变更、解除和协调。具体包括以下几个方面：

（1）劳动标准管理。包括：收集整理用人单位实施劳动标准的情况和问题、核算各项劳动标准、宣讲并检查用人单位劳动标准实施情况。

（2）劳动合同管理。包括：劳动合同实施办法的拟订，劳动合同书及各类专项协议书的拟订，劳动合同变更操作及各种变更文书的拟订，终止、解除劳动合同手续的办理及文书的拟订和发送等。

（3）集体协商与集体合同管理。包括：作为集体协商中的用人单位代表参与集体协商活动、拟订集体协商议题、拟订集体合同草案、报送集体合同草案等。

（4）劳动规章制度建设。包括：拟订劳动规章制度草案、指导管理人员正确运用规章制度。

（5）企业民主管理。包括：撰写厂务公开报告、主持劳企协商会议、组织职工代表大会代表的推选工作、组织并主持职工代表大会会议。

（6）参与劳动争议的处理。包括：作为用人单位在劳动争议调解委员会中的代表参与劳动争议调解工作、作为用人单位的代理人参与劳动争议仲裁和诉讼活动。

二、任职要求

（一）业务知识要求

1. 掌握基本理论

劳动关系管理员应掌握的基本理论知识有：劳动关系的基本理论，人力资源管理的基本理论，劳动争议处理的基本理论，沟通的基本理论，劳动合同、集体合同以及劳动经济学的基本理论等。

2. 熟悉有关的劳动法律法规和政策

劳动关系管理员的工作具有法律性、政策性很强的特点，因而要求劳动关系管理员必须熟悉有关的劳动法律、法规和政策。这些法律、法规和政策包括如下几个方面：

（1）与劳动合同有关的法律、法规和政策。

（2）与集体协商、集体合同有关的法律、法规和政策。

（3）与劳动标准有关的法律、法规和政策。

（4）与劳动规章制度有关的法律、法规和政策。

（5）与民主管理有关的法律、法规和政策。

（6）与劳动争议处理有关的法律、法规和政策。

3. 掌握劳动关系管理的业务流程

劳动关系管理有很强的程序性，因此，劳动关系管理员必须掌握以下业务流程方面的知识。

（1）劳动关系的建立流程。

（2）劳动关系的变更流程。

（3）劳动关系的消灭流程。

(4) 劳动争议处理的流程。

(5) 员工沟通的流程。

(6) 民主管理的流程。

(7) 劳动标准管理的流程。

(二) 业务能力要求

劳动关系管理员的业务能力要求包括以下方面：能够收集用人单位实施劳动标准的情况和问题，并对问题进行分析；能够宣讲劳动标准的内容；能够根据用人单位的实际需要设计招聘录用条件，草拟劳动合同制实施细则（办法），拟订劳动合同书文本及各类专项协议；能够根据劳动法律、法规和企业实际进行试用期、医疗期管理；能够根据劳动关系变化情况为职工办理劳动合同的变更、解除、终止手续，并核算相应的经济补偿金；能够征集并整理有关集体协商的议题和意见，起草集体合同草案；能够拟订规章制度草案，并指导规章制度的实施；能够设计劳动关系管理的信息体系，与员工进行有效的沟通；能够组织并设计职工代表大会流程；能够作为用人单位行政方面的代表在单位劳动争议调解委员会中参与劳动争议的处理，并会拟订相应的文书；熟悉劳动仲裁的程序，能够代表用人单位参与劳动仲裁和诉讼活动，会撰写劳动争议仲裁申请书、答辩书以及劳动争议起诉书和答辩书。

三、本书的主要内容及体系

本书在内容上按《劳动关系协调员国家职业技能标准（2019 年修订）》和劳动关系的运行环节设置相应的模块，每个模块以项目的形式体现，项目之下设有相关知识链接和若干工作任务。相关知识链接部分简要介绍相应项目必须具备的基本理论知识；工作任务下设业务技能与业务示例、实操演练。业务技能与业务示例部分主要介绍劳动关系运行环节各个工作任务下的各项实操技能及应注意的问题，并给出示例；实操演练部分主要是给出实际背景，并提出具体的任务要求，供读者练习之用。本书由九个项目组成，即劳动标准管理，员工入职与建立劳动关系管理，履行、变更劳动关系管理，解除与终止劳动关系管理，劳务派遣与非全日制用工管理，企业民主管理，集体协商与集体合同管理，劳动规章制度管理，劳动争议处理。

项目一　劳动标准管理

相关知识链接

一、劳动标准的含义与特征

（一）劳动标准的含义

标准是指衡量事物的准则。《标准化和有关领域的通用术语　第一部分：基本术语》（GB/T3935.1—1996）中对标准的定义是："为在一定范围内获得最佳秩序，对活动或其结果规定共同的和重复使用的规则、导则或特性的文件。该文件经协商一致制定并经一个公认机构的批准。"标准应以科学、技术和经验的综合成果为基础，以促进最佳社会效益为目的。

将标准引入劳动关系领域，即为劳动标准。所谓劳动标准，是指基于劳动领域的自然科学、社会科学和实践经验的综合成果，经有关方面协商一致决定，或由有关方面批准，以多种形式发布的对劳动过程和劳动关系领域内的重复性事物、概念和行为所做的统一规定，作为共同遵守的准则和依据。劳动标准有广义和狭义之分。狭义的劳动标准又称劳动基准，是指国家以强制性规范规定的关于就业、工资、工时、劳动条件、劳动安全卫生、女职工和未成年工特殊保护等方面的劳动标准。广义的劳动标准除了包括狭义的劳动标准的内涵之外，还包括那些劳动领域的定性规范以及更广泛的描述性规定。本教材中的劳动标准均为狭义的劳动标准的概念。

（二）劳动标准的特征

1. 重复性

劳动标准是对劳动者劳动过程、劳动条件以及相关管理活动等方面的重复性事物、概念和行为作出的统一规定。所谓重复性，是指任一事物、概念和行为反复多次出现的性质，比如任何劳动者进行同类劳动都需要具备相应劳动能力和技能水平；又如流水线作业的劳动者千百次从事同一项劳动，因而劳动标准是可以反复使用的。

2. 制定主体的多样性

由于劳动标准的对象既有自然属性，又有社会属性，不同于产品类标准的对象只具有自然属性中的物理、化学等性质，因而不能采用单一方式、单一主体制定，尤其不能单一地采用技术办法制定劳动标准，而必须从劳动标准对象的多样性和复杂性出发，对不同类型的劳动标准对象采取不同的制定标准的方式。有的由立法机关制定，比如关于劳动者基本权益保障的劳动标准；有的由标准化机构制定，比如劳动安全卫生标准；有的由劳动关系双方协商制定或者由用人单位一方制定，比如集体合同中的有关劳动标准、企业规章制度中的有关劳动标准等。

3. 表现形式的多样性

由于劳动标准对象和劳动标准制定方式的多样性，使劳动标准的表现形式不同于工业标准所规定的“以特定形式发布”，而必须根据劳动标准对象的不同性质以及制定主体的不同，分别确定其不同的表现形式，有的采取劳动法律、法规规范性文件的表现形式，有的采取国家标准规范性文件的表现形式，有的采取劳动关系双方签订契约的表现形式，有的采取用人单位规章制度的表现形式，而且既可以采用定量的、以数据明确劳动标准的表现形式，也可以采用定性的、以文字描述劳动标准的表现形式。

4. 作用方式的多样性

劳动标准有强制性作用，比如劳动法律、法规中规定的劳动标准，国家标准化机构批准的强制性劳动标准都具有法律强制力，有关方面必须遵照执行。劳动标准又有非强制性作用，比如国家标准化机构推荐的劳动标准就没有强制性，只提倡、鼓励有关方面执行；又比如企业规章制度中规定的劳动标准，虽没有法律强制力，但具有约束力，要求企业内部有关方面和人员执行。

5. 具有不同的效力等级

由于制定的主体不同，劳动标准具有不同的效力等级。其中，国家劳动立法规定的标准为最低劳动标准。所谓最低劳动标准，就是给劳动者提供的最低限度的保护，用人单位给劳动者提供的劳动条件只能高于最低标准，不得低于最低标准。其他形式的劳动标准均不得低于国家规定的标准，如集体合同、内部规章制度中规定的标准均不得低于国家规定的标准。在各种形式的劳动标准中，国家劳动标准居于核心地位。

二、劳动标准的内容体系

依据劳动领域的多样性，按照劳动标准的对象进行分类，可以将劳动标准划分为就业、工作条件、劳动关系调整、职业技能开发、劳动安全卫生、社会保险、劳动行政管理等多种劳动专业标准。这些专业中的重复性事物、概念和行为就是劳动标准的对象，通过对这些对象制定劳动标准，就形成了各专业的劳动标准系统。

在各类劳动标准中，工作时间与休息休假标准、工资和福利标准、劳动保护标准是三项核心内容。这里重点讨论工作时间与休息休假标准、工资标准。

三、工作时间与休息休假标准

（一）工作时间的含义

工作时间，是指依照法律的规定，劳动者在一昼夜或者一周之内，用于完成本职工作的劳动时间。一昼夜内工作时数的总和称为工作日，一周之内工作日的总和称为工作周。

劳动者工作时间的范围，不仅包括作业时间，还应包括准备工作时间、结束工作时间以及法定非劳动消耗时间。如劳动者自然需要中断时间、工间休息、工间操时间等；工艺需要中断时间；产品发酵、发育、繁殖、凝结时间等；停工待活时间如等待渔期、农副产品收获期，女职工哺乳婴儿时间等。再者，劳动者依法律、法规的规定，探亲及参加社会活动应视同提供了“正常劳动”。

（二）最高工时标准

最高工时标准又称法定最长工时，是指法律规定的在一定自然时间（一日或一周）内工作时间的最长限度。根据我国现行法律规定，劳动者每日工作时间不得超过 8 小时，平均每周工作时间不得超过 40 小时，任何单位和个人不得擅自延长工作时间。

最高工时标准的法律效力主要表现为以下几个方面：

（1）最高工时标准在全国范围内应当普遍执行。除了法定情形外，用人单位不得突破最高工时标准。

（2）企业因生产特点不能依照最高工时标准的要求实行作息办法而采用其他工时情形时，必须符合法定条件，并且经有权部门批准。

（3）对于实行计件工资的劳动者，用人单位应根据日或周最长工时，合理确定劳动者的劳动定额和劳动报酬。

（4）用人单位不遵守最高工时标准的，应当承担法律责任。

（三）工作时间制度的种类

1. 标准工时制

标准工时制是指由国家法律规定的，在一般情况下劳动者从事职业劳动的工作时间制度。标准工时制是工时立法的基础，适用最广泛。

我国从 1995 年 5 月 1 日起实行的标准工时为：每日标准工作时间 8 小时，每周标准工作时间 40 小时。用人单位应当保证劳动者每周至少休息一日。

2. 缩短工时制

缩短工时制是指工作时间短于标准工时的工作时间制度。缩短工时制适用于特殊条件下从事劳动和有特殊情况的职工。在特殊条件下从事劳动和有特殊情况，需要在每周工作 40 小时的基础上再适当缩短工作时间的，应在保证完成生产和工作任务的前提下，根据《中华人民共和国劳动法》（以下简称《劳动法》）的相关规定，由企业根据实际情况决定。缩短工时制主要适用于下列人员：

（1）从事矿山井下、高山、有毒有害、特别繁重或过度紧张等作业的劳动者。

（2）从事夜班工作的职工。

（3）哺乳期内及怀孕 7 个月以上的女职工。

（4）未成年工。

3. 不定时工作制

不定时工作制是指对于职责范围不能受固定工作时数限制的劳动者实行的工作时间制度。实行不定时工作制的员工，其工作时间不受日延长工作时间和月延长工作时间标准的限制。按照《关于企业实行不定时工作制和综合计算工时工作制的审批办法》（劳部发〔1994〕503号）文件的规定，可以实行不定时工作制的职工主要有以下三种：

（1）企业中的高级管理人员、外勤人员、推销人员、部分值班人员和其他因工作无法按标准工作时间衡量的职工。

（2）企业中的长途运输人员、出租汽车司机和铁路、港口、仓库的部分装卸人员以及因工作性质特殊，需机动作业的职工。

（3）其他因生产特点、工作特殊需要或职责范围的关系适合实行不定时工作制的职工。

关于不定时工作制，在实践中要把握以下几点：

第一，执行不定时工作制必须经当地劳动行政部门审批。

第二，企业必须与执行不定时工作制的劳动者明确约定。

第三，经批准实行不定时工作制的劳动者，其工作时间超过标准工作时间的，不视为延长工作时间，用人单位无须支付延长工作时间的劳动报酬。

4. 综合计算工时工作制

综合计算工时工作制是指分别以周、月、季、年等为周期综合计算工作时间，但其平均日工作时间和平均周工作时间应与法定标准工作时间基本相同的工时制度。

关于综合计算工时工作制，要把握以下几点：

（1）在综合计算周期内，某一具体日（或周）的实际工作时间可以超过8小时（或40小时），但综合计算周期内的总实际工作时间不应超过总法定标准工作时间，超过部分应视为延长工作时间，并按《劳动法》第44条第1款的规定支付150％的工资报酬。其中，在法定休假日安排劳动者工作的，按《劳动法》第44条第3款的规定，支付300％的工资报酬，在公休日安排劳动者工作的，无须支付加班工资。另外，延长工作时间的小时数平均每月不得超过36小时。

（2）可以实行综合计算工时工作制的职工主要包括交通、铁路、邮电、水运、航空、渔业等行业中因工作性质特殊需连续作业的职工；地质及资源勘探、建筑、制盐、制糖、旅游等受季节和自然条件限制的行业的部分职工；其他适合实行综合计算工时工作制的职工。

（3）执行综合计算工时工作制必须经过当地劳动行政部门审批。

（4）企业实行综合计算工时工作制以及在实行综合计算工时工作制中采用何种工作方式，一定要与工会和劳动者协商。

综合计算工时工作制与不定时工作制的区别主要体现在：实行不定时工作制的劳动者不存在加班加点的问题，而实行综合计算工时工作制的劳动者，其一个周期内的工作时间应与法定工作时间基本相同，超过法定工作时间的，应视为加班加点。

（四）休息休假

休息休假又称休息时间制度，是指劳动者在国家规定的法定工作时间以外，免于履行劳动义务而自行支配的时间。它是劳动者实现休息权的法定必要时间。

日常休息时间，是指工作日内不计入工作时间的间歇时间和计入工作时间的间歇时间（即法定非劳动消耗时间）以及相邻两个工作日之间和相邻两个工作周之间的休息时间（周休日）。

休假，是指劳动者依法享受的各种假日，即劳动者各种带薪休息，是法定的劳动者免于上班劳动并且有工资保障的休息时间。

我国的休息休假主要有以下几种。

1. 工作日内的间歇时间

工作日内的间歇时间，是指在一个工作日内给予劳动者作为休息和用膳的时间。工作日内的间歇时间大多数情况下是指中午的午餐和休息时间，间歇时间的长短可由各单位根据具体情况而定，一般不得少于半小时。

2. 两个工作日之间的休息时间

两个工作日之间的休息时间，是指劳动者在一个工作日结束后至下一个工作日开始前的休息时间。我国实行 8 小时工作制，职工从一个工作日结束至下一个工作日开始前的休息时间一般为 15 至 16 小时。

3. 周休息

周休息又称公休日休息，是指劳动者一周内享有连续休息一天（24 小时）以上的休息时间。按现行规定，一般情况下劳动者每周应休息两天，即星期六和星期日。

4. 法定节日休假

法定节日休假，是指根据国家、民族的传统习俗而由法律规定的在节日实行的休假。根据国务院 2013 年修订的《全国年节及纪念日放假办法》（国务院令第 644 号）的规定，用人单位在法定应当放假的节日和纪念日，应当安排劳动者休假。其各种休假日如下所述：

（1）全体公民放假的节日。

根据《全国年节及纪念日放假办法》第 2 条的规定：新年放假 1 天（1 月 1 日）；春节放假 3 天（农历正月初一、初二、初三）；清明节放假 1 天（农历清明当日）；劳动节放假 1 天（5 月 1 日）；端午节放假 1 天（农历端午当日）；中秋节放假 1 天（农历中秋当日）；国庆节放假 3 天（10 月 1 日、2 日、3 日）。全体公民放假的假日，若适逢休息日，应当在工作日补假，而部分公民放假日适逢休息日，则不补假。法定节假日属于带薪假日。全民公休节日的假期通过调整双休日来集中休假，休假时段每年由国务院发布。

（2）部分公民放假的节日及纪念日。

除了全体公民放假的节日外，还有部分公民放假的节日及纪念日，包括妇女节（3 月 8 日妇女放假半天）、青年节（5 月 4 日 14 周岁以上的青年放假半天）、儿童节（6 月 1 日不满 14 周岁的少年儿童放假 1 天）、中国人民解放军建军纪念日（8 月 1 日现役军人放假半天）。

（3）少数民族习惯的节日。

少数民族习惯的节日，由各少数民族聚居地区的地方人民政府，按照各该民族习惯，规定放假日期。

根据国家有关规定，用人单位在除了全体公民放假的节日外的其他休假节日，也应当安排劳动者休假。另外，“二七”纪念日、“五卅”纪念日、“七七”抗战纪念日、

“九三”抗战胜利纪念日、“九一八”纪念日、教师节、护士节、记者节、植树节等其他节日、纪念日，均不放假。我国传统的农历重阳节等其他节日，也不放假。

5. 探亲休假

探亲休假是指在国家机关、人民团体和全民所有制企业、事业单位工作满一年且与配偶、父母不住在一起，又不能在公休日团聚的劳动者探望配偶和父母而享受的休假时间。劳动者探望配偶的，每年给予一方探亲假一次，假期为 30 天；未婚者探望父母的，每年给假一次，假期为 20 天，若 2 年休假一次，则可给假 45 天；已婚者探望父母的，每 4 年给假一次，假期为 20 天。探亲可给予路程假。具体如表 1-1 所示。

表 1-1　探亲休假具体规定

	未婚职工	已婚职工
探望父母	每年 1 次，每次 20 天；若 2 年休假一次，可给假 45 天	每 4 年 1 次，每次 20 天
探望配偶		每年 1 次，每次 30 天

6. 年休假

年休假是指连续工作一年以上的劳动者享受的每年一次连续的带工资的休假时间。

（1）年休假的适用范围和享受条件。

机关、团体、企业、事业单位、民办非企业单位、有雇工的个体工商户等单位的职工连续工作一年以上的，享受带薪年休假。

职工有下列情形之一的，不享受当年的年休假：1）职工依法享受寒暑假，其休假天数多于年休假天数的；2）职工请事假累计 20 天以上且单位按照规定不扣工资的；3）累计工作满 1 年不满 10 年的职工，请病假累计 2 个月以上的；4）累计工作满 10 年不满 20 年的职工，请病假累计 3 个月以上的；5）累计工作满 20 年以上的职工，请病假累计 4 个月以上的。已经休了年假，又出现上述情形之一的，不再享受下一年度的年假。

（2）年休假的具体标准。

年休假的期限根据职工累计工作年限确定，分为三档。具体休假时间见表 1-2。

表 1-2　年休假的具体规定

累计工作年限	年休假天数
累计工作已满 1 年不满 10 年	5 天
累计工作已满 10 年不满 20 年	10 天
累计工作已满 20 年	15 天

要注意，这里的累计工作年限，包括劳动者在同一或者不同单位的工作时间累计。国家法定休假日、休息日不计入年休假的假期（探亲假、婚丧假、产假等国家规定的假期）。

7. 其他休假

职工本人结婚或直系亲属（父母、配偶、子女）死亡时，由本单位领导批准，可享受1至3天的婚、丧假。职工在外地的直系亲属死亡时，需要职工本人前去料理丧事的，可以根据路程远近，给予路程假。在批准的婚、丧假和路程假期间，职工工资照发。女职工生育享受98天产假，其中产前可以休假15天；难产的，增加产假15天；生育多胞胎的，每多生育1个婴儿，增加产假15天。女职工怀孕未满4个月流产的，享受15天产假；怀孕满4个月流产的，享受42天产假。女职工生育后哺乳期为一年，单位应在每班劳动时间内给予其两次哺乳的时间，每次30分钟。

（五）延长工作时间（加班加点）

1. 延长工作时间的概念

延长工作时间也称加班加点，是指用人单位经过一定程序，要求劳动者超过法律、法规规定的最高限制的日工作时数和周工作天数而工作。一般分为正常情况下延长工作时间和非正常情况下延长工作时间两种形式。

加班是指用人单位经过法定批准手续，要求职工在法定节日或公休假日从事工作的时间。

加点是指用人单位经过法定批准手续，要求职工在正常工作日之外延长工作的时间。

实践中还有一个概念就是值班。值班与加班不是一个概念，但从法律上未对其做出区分，各地在执行劳动法的过程中，通过会议纪要等形式对值班做了界定。

2. 延长工作时间的法律限制

（1）延长工作时间的人员范围限制。

禁止安排未成年工、怀孕7个月以上的女职工和哺乳未满1周岁婴儿的女职工加班加点。

（2）延长工作时间的条件。

用人单位应当均衡组织生产和工作，不得违法延长劳动者的工作时间。《劳动法》规定延长工时应当以“生产经营需要”为条件，但未明确规定“生产经营需要”的具体情形。实践中，可以由集体合同约定，或者由用人单位与工会协议“生产经营需要”的具体范围。

（3）对延长工作时间程序的限制。

《劳动法》规定，用人单位由于生产经营需要而安排延长工时的，应当事先与工会和劳动者协商。

（4）对延长工作时间的长度限制。

《劳动法》第41条规定：“用人单位由于生产经营需要，经与工会和劳动者协商后可以延长工作时间，一般每日不得超过一小时；因特殊原因需要延长工作时间的，在保障劳动者身体健康的条件下延长工作时间每日不得超过三小时，但是每月不得超过三十六小时。”用人单位不得违反此规定。

3. 延长工作时间不受程序、时长限制的情形

根据《劳动法》的规定，紧急情况下的加班加点，不受程序、时长的限制：

（1）发生自然灾害、事故或者因其他原因，威胁劳动者生命健康和财产安全，需要紧急处理的。

（2）生产设备、交通运输线路、公共设施发生故障，影响生产和公共利益，必须及时抢修的。

（3）法律、行政法规规定的其他情形。

4. 加班加点的劳动报酬

《劳动法》第44条规定：劳动者有下列情形之一的，用人单位应当按照下列标准支付高于劳动者正常工作时间工资的工资报酬：

（1）安排劳动者延长工作时间的，支付不低于工资的150%的工资报酬；

（2）休息日安排劳动者工作又不能安排补休的，支付不低于工资的200%的工资报酬；

（3）法定休假日安排劳动者工作的，支付不低于工资的300%的工资报酬。

四、工资标准

（一）工资的概念

工资是指用人单位根据国家有关规定或集体合同、劳动合同的预先约定，以货币形式直接支付给本单位劳动者的劳动报酬。它包括计时工资、计件工资、奖金、津贴和补贴、延长工作时间的工资报酬以及特殊情况下支付的工资等。

（二）工资总额的构成

工资总额是指各单位在一定时期内直接支付给本单位全部职工的劳动报酬总额。工资总额的计算应以直接支付给职工的全部劳动报酬为根据。1990年1月经国务院批准，国家统计局发布了《关于工资总额组成的规定》，以及国家统计局《关于工资总额组成的规定若干具体范围的解释》，根据这些规定，工资总额由以下几部分组成。

1. 计时工资

计时工资是指按计时工资标准（包括地区生活费补贴）和工作时间支付给个人的劳动报酬。计时工资是按照职工的劳动熟练程度、繁重程度和工作时间的长短来计算和支付劳动报酬的一种分配形式。它由两个因素决定：一是计时工资标准；二是实际工作时间。其基本特点在于对劳动的计量是直接用时间来表示的。根据计算工资的时间单位的不同，计时工资可分为月工资制、周工资制、日工资制和小时工资制。计时工资的适用性强，适用范围广泛，任何部门、单位和各类岗位、工种均可采用。其局限性在于不能准确地反映劳动报酬与劳动的数量和质量的关系。

2. 计件工资

计件工资是指对已做工作按计件单价支付的劳动报酬，它是按照劳动者生产的合格品的数量（或作业量）和预先规定的计件单价，来计算报酬的一种工资形式。它不是直接用劳动时间来计量，而是用一定时间内的劳动成果——产品数量或作业量来计算的工资，因此，它是间接用劳动时间来计算的，是计时工资的转化形式。

3. 奖金

奖金是指支付给职工的超额劳动报酬和增收节支的劳动报酬，包括：（1）生产奖，如超产奖、质量奖、安全（无事故）奖、考核各项经济指标的综合奖、提前竣工奖等。（2）节约奖，如各种动力、燃料、原材料等节约奖。（3）劳动竞赛奖，如发给劳动模范、先进个人的各种奖金和实物奖励。（4）机关、事业单位的奖励工资。（5）其他奖金。

4. 津贴和补贴

津贴和补贴是指为了补偿职工特殊或额外的劳动消耗和因其他特殊原因支付给职工的津贴，以及为了保证职工工资水平不受物价影响支付给职工的物价补贴。

津贴主要有：(1) 补偿职工特殊或额外劳动消耗的津贴。具体有高空津贴、井下津贴、流动施工津贴、野外工作津贴、林区津贴、高温作业临时补贴、夜班津贴等。(2) 保健性津贴。具体有卫生防疫津贴、医疗卫生津贴、科技保健津贴、各种社会福利院职工特殊保健津贴等。(3) 技术性津贴。具体有特级教师津贴、科研津贴、工人技师津贴等。(4) 年功性津贴。如工龄津贴、教龄津贴等。(5) 其他津贴。

补贴是为保证职工工资水平不受物价上涨或变动影响而支付的各种补贴，如副食品价格补贴、住房补贴等。

5. 加班加点工资

加班加点工资是指按规定支付的加班工资和加点工资。

6. 特殊情况下支付的工资

特殊情况下支付的工资包括根据国家法律、法规和政策规定，因病、工伤、产假、计划生育假、婚丧假、事假、探亲假、定期休假、停工学习、执行国家或社会义务等原因，按计时工资标准或计时工资标准的一定比例支付的工资，以及附加工资和保留工资。

劳动者的以下收入不计入工资总额：

(1) 保险和福利方面的费用。具体有职工死亡丧葬费及抚恤费、医疗卫生费或公费医疗费用、职工生活困难补助费、集体福利事业补贴、工会文教费、集体福利费、探亲路费、冬季取暖补贴、上下班交通补贴以及洗理费等。

(2) 劳动保护的各种费用。具体有工作服、手套等劳保用品，解毒剂、清凉饮料，以及对接触有毒物质、矽尘作业、放射线作业和潜水、沉箱作业、高温作业五类工种所享受的由劳动保护费开支的保健食品待遇。

(3) 按规定未列入工资总额的其他报酬。包括根据国家规定发放的创造发明奖、国家星火奖、自然科学奖、科学技术进步奖、合理化建议和技术改进奖、中华技术大奖等，以及稿费、讲课费、翻译费，出差补助费、误餐补助费、调动工作的旅费和安家费，对购买本企业股票和债券的职工所支付的股息（包括股金分红）和利息，企业向被解除或终止劳动合同的劳动者支付的医疗补助费、经济补偿金、生活补助费等。

（三）最低工资标准制度

1. 最低工资的概念和组成

最低工资是指劳动者在法定工作时间或依法签订的劳动合同约定的工作时间内提供了正常劳动的前提下，用人单位依法应支付的最低劳动报酬。最低工资支付的前提是劳动者提供了正常劳动，这里所谓的正常劳动，是指劳动者按依法签订的劳动合同约定，在法定工作时间或劳动合同约定的工作时间内从事的劳动。劳动者依法享受带薪年休假、探亲假、婚丧假、生育（产）假、节育手术假等国家规定的假期期间，以及法定工作时间内依法参加社会活动期间，视为提供了正常劳动。这里所指的法定工作时间，是指按《劳动法》和国务院《关于职工工作时间的规定》所规定的工作时间。如果劳动者在法定工作时间或劳动合同约定的工作时间之外从事劳动，视为超额劳动，或者劳动者在特殊的环境下从事劳动，则劳动者应获得额外的补偿。

最低工资由法律所允许的若干种劳动报酬项目所组成，《最低工资规定》第12条规定：在劳动者提供正常劳动的情况下，用人单位应支付给劳动者的工资在剔除下列各项以后，不得低于当地最低工资标准：(1) 延长工作时间工资；(2) 中班、夜班、高温、低温、井下、有毒有害等特殊工作环境、条件下的津贴；(3) 法律、法规和国家规定的劳动者福利待遇等。因此，只要是劳动者在法定工作时间内提供了正常劳动的情况下，用人单位支付给劳动者的劳动报酬项目都应作为最低工资的组成部分。换句话说，劳动报酬之外的收入、法定工作时间以外的劳动以及法定工作时间之内但超出正常劳动而支付的补贴等都不应纳入最低工资的范围。

最低工资标准一般采取月最低工资标准和小时最低工资标准的形式。月最低工资标准适用于全日制就业劳动者，小时最低工资标准适用于非全日制就业劳动者。应当注意的是，这里的小时最低工资标准，不是指月最低工资标准的折算，而是专门针对非全日制就业的劳动者规定的小时最低工资标准。由于非全日制就业的劳动者在工作的稳定性、劳动条件、劳动强度以及福利方面与全日制劳动者有差异，因此，小时最低工资相对于月最低工资标准折算的小时工资要高。

2. 最低工资的给付

实行计件工资或提成工资等工资形式的用人单位，在科学合理的劳动定额基础上，其支付劳动者的工资不得低于相应的最低工资标准。

劳动者由于本人原因造成在法定工作时间内或依法签订的劳动合同约定的工作时间内未提供正常劳动的，不适用最低工资的规定。

(四) 工资支付保障制度

工资支付保障制度是指保障工资支付的法律规范的总称。我国工资支付保障制度的主要内容包括：工资支付的形式、工资支付的对象、工资支付的时间和工资支付的数额、违反工资支付的处理办法和法律责任等。《劳动法》第50条规定："工资应当以货币形式按月支付给劳动者本人。不得克扣或无故拖欠劳动者的工资"。第51条规定："劳动者在法定休假日和婚丧假期间以及依法参加社会活动期间，用人单位应当依法支付工资。"这是确立工资支付保障制度的法律依据。

1. 工资支付的一般规则

(1) 货币支付。

用人单位应当以货币形式支付工资，不得以实物、有价证券等代替货币支付。

(2) 直接支付原则。

用人单位应当将工资直接支付给劳动者本人。当然，用人单位也可以委托银行代发工资，鼓励和逐步推行用人单位为劳动者在银行开立个人账户，通过银行按月支付给劳动者工资。用人单位支付劳动者工资应当向其提供一份其本人的工资支付清单。用人单位必须书面记录支付劳动者工资的数额、时间、领取者的姓名以及签字，并保存两年以上备查。

(3) 按时支付。

工资必须在劳动合同或用人单位预先确定的工资支付时间支付。用人单位可以按照小时、日、周、月为周期支付工资。以完成一定工作任务计发工资的，应当在工作任务完成后即时支付劳动者工资。但用人单位应当至少每月向劳动者支付一次工资。在一个月内，用人单位无论确定哪一天为工资支付日都是可以的，但必须固定日期。过了约定日期发薪，如无法定的理由，就是拖欠职工工资的行为。工资支付日期如遇节假日或休息日，则应提前在最近的工作日支付。

按时支付工资意味着不得无故拖欠。无故拖欠不包括以下情形：

1）用人单位遇到非人力所能抗拒的自然灾害、战争等原因，无法按时支付工资。

2）用人单位因生产经营困难、资金周转受到影响，在征得本单位工会同意后，可暂时延期支付劳动者工资，延期时间的最长限制由各省、自治区、直辖市劳动行政部门根据各地情况确定。

（4）全额支付。

用人单位应当将职工应得的工资全部支付，禁止非法扣除工资。即使在法定允许扣除工资的情况下，每次扣除工资额也不得超出法定限度。但有以下情形的，用人单位可以代扣劳动者工资：用人单位代扣代缴的应由职工交纳的个人所得税；用人单位代扣代缴的应由职工负担的各项社会保险费用；法院判决、裁定中要求代扣的抚养费、扶养费、赡养费；法定可以从工资中扣除的其他费用。以下减发的工资也不属于克扣：国家法律、法规中有明确规定的；依法签订的劳动合同中有明确规定的；用人单位依法制定并经职代会批准的厂规厂纪中有明确规定的；企业工资总额与经济效益相联系，经济效益下浮时，工资必须下浮的（但支付给劳动者的工资不得低于当地最低工资标准）；因劳动者请事假等相应减发的工资等。

职工违纪违章给用人单位造成经济损失而应予赔偿的，可以从职工本人工资中扣除，但每月扣除的部分不得超过劳动者当月工资的20%。用人单位按照上述规定扣除劳动者工资的，扣除后的余额不得低于当地最低工资标准。

2. 特殊情况下的工资支付

特殊情况下的工资支付是指依法或协议规定，在非正常工作情况下或者劳动者暂时离开工作岗位时，用人单位支付给劳动者的工资。这主要是指劳动者在法定休假日和婚丧假期间以及依法参加社会活动期间，用人单位应当依照法律、法规的规定支付工资。

（1）劳动者依法参加社会活动期间的工资支付。

劳动者依法参加社会活动是劳动者的政治权利，劳动者在法定工作时间内参加社会活动，视为提供了正常劳动而支付工资。社会活动包括：依法行使选举权或被选举权；当选代表出席乡（镇）、区以上政府、党派、工会、青年团、妇女联合会等组织召开的会议；出任人民法庭证明人；出席劳动模范、先进工作者大会；《中华人民共和国工会法》规定的不脱产工会基层委员会委员因工会活动占用的生产或工作时间；其他依法参加的社会活动。

（2）法定休假日期间的工资支付。

法定休假日是指法律、法规规定的劳动者休假的时间，包括法定节日（元旦、春节、国际劳动节、国庆节及其他节假日）以及法定带薪年休假、探亲假、婚丧假等。婚丧假是指劳动者本人结婚以及其直系亲属死亡时依法享受的假期。在法定休假日期间，用人单位应按劳动合同规定的标准支付工资。

（3）停工停产期间的工资支付。

非因劳动者原因造成停工、停产、歇业，时间在一个工资支付周期内的，企业应当按照国家规定或者劳动合同约定的工资标准支付工资；停工、停产、歇业时间超过一个工资支付周期，劳动者提供了正常劳动的，企业应当按照不低于当地人民政府确定的最低工资标准支付工资，劳动者未提供正常劳动的，企业需支付给劳动者基本生活费，基本生活费的标准按当地政府有关规定执行。

（4）企业依法破产时的工资支付。

用人单位欠付劳动者的工资，劳动者对该用人单位便享有债权，此项债权是工资债权。工资债权有优先于一般债权的效力。因此，企业依法破产时，劳动者有权获得其工资。在破产清偿中，企业应按《中华人民共和国破产法》规定的清偿顺序，首先支付欠付的本单位劳动者的工资。

工作任务一

工时制度设计

一、业务技能与业务示例

企业中有各种性质的工作，但不是所有的工作都适合实行标准工时制度。对于不适用标准工时制的工作，可以根据法律的规定和工作特点，实行不定时工作制和综合计算工时工作制。因此，企业在实行工作时间管理时，首要的任务就是进行工时制度的设计。

（一）根据经营范围、发展规划、企业职工工作性质特点和种类合理地设计工时制度

（1）用人单位应当根据自身的经营特点和发展规划、职工工作性质特点和种类合理地设计工时制度。对于特种行业以外的大部分企业，最好实行标准工时制度，即每日工作 8 小时，每周工作 40 小时。在工作日、休息日和节假日不安排加班，尤其是节假日除非必要不安排加班，否则用人单位的用工成本将因此大大提高。

（2）对于确实无法实行标准工时制度的特殊行业的企业或者企业内的部分岗位的职工，可考虑实行综合计算工时工作制或不定时工作制。同时，用人单位应注意，对于实行特殊工时制的员工，要保证其休息休假权利。这些企业应只对部分员工实行特殊工时制，对于其他员工，仍应实行标准工时制度。

（3）一些企业不适于实行综合计算工时工作制或不定时工时制，但企业仍考虑一些特殊情况，坚持实行每周 6 天工作制的工时制度。这些企业可以考虑实行每周 6 天、每天工作不超过 6.5 小时的工作时间制度，这样，员工每周的工作时间没有超过 40 小时，每天也没有超过 8 小时，法律是允许的。

（4）用人单位如果无法实行每周 5 天、40 个小时的工时制度，也可以考虑制定调

休补休制度，对于超过 40 小时的工作时间，员工可以要求补休。

（二）制定与工时相关的制度时要注意程序

用人单位的工时制度，属于《劳动合同法》第 4 条规定的直接涉及劳动者切身利益的规章制度，因此，要按照法定的程序制定工时制度。即：工时制度应当经职工代表大会或者全体职工讨论，提出方案和意见，与工会或者职工代表平等协商确定。工时制度要公示或告知劳动者。还应注意，实行综合计算工时工作制和不定时工作制需要到劳动行政部门办理审批手续。

业务示例 1-1

工时制度设计

【背景资料】

孙某是北京市某运输公司的汽车驾驶员，与公司签订了为期一年的劳动合同。合同约定，孙某从事的是长途运输工作，公司根据孙某的运输量及运输里程计发其工资。但在劳动合同里的工时制度一栏，公司写的是“标准工时制度”。合同期满，公司不再与孙某续订劳动合同，于是双方办理终止合同的相关手续。办理过程中，孙某出示了自己保存一年的行车单，上面记载了每天的工作时间，并有超过 8 小时后的超时工作记录。他要求公司按规定支付一年来的加班工资。然而，公司认为，孙某的工作时间不能以每天 8 小时计算，其工资已按运输量及运输里程计发，不存在加班情况，不同意支付。双方由此产生了争议，孙某于是向劳动人事争议仲裁委员会提起仲裁。为避免再发生类似的争议，公司打算重新设计公司的工时制度。

【解析】

公司可以为长途汽车驾驶员申报不定时工作制。

按照《关于企业实行不定时工作制和综合计算工时工作制的审批办法》（劳部发〔1994〕503 号）的规定，“企业对符合下列条件之一的职工，可以实行不定时工作制……企业中的长途运输人员……”不定时工作制是指因工作性质特殊，没有固定工作时间限制，工作任务无法按固定工作时间衡量的职工实行的工时制度。长途运输汽车驾驶员由于工作时间和休息时间均无法统一安排，由驾驶员自己决定，因此，适合实行不定时工作制。

二、实操演练

任务 1-1

【背景材料】

小张工作的小饭店营业时间是从 6:30 到 24:00，规定员工的工作时间是：每周工作 6 天休息 1 天，早班从 6:00 到 13:00；中班从 12:00 到 19:00；晚班从 18:00 到次日 0:30，每班吃一顿饭，时间不超过 30 分钟。吃住都由饭店负责，员工就住在饭店楼上。员工每半个月轮班一次。小张认为，每周休息日工作应当由饭店支付加班工资，但饭店说不对，只要每周工作不超过40小时就不能算加班。小张遂向劳动人事争议仲裁委员会申请仲裁，要求企业支付休息日工作的加班工资。

【具体任务】

（1）请结合我国劳动法关于标准工作时间的规定，分析饭店的工作时间制度是否合法。

（2）总结标准工时制的要素。

任务 1-2

【背景材料】

某商店每天开门营业12小时，由4名营业员每天早晚两班倒，每天上班，每班工作6个小时（每人用餐时间半小时，两人轮流）。早班从早上9点到下午3点，晚班从下午3点到晚上9点。每周早晚班轮换一次。营业员周某因家事向商店请假，商店以人手不够未允，周某又提出能否与其他职工隔天轮班，每天上班12小时，休息一天，商店亦不答应。周某不得已，以公司实行的工时制度违法为由，向劳动行政监察部门进行了举报。

【具体任务】

某商店的工时制度是否合法？如果不合法，请你为其设计一种工时制度。

工作任务二

特殊工时制度申报

一、业务技能与业务示例

用人单位有些岗位不能实行标准工时制，须实行不定时工作制和综合计算工时工作制，根据《劳动法》的规定，实行非标准工时制，用人单位要履行审批程序。

（一）审批的机关

中央直属企业实行不定时工作制和综合计算工时工作制等其他工作和休息办法的，须经国务院行业主管部门审核，报国务院劳动行政部门批准。地方企业实行不定时工作制和综合计算工时工作制等其他工作和休息办法的审批办法，由各省、自治区、直辖市人民政府劳动行政部门制定，报国务院劳动行政部门备案。因此，非标准工时制的审批机关是地方劳动行政部门。例如，《北京市企业实行综合计算工时工作制和不定时工作制的办法》（京劳社资发〔2003〕157号）规定：企业实行综合计算工时工作制和不定时工作制，应向企业营业执照注册地的区、县劳动和社会保障局申报。

（二）申请方式

由企业提出申请，申请材料可直接送达，也可通过信函、传真方式送达。

（三）企业申请时须提供的资料

（1）用人单位实行特殊工时制度的申请书。申请书应当写明用人单位实行不定时工作制或综合计算工时工作制度的详细理由，实行特殊工时制度的岗位（工种）职能特点、工作时间和休息时间、涉及职工人数，综合计算工时工作制的计算周期，本次申请的有效期限等。

（2）用人单位法人营业执照副本复印件。

（3）企业工会对实行特殊工时制度的意见。没有成立工会组织的，应当提交实行特殊工时制度涉及职工的联名意见。

（4）劳动行政部门要求提交的其他材料。

（四）申报、审批程序

（1）申请：由企业提出申请，并提交相应的材料。

（2）受理：提出申请的企业符合实行特殊工时的条件，提交的申报材料齐全，符合法定形式的，劳动行政部门审查后受理。

（3）审查：一般自受理之日起10个工作日内，劳动行政部门要对企业提交的材料进行审查。

（4）做出行政许可决定并送达：劳动行政部门经审查，认为符合实行非标准工时条件的，予以批准，向申报人制发行政许可文件；不予批准的，说明理由并告知申报人享有依法申请行政复议或者提起行政诉讼的权利。

劳动行政部门一般自批准之日起10个工作日内将许可决定送达企业。

业务示例1-2

企业实行不定时工作制和综合计算工时工作制申报表

【背景资料】

北京A制衣股份公司是一家服装制作企业，由于受外贸订单的影响，生产任务不均衡，旺季时订单如雪片般飞来，企业必须安排职工每天（含周六日）加班才能完成订单，而淡季无订单时，职工又无事可做。加班带来的不仅是加班费的问题，还有超过劳动法规定的最长工作时间限度的问题。另外，企业还有一些长驻外埠的销售人员，他们也无法实行标准工时制度。在这种情况下，企业决定为相关人员申报非标准工时制。表1-3为北京市企业实行综合计算工时工作制和不定时工作制申报表。

表1-3　北京市企业实行综合计算工时工作制和不定时工作制申报表

申报单位盖章：（公章）

企业名称	北京A制衣股份公司		企业性质	股份制	
地址	东城区××大街120号		主管部门	无	
法人代表人姓名	王进	联系电话	64××5118	职工人数	210
申报种类	综合计算工时工作制和不定时工作制		实行特殊工时制度职工人数		85

综合计算工时工作制				不定时工作制		
岗位或工种	人数	计算周期单位	实行期限	岗位或工种	人数	实行期限
缝纫工	45	一年	长期	长驻外地业务员	15	一年
包装工	10	一年	长期	长途货运司机	5	二年
检验工	10	半年	长期			

背面：

编号：

申报理由： 因加工制衣业务订单生产任务不均衡，季节性较强，所以对流水线生产工人实行集中工作、集中休息的办法，需要实行综合计算工时工作制（班次计划表附后）。由于本公司有大量的外地销售业务和向外省市送货业务，需要长期派出长驻外地人员，所以需要对上述人员实行不定时工作制。 2020 年 8 月 5 日（公章）	
工会或职工大会意见： 同意企业上述人员实行综合计算工时工作制和不定时工作制。 工会盖章 2020 年 8 月 5 日（公章）	
备注	

企业承办人：张力

在填写申报理由时，应重点说明不能实行标准工时制度的具体原因，涉及的岗位、人数，以及综合计算工时工作制的公式计算周期、工作方式和休息休假制度。

工会或职工大会意见栏应填写企业工会组织对实行综合计算工时工作制或不定时工作制的意见，没有工会组织的企业须提交涉及职工的联名意见。

二、实操演练

任务 1－3

【背景材料】

某公司有 4 名接线员，4 人每人每天工作 6 小时，没有休息日。她们向公司提出每周应有休息日，但公司不同意。理由是，她们四人每天只工作 6 小时，每周比劳动法规定的 40 个小时虽然多了 2 个小时，但已经支付了加班工资，因此，不能再有休息日。双方为此发生争议。

【具体任务】

（1）请你为公司提出解决该问题的方案。

（2）如果你设计的工时制度是非标准工时制，请为其办理向劳动部门申报的手续。

工作任务三

加班加点工资核算

一、业务技能与业务示例

（一）各类标准工作时间的计算方法

1. 制度工作时间的计算

年制度工作天数＝365 天－104 天（公休日）－11 天（法定节日）＝250 天

月制度工作天数＝250 天÷12 月＝20.83 天/月

季制度工作天数＝250 天÷4 季＝62.5 天/季

年制度工作小时数＝250×8＝2 000 小时/人·年

月制度工作小时数＝20.83×8＝166.64 小时/人·月

季制度工作小时数＝62.5×8＝500 小时/人·季

半年制度工作小时数＝62.5×2×8＝1 000 小时/人·半年

2. 日工资、小时工资的折算

月计薪天数＝(365－104)÷12＝21.75 天/月

日工资＝月工资÷21.75

小时工资＝月工资÷(21.75×8)

(二) 各种情况下的加班费的支付

1. 实行综合计算工时工作制的劳动者的加班费支付问题

(1) 在一个周期内超过标准工作时间的（小时数），按 150%的标准支付加班加点工资。

(2) 实行综合计算工时工作制的，如果工作时间适逢公休假日，视为提供正常劳动，不支付加班加点工资；如果工作时间适逢法定节日，应按 300%的标准支付加班加点工资。

2. 实行不定时工作制的劳动者的加班费支付问题

实行不定时工作制的劳动者，一般不存在加班加点工资的问题，但实行不定时工作制的劳动者如适逢法定节日工作，有的地区规定了要支付加班费，如上海、山西等。因此，实行不定时工作制的劳动者法定节日工作是否支付加班费要看各地的相关规定。

三种工时制度对比与加班加点的认定见表 1-4。

表 1-4　三种工时制度对比与加班加点的认定

对比项目	标准工时制	综合计算工时工作制	不定时工作制
内容	(1) 每天工作 8 小时；(2) 每周 40 小时；(3) 每周至少休息一天	(1) 以月、季、年等为周期综合计算工作时间；(2) 一个周期内，日、周、月的工作时间可以超过 8 小时、40 小时、166.64 小时；(3) 一个周期内的平均日工作时间和周工作时间应与法定标准工作时间基本相同	没有固定的工作时间限制
适用对象	一般劳动者	因工作性质需要连续作业及受季节和自然条件限制行业的劳动者（特定的三类人员）	职责范围不受固定工作时数限制的劳动者（特定的三类人员）
加班	日超过 8 小时、周休息日工作、法定节日工作均视为加班	一个周期内超过法定标准工作时间视为加班；法定节日工作视为加班	原则上不存在加班，个别地区规定员工法定节日工作视为加班
是否需要审批	不需要	需要	需要

业务示例 1-3

加班加点工资的计算

【背景资料】

李东是某商场的客服经理，2019 年国庆节的 7 天假期他都不能休息，需要上班，由于 10 月份也是销售旺季，单位不打算安排其补休了，想以支付加班工资代替补休。李东的月工资为 4 750 元。

【解析】

商场为李东核算的加班工资如下：

10 月 1 日至 3 日 3 天为法定节日，应按劳动法规定的 300%的标准支付其加班工资。

10 月 4 日至 7 日 4 天按公休日计算加班工资，应按劳动法规定的 200%的标准支付其加班工资。

李东的日工资＝4 750 元÷21.75＝218(元/天)(保留整数位)

李东的加班工资＝218×3×300%＋218×4×200%＝3 706(元)

所以，李东国庆期间的加班工资应为 3 706 元。

业务示例 1-4

综合计算工时工作制加班工资的核算

【背景资料】

某海运公司经批准从 2019 年起实行综合计算工时工作制，海员刘某所在的船队实行的是以季为周期的综合计算工时工作制。按季综合计算工作时间。2019 年第二季度综合计算周期中，刘某所在的船队从出海到归来的工作期间，共遇有八次公休假日休息和两个法定节假日（清明节和“五一”劳动节）休息。刘某的月工资为 6 525 元。海运公司应支付刘某多少公休假日和法定节日的加班费呢?

【解析】

刘某实行的是综合计算工时工作制，2019 年 4 月至 5 月第二季度工作期间的八次公休假日的 16 天，应视为提供了正常劳动，不支付加班工资。而工作期间遇到的两个法定节假日的 2 天，公司应支付加班工资。

刘某的日工资＝6 525÷21.75＝300(元/天)

刘某的加班工资＝300×300%×2＝1 800(元)

故海运公司应支付刘某 1 800 元的加班工资。

二、实操演练

任务 1－4

【背景材料】

A 酒店服务员王某于 2017 年 10 入职酒店，经劳动行政部门审批，实行的是以年为周期的综合计算工时工作制，按照排班，王某 2019 年全年周期内排班工作时间总额为 2 428 小时，且没有法定节日工作的情形。王某的月工资为 3 480 元。

【具体任务】

请你计算 2019 年年底综合计算工时工作制的周期结束后，A 酒店应支付王某多少加班工资？

任务 1－5

【背景材料】

刘洋是某商场的客服经理，2019 年的春节 2 月 4 日至 10 日的 7 天假期他均不能休息，需要上班，由于 2 月份本身也是销售旺季，单位不打算安排其补休了，想以支付加班工资代替补休。刘洋的月工资为 5 000 元。

【具体任务】

请你核算单位应支付刘洋多少加班工资。

工作任务四

年休假核算及应休未休年休假补偿

一、业务技能与业务示例

关于年休假的具体标准，根据劳动者的累计工作年限，法律做了明确的规定，但具体到实践中，会遇到各种如何核算年休假的情况，主要有以下几种：

（1）年假何时休可由用人单位根据生产工作的具体情况，并考虑职工的本人意愿，统筹安排。

（2）年休假在 1 个年度内可以集中安排，也可以分段安排，一般不跨年度安排。

（3）单位不能安排年休假的处理。职工在年休假期间享受与正常工作期间相同的工资收入。用人单位经职工同意不安排年休假或者安排职工年休假天数少于应休年休假天数，应当在本年度内对职工应休未休年休假天数，按照其日工资收入的 300％支付未休年休假工资报酬，其中包含用人单位支付职工正常工作期间的工资收入，即再额外支付200%的工资报酬。用人单位安排职工休年休假，但是职工因本人原因且书面提出不休年休假的，用人单位可以只支付其正常工作期间的工资收入。

（4）合同终止、解除时未休或未休满年休假的，要折算报酬。用人单位与职工解除或者终止劳动合同时，当年度未安排职工休满应休年休假的，应当按照职工当年已工作时间折算应休未休年休假天数，并支付未休年休假工资报酬，但折算后不足1整天的部分不支付未休年休假工资报酬。上述规定的折算方法为：（当年度在本单位已过日历天数÷365天）×职工本人全年应当享受的年休假天数－当年度已安排年休假天数。用人单位当年已安排职工年休假的，多于折算应休年休假的天数不再扣回。

（5）跳槽而来的员工符合年休假条件的，年休假按当年度在本单位剩余日历天数折算。职工新进用人单位，且符合《企业职工带薪年休假实施办法》第3条规定的，当年度年休假天数，按照在本单位剩余日历天数折算确定，折算后不足1整天的部分不享受年休假。上述规定的折算方法为：（当年度在本单位剩余日历天数÷365天）×职工本人全年应当享受的年休假天数。

（6）休假天数、工资报酬高于法定标准的，按有关约定执行。劳动合同、集体合同约定的或者用人单位规章制度规定的年休假天数、未休年休假工资报酬高于法定标准的，用人单位应当按照有关约定或者规定执行。

（7）未休年休假工资的计算。计算未休年休假工资报酬的日工资收入按照职工本人的月工资除以月计薪天数（21.75天）进行折算。其中的月工资是指职工在用人单位支付其未休年休假工资报酬前12个月剔除加班工资后的月平均工资。在本用人单位工作时间不满12个月的，按实际月份计算月平均工资。

业务示例1－5

应休未休年休假工资的核算

【背景资料】

张强为A公司的职工，累计工作年限为13年，2019年全年由于工作繁忙，公司无法安排其年休假，在征得张强本人同意后，公司打算以支付工资来代替年休假。张强2019年12个月的月平均工资为8 700元。请核算公司应支付其多少应休未休的年休假工资。

【解析】

（1）张强累计工作年限13年，按法律规定，2019年应享有10天的年休假。

（2）张强的日工资＝8 700÷21.75＝400元/天。

（3）张强应休未休的年休假工资＝400×10×200%＝8 000元。

按照法律规定，应按其日工资收入的300%支付未休年休假工资报酬，其中包含用人单位支付职工正常工作期间的工资收入，即再额外支付200%的工资报酬。所以，公司应支付张强8 000元的应休未休的年休假工资。

业务示例 1-6

合同解除、终止时未休年休假及工资的核算

【背景资料】

付强2012年1月1日参加工作，2019年10月8日与公司终止劳动合同，终止劳动合同前已休年休假1天。其终止合同前十二个月平均工资为4 750元，该职工在终止劳动合同时可领取的未休年休假工资是多少？

【解析】

(1) 截至2019年10月8日，付强当年在公司已过日历天数为281天。

(2) 付强应休未休年休假的天数=(281天÷365天)×5天-1=2.85天，不足1天部分不享受年休假，其实际未休年休假的时间为2天。

(3) 付强的日工资=4 750÷21.75=218元/天（保留整数位）。

(4) 付强应休未休的年休假工资=218×200%×2=872元。

故公司应支付其应休未休年休假工资872元。

业务示例 1-7

跳槽而来的员工的年休假天数的核算

【背景资料】

李晨自参加工作起一直在甲公司工作，工作年限为15年。李晨于2019年8月31日从甲公司辞职，2019年9月1日入职乙公司，李晨主张其2019年在乙公司还应享有年休假，但乙公司认为他来公司不满一年，不应享有当年的年休假了。乙公司的理解正确吗？如果不正确，那么李晨2019年在乙公司应有几天的年休假呢？

【解析】

(1) 李晨2019年在乙公司还应享有年休假。根据《企业职工带薪年休假实施办法》第5条的规定，职工新进用人单位且符合该办法第三条规定的（连续工作满12个月），当年度年休假天数，按照在本单位剩余日历天数折算确定，折算后不足1整天的部分不享受年休假。上述规定的折算方法为：（当年度在本单位剩余日历天数÷365天）×职工本人全年应当享受的年休假天数。

(2) 李晨符合连续工作满12个月的条件。

(3) 李晨累计工作年限为15年，全年应享受年休假为10天。

(4) 李晨2019年在乙公司的年休假天数=122÷365×10=3.34天，不足1整天的部分不计算在内，所以，李晨在乙公司还应有3天的年休假。

二、实操演练

任务 1-6

【背景材料】

北京某工程公司的主要业务是为建筑工程提供电缆布线，受建筑施工季节性特点的影响，公司业务具有明显的淡旺季之分。随着天气转冷，公司进入了工程淡季，管理人员的工作量明显减少，正好是安排员工休年假的好机会。2018 年 11 月，公司人力资源部开始安排员工按照计划休当年的年假。小田是公司工程质量监督人员，负责监督和检查施工质量。快要轮到小田休假时，小田向人力资源部递交了将 2018 年未休的 5 天年假推迟到 2019 年 5 月休的书面申请。原来，小田打算 2019 年 5 月份结婚，婚假加“五一”假期，再加上 2018 年的 5 天年休假和 2019 年的 5 天年假，可以有 1 个月的时间供自己自由支配。但是这份申请却让人力资源部有点头疼：一方面，五六月份正是工程最多的时候，小田的工作受专业限制，不容易找人替班，这么长的假期让公司着实有些为难；另一方面，如果其他员工都效仿小田不按照年假计划休假，公司以后的管理会更加困难。公司可以不批准小田跨年度休假的申请吗？跨年度休假没获得批准，小田又错过了休假时间，公司需要向小田支付未休年休假工资吗？

【具体任务】

（1）假设你是该公司的人力资源管理人员，你会批准小田的跨年度休假的申请吗？请向小田解释批准或不批准的理由。

（2）公司怎样防止类似小田这样集中休假影响生产的情形发生？

任务 1-7

【背景材料】

孙先生累计工作年限已有 12 年，是甲公司的市场营销人员，为甲公司服务了将近 6 年的时间。2019 年 4 月 7 日，孙先生向公司提出书面辞职，并开始着手交接工作。人力资源部发现孙先生 2019 年度的年休假尚未使用。根据他在公司的工作年限，公司休假制度规定孙先生每年可以享受 6 天的年假。但是一个自然年度未过一半，公司还没有来得及为孙先生安排年休假，他本人也没有提起过休假申请，人力资源部认为这不属于《企业职工带薪年休假实施办法》规定的应当支付 300%工资报酬的情况。

【具体任务】

（1）请你为孙先生核算一下 2019 年在该公司他应该有几天的年假。

（2）像孙先生这样的离职员工，年假该如何安排？

任务 1-8

【背景材料】

肖某于 2017 年 6 月 1 日入职 A 公司，双方订立了为期 2 年的劳动合同。2019 年 5 月 31 日，劳动合同到期，A 公司通知不与肖某续订劳动合同。在办理离职手续并领取终止劳动合同经济补偿时，肖某提出，2018 年因工作繁忙，其未能休带薪年休假，到劳动合同终止日，也未休 2019 年的年休假，故要求 A 公司支付 2018 年、2019 年未休年休假的相应的补偿。A 公司认为，肖某因自身原因未提出休年休假，按照公司员工手册的规定，每年 12 月 31 日之前未提出休年休假的，属于自动放弃当年年休假，故公司无须支付 2018 年的未休假的补偿，而 2019 年还未到年底其劳动合同就终止了，不应有年休假了，且其在职时也未提出年休假的申请，双方为此发生争议，肖某向劳动人事争议仲裁委员会提出仲裁申请，要求 A 公司支付 2018 年和 2019 年未休年休假的工资报酬。已知至 2019 年 5 月 31 日，肖某的累计工作年限为 6 年，其月平均工资为 6 525 元。

【具体任务】

（1）请分析企业的说法“员工未申请年休假视为自动放弃”是否成立？满足什么条件可以认定员工放弃年休假而企业不用支付未休年休假的补偿？

（2）肖某是否应有 2018 年、2019 年未休年休假的补偿？如果有，A 公司应支付肖某多少补偿？

工作任务五

劳动标准信息收集与宣讲

一、业务技能与业务示例

（一）用人单位实施劳动标准存在问题的主要表现

1. 劳动者超时劳动

用人单位没有按照劳动法规定的时间限度安排劳动者的工作时间，超过了法律规定的最长限度。

2. 延长工作时间没有与工会和劳动者协商

按照劳动法的规定，延长工作时间必须与工会和劳动者协商，很多用人单位单方强制劳动者加班。

3. 非标准工时制没有履行申报程序

除高级管理人员实行不定时工作制不用履行报批程序外，其他人员实行不定时工作制必须履行报批程序，但有些用人单位没有履行必要的报批程序。

4. 不支付劳动者加班费或不足额支付加班费

不支付超时劳动者加班费，也是目前存在的严重问题。实践中，有的单位还存在低于法定标准支付劳动者加班费的现象。

5. 低于最低工资标准支付劳动者工资

法律规定，劳动者在法定工作时间内提供了正常劳动的前提下，用人单位支付给劳动者的劳动报酬不得低于最低工资标准。实践中，许多用人单位曲解了最低工资标准，如试用期内的工资低于最低工资标准、最低工资包含了加班费和津贴等。

6. 随意克扣劳动者的工资

有些用人单位仅凭领导一句话，就能扣劳动者的工资，随意性非常强。要注意，扣工资一定要有法律依据或者制度依据、合同依据，没有依据就属于克扣工资。

（二）劳动标准信息的收集与宣讲

劳动标准信息的收集与宣讲是用人单位人力资源管理部门的一项重要工作。

1. 收集劳动标准的途径

收集劳动标准的途径包括查阅劳动法律法规汇编、劳动标准汇编、劳动法配套规定汇编、法律法规单行本以及网络等。

2. 整理汇编劳动标准

单位内部劳动标准分类整理既要考虑国家的劳动标准分类，也要结合单位内部的实际和管理需要，应在国家劳动标准汇编的基础上，适当增加一些类别。具体如何增加类别，要结合单位实际情况而定。

3. 收集单位实施劳动标准情况信息

每个单位实施劳动标准的情况不同，要实施劳动标准管理，应在收集单位实施劳动标准情况信息的基础上进行。收集单位实施劳动标准情况信息的具体项目可以通过调查表的形式体现。

4. 劳动标准的宣传

为使劳动标准得到遵守，有必要对劳动标准进行宣传，这样既可以保护劳动者的合法权益，又可以防止用人单位因违反劳动标准而承担相关责任，增加不必要的用工成本。

劳动标准宣传的对象主要有两类：一类是企业的管理人员；另一类是普通职工。不同的宣传对象，宣传的侧重点不同。对管理人员的宣传应侧重于用人单位如何执行劳动标准、如何在合法的前提下正确行使用工管理权；对普通职工的宣传应侧重于劳动标准的内容以及劳动者应履行的法定义务等。

业务示例 1－8

单位实施劳动标准情况信息表

【背景资料】

A 公司是一家 IT 企业，由于工作性质的特殊性，公司在工资、工时等劳动标准的执行方面都存在一些难题，公司打算全面梳理公司的劳动标准执行情况，委派人力资源部收集整理公司劳动标准的执行情况，为下一步制定规范的公司劳动标准打下基础。

表 1－5 是 A 公司人力资源部设计的企业劳动标准实施情况信息表。

表 1-5　企业劳动标准实施情况信息表

企业名称		
法定代表人		
员工基本情况	职工总数	
	女职工人数	
	未成年工人数	
	使用劳务派遣工人数	
	与其他单位存在劳动关系职工人数	
	使用劳务人员人数	
工作时间	每日工作小时数	
	每周工作天数	
	实行不定时工作制人数	
	实行综合计算工时工作制人数	
	非标准工时制是否进行了审批	
	有无加班或加点的情况	
	加班加点是否支付了加班工资	
	公休假日加班费的支付标准	
	法定节日加班费的支付标准	
休息休假	职工每周休息天数	
	休年休假人数	
	未休年休假人数	
	未休年休假原因	
	支付未休年休假工资情况	
	休探亲假人数	
工资	职工人均月工资	
	职工最低月工资	
	职工最高月工资	
	低于最低工资标准人数	
	是否按时支付工资	
	有无扣工资	
	扣工资的原因	
	扣工资的依据	
劳动安全卫生	劳动安全卫生落实情况	
	女职工特殊劳动保护落实情况	
	未成年工特殊保护落实情况	

其他		

业务示例 1－9

劳动标准宣讲提纲

【背景资料】

A 公司（公司情况同“业务示例 1－8”）人力资源部拟对公司中层以上的管理人员进行一次劳动标准的宣传讲座，以下是宣讲提纲。

劳动标准宣讲提纲

一、劳动标准的含义

（一）劳动标准的概念与范围

（二）劳动标准的分类

（三）劳动标准的形式

（四）不同层次劳动标准的效力

二、工资标准

（一）最低工资标准

（二）最低工资标准的保障实施

（三）工资支付保障标准

三、工作时间和休息休假标准

（一）工作时间制度的种类

1. 标准工作时间制度

2. 缩短工时制度

3. 综合计算工时工作制

4. 不定时工作制

（二）休息时间制度的种类

（三）延长工作时间（加班加点）

1. 延长工作时间的条件和程序

2. 延长工作时间的法律限制

3. 延长工作时间的工资支付
四、劳动安全卫生标准
（一）劳动安全标准
（二）劳动卫生标准
五、女职工和未成年工特殊劳动保护标准
（一）女职工特殊保护措施
（二）未成年工特殊保护措施
六、违反劳动标准法律法规的法律责任

二、实操演练

任务 1－9

【背景材料】

A 公司是一家四星级酒店，2018 年至 2019 年 7 月，该酒店发生了三起劳动争议案件，这三起劳动争议案件职工的仲裁请求均涉及加班费、年休假工资问题，而且在这些诉求中企业均以败诉告终。为此，公司决定对劳动标准的实施情况通过调查进行一次梳理，重点是对工时和休假问题的实施现状进行梳理。

【具体任务】

（1）请你为 A 公司设计劳动标准实施情况调查表。

（2）请你为该酒店的一线管理人员做一个工时与工资制度的宣讲提纲。

项目二　员工入职与建立劳动关系管理

相关知识链接

一、劳动关系

（一）劳动关系及劳动关系管理的重要意义

1. 劳动关系的概念

劳动关系可以从经济学和法学的不同角度来定义。从劳动法学的角度来看，劳动关系是指劳动者与用人单位为实现劳动过程而发生的劳动力与生产资料相结合的社会关系。劳动关系的当事人一方为劳动者（劳动力的所有者和支出者），另一方为用人单位。劳动者必须加入某一个用人单位，成为该单位的一员，并参加单位的生产劳动，遵守单位内部的劳动规则；用人单位必须按照劳动者的劳动数量和质量给付其报酬，提供工作条件，并不断改进劳动者的物质文化生活。

劳动法律关系是劳动关系被劳动法律规范所调整而形成的权利与义务关系。如果没有国家法律的干预，劳动关系就是纯粹的双方当事人的关系，它的运行完全由双方当事人的意志决定。但当国家对劳动关系进行强制干预后，劳动关系的性质就发生了变化，即劳动关系不完全取决于双方当事人的意志，还必须服从国家意志，而且国家意志处于首位，当事人意志不得违反国家意志，即当事人双方在建立、变更、终止劳动关系时，必须受到国家意志的制约，使最终形成的劳动关系既符合国家意志的要求，又满足当事人的共同意志。当事人的意志只能在国家意志或国家意志允许的范围内才能发挥作用。劳动法律关系的实现是由国家强制力来保障的，任何一方违反都要承担相应的法律责任。

2. 劳动关系管理工作的重要意义

劳动关系管理工作是劳动保障工作的重要组成部分。做好劳动关系管理工作，不仅是在用工行为和就业行为市场化之后，协调用人单位和劳动者劳动关系的需要，更是当前深化企业改革和维护社会稳定的需要。

（1）做好劳动关系管理工作，是保护劳动者和用人单位合法权益的需要。随着企业改革力度的加大，必然会使劳动关系发生重大变化，如劳动关系主体利益日益明晰化、多元化，劳动关系运行机制市场化、法制化等。所有这些，都客观上要求通过劳动关系管理工作及时确定和调整劳动关系双方的权利和义务，保护双方的合法权益。

（2）做好劳动关系管理工作，是规范劳动力市场运行秩序，建立健全市场就业机制的客观要求。要通过建立和协调劳动关系，实现用人单位用工行为和劳动者就业的市场化、规范化。近年来，随着劳动制度改革的深化和劳动力市场的发展，用工和就业的市场化程度不断提高，但用人单位和劳动者主体行为不规范的问题还比较突出，这就要求做好劳动关系的调整工作，促进劳动关系的规范化、法制化，为建立健全市场就业机制创造条件。

（3）做好劳动关系管理工作，是维护企业稳定和社会稳定的客观要求。由于劳动关系的变化带来了双方利益关系的变化，也就不可避免地产生相互之间利益上的矛盾，有时这些矛盾会比较激烈，产生大量的劳动争议。引发劳动争议的因素有很多，如工资报酬、社会保险、福利待遇以及下岗、失业等多种因素。做好劳动关系管理工作，可以积极预防和化解矛盾，促进劳动关系的和谐与企业的稳定，从而也促进了社会的稳定。

（二）劳动关系的特征及认定

1. 劳动关系的特征

把握以下劳动关系的特征，对于劳动关系的认定有重要意义：

（1）劳动关系主体特征：劳动关系的主体，一方是劳动力所有者和支出者，即劳动者；另一方固定为生产资料的占有者和劳动力使用者，即用人单位。发生在两个单位之间的关系以及职工之间的关系，即使与劳动有关，也不是劳动关系。

（2）劳动关系的内容特征：发生在劳动者与用人单位之间的关系，不一定都是劳动关系，只有与劳动权利与义务有关的关系，才是劳动关系。

（3）劳动关系的主体之间具有从属性。劳动者一经招聘录用而提供实际劳动，成为用人单位的劳动者后，就要服从用人单位的管理和指挥，在用人单位的管理下从事劳动，因而这是一种隶属关系，用人单位在现行劳动法律框架下依据规章制度对劳动者享有管理权。

2. 劳动关系与劳务关系的区别

劳务关系属于民事关系的一种，是指平等民事主体之间就一方向另一方提供劳务、另一方接受劳务并支付对价而形成的相互间的权利义务关系。劳务关系与劳动关系的相似之处在于：二者都以劳动体现关系的内容，接受劳动的一方应向提供劳动的一方支付报酬。正是由于有这样的相似之处，人们往往将二者混淆。

劳务关系与劳动关系的区别有以下几个方面：

（1）法律依据的区别：劳动关系由《劳动法》和《中华人民共和国劳动合同法》（以下简称《劳动合同法》）调整，劳务关系由《中华人民共和国民法典》（以下简称《民法典》）调整。

（2）主体的区别：劳动关系中一方是用人单位，另一方只能是劳动者，劳务关系中主体可以都是自然人，也可以都是用人单位。

（3）当事人在隶属关系方面的区别：劳动关系中的当事人之间有隶属关系，劳务关系中的当事人不存在隶属关系。

（4）当事人承担义务方面的区别：劳动关系中的用人单位必须为劳动者承担社会保险义务，劳务关系中的当事人一方不存在必须承担另一方当事人社会保险的义务。

（5）用人单位对当事人在管理方面的区别：劳动关系中用人单位对劳动者有违章违纪的处理权，劳务关系中不存在一方处分另一方的权利。

3. 事实劳动关系

根据《劳动法》和《劳动合同法》的相关规定，建立劳动关系应当订立劳动合同，但在实践中，由于各种原因，双方没有订立劳动合同，但事实上形成了劳动力的使用与被使用关系，这种关系就是事实劳动关系。之所以形成事实劳动关系，可能是如下原因：自始至终没有劳动合同；劳动合同到期后既没有办理终止手续，也没有办理续订手续；劳动合同被确认为无效，等等。

按照国家的相关规定，用人单位招用劳动者未订立书面劳动合同，但同时具备下列情形的，劳动关系成立：

（1）用人单位和劳动者符合法律、法规规定的主体资格。

（2）用人单位依法制定的各项劳动规章制度适用于劳动者，劳动者接受用人单位的劳动管理，从事用人单位安排的有报酬的劳动。

（3）劳动者提供的劳动是用人单位业务的组成部分。

二、劳动关系的建立

建立劳动关系是劳动关系运行环节的开始。如何建立劳动关系呢？必须签订劳动合同。根据《劳动法》的规定，劳动关系的建立以订立劳动合同为主要标志。《劳动合同法》规定："用人单位自用工之日起即与劳动者建立劳动关系""建立劳动关系，应当订立书面劳动合同""用人单位与劳动者在用工前订立劳动合同的，劳动关系自用工之日起建立"。也就是说，引起劳动关系产生的基本法律事实是用工，而不是订立劳动合同。订立劳动合同是建立劳动关系的用人单位与劳动者的义务，也是证明劳动关系的重要证据之一。即使用人单位没有与劳动者订立劳动合同，只要存在用工行为，该用人单位与劳动者之间的劳动关系即建立，与用人单位存在事实劳动关系的劳动者即享有劳动法律规定的权利。

三、劳动合同的概念和特征

劳动合同，亦称劳动契约或劳动协议，是劳动者与用人单位确立劳动关系，明确双方权利与义务的协议。作为一种双方法律行为，劳动合同具有特定的法律属性，主要表现在以下几个方面：

（1）它是诺成性合同。当事人意思表示一致即可成立的合同是诺成性合同。劳动合同只需双方当事人意思表示一致即可成立，法律不要求劳动者提供劳动或用人单位支付劳动报酬作为劳动合同成立的前提。

（2）它是双务合同。合同当事人双方相互享有权利、相互负有义务的合同是双务合同。在劳动合同中，劳动者和用人单位都负有义务，并且各方所负担的义务既是与各自所享有的权利相对应的代价，也是实现对方相应权利的保证。

（3）劳动合同的主体具有特定性。劳动合同的主体一方是劳动者，另一方是用人单位。

（4）它是有偿合同。有偿合同是指双方当事人一方须给予他方相应的利益才能取得自己利益的合同。劳动合同是有偿合同，即劳动者一方面向用人单位提供劳动，另一方面向用人单位取得劳动报酬等再生产费用。

四、劳动合同的订立

（一）建立劳动关系应当订立劳动合同

根据《劳动合同法》的相关规定，建立劳动关系应当订立书面劳动合同。已建立劳动关系，未同时订立书面劳动合同的，应当自用工之日起一个月内订立书面劳动合同。在这个月内，如果约定的劳动报酬不明确的，新招用的劳动者的劳动报酬应当按照企业或者行业的集体合同规定的标准执行；没有集体合同或者集体合同未作规定的，用人单位应当对劳动者实行同工同酬。用人单位与劳动者在用工前订立劳动合同的，劳动关系自用工之日起建立。用人单位自用工之日起满一年不与劳动者订立书面劳动合同的，视为用人单位与劳动者已订立无固定期限劳动合同。

《劳动合同法》的这些相关规定，对于用工不签订劳动合同的用人单位无疑是个挑战，大大增加了其违法的成本，因此，笔者提醒用人单位应按照法律的要求与劳动者签订书面劳动合同。

（二）劳动合同订立的原则

《劳动合同法》第 3 条规定：“订立劳动合同，应当遵循合法、公平、平等自愿、协商一致、诚实信用的原则。”因此，订立劳动合同的原则如下：

（1）合法原则。合法原则包括订立劳动合同的主体合法、内容合法、形式合法。主体合法是指劳动者和用人单位都必须符合法定的条件，劳动者必须在法定的劳动年龄内，具有劳动权利能力和劳动行为能力；用人单位必须具备法定的资格。内容合法是指劳动合同的内容必须具备法定条款，且不得违反法律、法规的规定。

（2）公平原则。公平原则要求劳动合同的内容要公平合理，任何一方、特别是用人单位一方不得利用自己的强势地位制定显失公平的合同条款。

（3）平等自愿原则。平等自愿原则是指劳动者和用人单位在订立劳动合同时法律地位平等，平等的延伸就是自愿，即订立劳动合同要完全出于劳动者和用人单位双方的真实意思表示，出于自愿而签订。

（4）协商一致原则。协商一致原则是指劳动合同的条款完全是在双方协商的基础上确定的，任何一方不得将自己的意志强加给另一方。

（5）诚实信用原则。诚实信用原则既是一项基本的道德准则，也是一项订立劳动合同的原则。用人单位和劳动者在订立劳动合同时要诚实守信，不得欺诈对方。

（三）劳动合同的形式

根据《劳动合同法》第 10 条的规定，建立劳动关系，应当订立书面劳动合同。因此，我国的劳动合同采用的是要式合同，除非全日制用工外，都应当以书面形式订立劳动合同。

（四）劳动合同订立的程序

订立合同分为要约和承诺两个阶段，订立劳动合同也不例外。首先，由一方发出要约，在实践中，一般由用人单位拿出劳动合同文本，这就相当于要约。然后，双方就用人单位发出的要约进行协商，如有不同意见，对要约进行修改，形成新的要约，双方协商一致，在合同上签字，劳动合同即告成立。

五、劳动合同的期限与试用期

劳动合同的期限，是指劳动合同双方约定的劳动合同的有效时间。按《劳动合同法》的规定，劳动合同的期限分为三种：固定期限劳动合同、无固定期限劳动合同和以完成一定工作任务为期限的劳动合同。

固定期限劳动合同，是指用人单位与劳动者约定合同终止时间的劳动合同。无固定期限劳动合同，是指用人单位与劳动者约定无确定终止时间的劳动合同。以完成一定工作任务为期限的劳动合同，是指用人单位与劳动者约定以某项工作的完成为期限的劳动合同。

三种合同期限，由当事人双方任意选择，协商一致后确定，但当劳动者符合签订无固定期限的劳动合同时，用人单位应当与劳动者签订无固定期限的劳动合同。《劳动合同法》第 14 条规定："用人单位与劳动者协商一致，可以订立无固定期限劳动合同。有下列情形之一，劳动者提出或者同意续订、订立劳动合同的，除劳动者提出订立固定期限劳动合同外，应当订立无固定期限劳动合同：（一）劳动者在该用人单位连续工作满十年的；（二）用人单位初次实行劳动合同制度或者国有企业改制重新订立劳动合同时，劳动者在该用人单位连续工作满十年且距法定退休年龄不足十年的；（三）连续订立二次固定期限劳动合同，且劳动者没有本法第三十九条和第四十条第一项、第二项规定的情形，续订劳动合同的。用人单位自用工之日起满一年不与劳动者订立书面劳动合同的，视为用人单位与劳动者已订立无固定期限劳动合同。"

六、劳动合同的内容

所谓劳动合同的内容，是指劳动者与用人单位双方达成的劳动权利和义务的具体规定，具体表现为劳动合同条款。《劳动合同法》第 17 条规定："劳动合同应当具备以下条款：（一）用人单位的名称、住所和法定代表人或者主要负责人；（二）劳动者的姓名、住址和居民身份证或者其他有效身份证件号码；（三）劳动合同期限；（四）工作内容和工作地点；（五）工作时间和休息休假；（六）劳动报酬；（七）社会保险；（八）劳动保护、劳动条件和职业危害防护；（九）法律、法规规定应当纳入劳动合同的其他事项。劳动合同除前款规定的必备条款外，用人单位与劳动者可以约定试用期、培训、保守秘密、补充保险和福利待遇等其他事项。"

工作任务一

招聘录用与员工入职审查

一、业务技能与业务示例

员工招聘与录用是建立劳动关系的前提条件，在这一环节，存在着诸多的法律风险，如果用人单位不重视这个环节，就容易陷入风险困境中和承担不必要的赔付成本。

（一）招聘录用条件

1. 招聘录用条件的体现方式

招聘录用条件，是企业对拟聘用的员工的基本要求，这个条件设计的好坏，直接关系到招聘的人员的质量以及今后劳动关系运行环节各项工作能否顺利进行。招聘录用条件可在如下文件中反映出来：

(1) 招聘广告。很多用人单位在招聘员工时往往是通过在媒体上发布广告而进行的，因此，如果通过招聘广告招聘员工，可将录用条件全部反映在招聘广告中，也可在广告中只反映部分录用条件，其他条件通过其他形式反映出来。

(2) 岗位说明书。岗位说明书也被称为岗位描述、岗位说明等，具体描述的是某个岗位的主要特征，一般包括岗位名称、上下级汇报关系、任职条件（学历、专业、工作经验、技能要求、特殊资格要求）、主要职责等。一般来说，招聘广告是对员工的一般要求，而岗位说明书是对员工的具体要求。

(3) 规章制度。规章制度主要是对录用条件中的一些共性的东西加以明确，如对员工的品德要求、学历要求、身体条件要求、法律因素要求（如有无原单位的解除劳动合同的证明）等。

(4) 入职登记表。员工入职登记表体现的是员工的基本信息，如学历、工作经历、劳动关系状况等，这些内容本身就反映了用人单位的录用条件。

2. 招聘录用条件的内容

招聘录用条件是企业对员工的基本要求，也是将来企业解除劳动合同的依据之一，因此必须明确具体，切忌将招聘录用条件空泛化和抽象化。招聘录用条件的内容应该是共性和个性的结合。所谓共性，是指企业所有员工都应该具备的基本条件，比如对职工的一般要求有诚实守信、善于与人沟通等。所谓个性，是每个岗位或职位的特殊要求，有的有学历要求，要求有相应的证书，有的有技术要求，有的有健康要求等。招聘录用条件的共性可以通过企业的规章制度加以明确，个性可以通过招聘广告、告知书、岗位说明书等明确。最好在招聘录用条件中再明确哪些是属于不符合招聘录用条件的情形。

3. 招聘录用条件的程序性要求

招聘录用条件的内容已经拟订出来并合法了还不够，还要履行法定的程序，即公示。

所谓公示，简单来说就是让员工知道招聘录用条件；从法律角度来说，用人单位要有证据证明单位职工知道了这些招聘录用条件，也即公示过。如何进行公示呢？实践中主要有以下几种做法：一是通过招聘广告来公示，并采取一定方式予以固定，以为将来发生争议仲裁和诉讼保留证据。二是要求员工签字确认招聘录用条件，这就要求用人单位在招聘员工时向其明示招聘录用条件，并要求员工履行签字手续予以确认。三是在录用通知书中向员工明示，即在用人单位明确了录用意向后，要向员工发录用通知书，在录用通知书中向员工明示招聘录用条件，并要求员工签字确认。四是在劳动合同书中明确约定招聘录用条件及不符合招聘录用条件的情形。五是在规章制度中对招聘录用条件进行详细的界定，并将该规章制度在劳动合同签订前进行公示。

4. 拟订及发布招聘录用条件的注意事项

拟订及发布招聘录用条件时，应注意以下事项：

（1）招聘录用条件中不得有歧视性条款。根据《中华人民共和国就业促进法》（以下简称《就业促进法》）的规定，用人单位招用人员、职业中介机构从事职业中介活动，应当向劳动者提供平等的就业机会和公平的就业条件，不得实施就业歧视。因此，招聘录用条件中不得含有有意或无意歧视的内容。这种歧视包括性别歧视、年龄歧视、城乡歧视、乙肝病毒携带者歧视等多个方面。

关于性别歧视，2019 年 3 月 18 日，人力资源社会保障部、教育部、全国总工会、全国妇联、最高人民法院等九部门联合发布了《人力资源社会保障部等九部门印发规范招聘行为促进妇女就业的通知》（以下简称《通知》），对各用人单位、人力资源服务机构在发布招聘信息、招聘人员的全过程中，提出了“六不得”的要求：不得限定性别（除国家规定的女职工禁忌劳动范围等情况外）或性别优先；不得询问妇女婚育情况；不得将妊娠测试作为入职体检项目；不得差别化地提高对妇女的录用标准；不得将限制生育作为录用条件；不得以性别为由限制妇女求职就业、拒绝录用妇女。《通知》同时要求，建立联合约谈机制，根据举报投诉，对涉嫌就业歧视的用人单位开展联合约谈，对拒不接受约谈或约谈后拒不改正的，依法查处，并通过媒体向社会曝光。同时，健全司法救济机制 ，人民法院依法受理就业性别歧视相关起诉。对用人单位、人力资源服务机构发布含有性别歧视内容招聘信息的，由人力资源社会保障部门给予责令改正、罚款、吊销人力资源服务许可证等处罚。因此，用人单位在拟订招聘录用条件时要格外注意不得有《通知》中禁止的条款，防范法律风险。

（2）招聘录用条件应具有可操作性。具体来说，就是要求招聘录用条件具有可考核性。如果不具有可考核性，仅是抽象的条件，是不能作为将来解除劳动合同的依据的。

5. 录用通知书的发出

经过招聘、面试和审查之后，对于合适的人选，就需要向其发送录用通知书，通知劳动者来单位签订劳动合同。需要指出的是，录用通知书也是暗含法律风险的，如果操作不当就会给单位带来不必要的麻烦。

关于录用通知书到底是要约还是要约邀请的问题，要看录用通知书的内容，因为现在的法律未对录用通知书应包括哪些条款作出规定，所以，实践中的录用通知书有的很简单，只包括报到时间、需携带的材料、证件，而有的录用通知书却很详细，包括报到时间、薪资待遇、合同期限、工作地点等，这就相当于要约了。如果是要约邀请，则员工来与不来，单位到底录用不录用，都不必对对方负违约责任，也就是对双方不发生合同的法律效力。如果是要约，则员工一旦以各种方式承诺了，合同即成立。如果单位不录用等，则要承担合同的违约责任。在司法实践中，大部分这类案件中的录用通知书被认定为是要约，所以，如果用人单位发出录用通知书后又反悔的，一般得不到支持，相反，要么是和员工签订劳动合同，要么赔偿员工的损失。因此，用人单位在经过面试之后，初步决定录用此员工了，在发出录用通知书前仍要慎重考虑，一旦发出了，就不要反悔。为避免用人单位发出了录用通知书后又发现员工不符合条件而反悔的情况，建议用人单位在发出录用通知书前做以下工作：

（1）做背景调查，特别是对企业招用的重要岗位的人员做背景调查，以便了解劳动者所提供的情况是否真实，如学历情况、是否有竞业限制情况、劳动关系状况等。在这里需要特别注意的是：用人单位在进行背景调查时，务必事先告知劳动者并取得其预先书面授权，未经授权，禁止调查。

（2）要求员工体检，以便了解劳动者的身体状况，看其是否适合本单位的工作要求，再决定是否发录用通知，当然，录用通知书发出前要求员工体检，这笔体检费用应由用人单位承担。

（3）为了避免劳动者在签署了录用通知书后反悔给单位造成损失，用人单位也可以在录用通知书中约定违约金条款，即员工签署了录用通知书后反悔或公司反悔，均应向对方支付违约金。

（4）要在录用通知书中明确，如果劳动者提供的信息不真实或身体健康状况不符合要求，此录用通知书无效。

（5）录用通知书要有有效期限，即劳动者承诺的期限，否则，一旦劳动者当时没有来报到，过了几个月又来报到，可能单位这个岗位已经招到新人了。建议单位在录用通知书中加上这样一句话：本录用通知书的有效期限为××××年×月×日至××××年×月×日，期满前劳动者未书面确认接受录用的，本录用通知书自动失效。

（二）员工入职审查操作技能

1. 对员工入职审查的内容

《劳动合同法》第8条规定：“用人单位招用劳动者时，应当如实告知劳动者工作内容、工作条件、工作地点、职业危害、安全生产状况、劳动报酬，以及劳动者要求了解的其他情况；用人单位有权了解劳动者与劳动合同直接相关的基本情况，劳动者应当如实说明。”这就赋予了用人单位知情权。在现实生活中，总有一部分劳动者不讲诚信，对这部分劳动者，用人单位一定要用好知情权，充分有效地了解员工，将风险降到最低。充分用好知情权，不仅可以降低企业的用工风险，还可以降低员工的入职成本。因此，企业必须对新员工进行入职审查。

（1）审查与劳动合同有关的信息是否真实。

与劳动合同有关的信息有身份、学历、资格、工作经历等。这些信息的真实性直接关系到招聘来的员工能否胜任工作。如果招聘时对这些信息的审查不严格，就会出现将来解除劳动合同的情形，实际上是公司招聘的失败，而这无形中增加了企业的招聘成本。

（2）审查劳动者当前劳动关系的状况及社会保险情况。

《劳动合同法》虽然不禁止双重劳动关系，但《劳动法》规定：用人单位招用与其他单位尚未解除或终止劳动合同的劳动者，给其他用人单位造成损失的，应当承担连带赔偿责任。因此，一旦出现此类情况，无疑对用人单位是不利的。

（3）审查劳动者是否与其他单位存在竞业限制协议。

对于一些知识型、技术型或从事某一管理岗位工作以及掌握企业一定商业秘密的员工，单位一般都在劳动合同中约定竞业限制条款，有的是签订专门的竞业限制协议。企业在招聘此类员工时，应当对其是否与其他单位签订有竞业限制协议进行认真审查，确认拟招用的劳动者不负有竞业限制义务时，才可以与其签订劳动合同。因为一旦企业招用的劳动者应对原单位负有竞业限制义务，原单位可能提出该员工泄露了其商业秘密并且给其造成了损失，这时原单位就有可能将员工与新单位一起告到法庭，新单位将因此而受到牵连。因此，招聘员工前，审查确认其是否与其他单位签订有竞业限制协议也是十分重要的。审查确认可以采用如下方法：审阅员工与原单位签订的劳动合同，或向原单位致电、致函进行调查；也可以让拟招聘的员工写下保证书，保证其在原用人单位工作期间无保密和竞业限制的约定，否则责任自负，这样可以防止企业承担不必要的责任。

（4）审查劳动者是否有潜在疾病、职业病等。

在实践中，很多企业在招聘员工时，为了节约一笔体检费用，往往不对入职的员工进行严格的体检。劳动合同签订后，在劳动合同履行过程中，才发现员工先前就存在潜在的疾病甚至是职业病。有的企业在试用期内发现员工存在疾病或职业病，一般会在试用期内开出辞退单。然而，在试用期内企业辞退劳动者的条件是劳动者被证明不符合录用条件。如果录用条件并未明确身体条件，企业是无法辞退处于医疗期内的劳动者的，即便医疗期届满，辞退劳动者也需要相应的程序，并支付相应的经济补偿金和医疗补助金，如果违法辞退的话成本将大幅增加。例如，《劳动合同法》第 40 条规定，劳动者患病或者非因工负伤，在规定的医疗期满后不能从事原工作，也不能从事由用人单位另行安排的工作的，用人单位在提前 30 日以书面形式通知劳动者本人或者额外支付劳动者一个月工资后，可以解除劳动合同。更为麻烦的是，如果企业招聘来的员工存在职业病，那么企业将为此付出更多的代价。因为《中华人民共和国职业病防治法》（以下简称《职业病防治法》）规定，员工在工作中发现患有职业病，如果最后的用人单位有证据证明员工的职业病是先前用人单位的职业危害造成的，由先前的用人单位承担责任，否则，由现在的用人单位承担责任。由此可见，员工入职前审查其是否存在潜在疾病是十分重要的。对于企业来说，最好的防范措施就是要求从其他单位离职的员工做入职的健康检查，这是用人单位降低法律风险的有效保障。

（5）审查劳动者是否在法定的劳动年龄之内。

按照我国劳动法的相关规定，公民的法定劳动年龄为：男性，16～60 周岁；女性，16～55（50）周岁。在法定的劳动年龄内，公民具有劳动权利能力，所以用人单位在进行审查时，要先审查拟录用人员是否已满 16 周岁。《劳动法》明确规定，任何用人单位都不得招用未满 16 周岁的未成年人。因此，用人单位招用人员时，必须认真核查应聘者的身份证，注意登记身份证号码，防止误招童工。如果误招了童工，需要承担很严重的法律责任：（1）用人单位使用童工的，由劳动保障行政部门按照每使用一名童工每月处 5 000 元罚款的标准给予处罚；用人单位还需限期将童工送回原居住地，交其父母或者其他监护人，所需交通和食宿费用全部由用人单位承担。（2）用人单位逾期仍不将童工送交其父母或者其他监护人的，从责令限期改正之日起，由劳动保障行政部门按照每使用一名童工每月处 1 万元罚款的标准处罚，并由市场监督管理部门吊销其营业执照或者由民政部门撤销民办非企业单位登记。(3) 童工患病或者受伤的，用人单位应当负责送到医疗机构治疗，并负担治疗期间的全部医疗和生活费用。(4) 童工伤残或者死亡的，由市场监督管理部门吊销用人单位的营业执照或者由民政部门撤销民办非企业单位登记。用人单位还应当一次性地对伤残、死亡童工的直系亲属给予赔偿，赔偿金额按照国家工伤保险的有关规定计算。由此可见，如果因粗心大意未核查应聘者的有关证件，导致录用童工的，将要承担严重的法律后果，给企业造成很大的损失。

同时，要注意核查拟录用人员是否是法定劳动年龄之外的人员，法定劳动年龄之外的人员，即使没有依法享受养老保险待遇，他们也不具有法律上的劳动权利能力，不具有劳动法律关系主体资格。因此，已经享受养老保险待遇的退休人员或虽未享受养老保险待遇但超过法定退休年龄的人员，即使被用人单位聘用，用人单位也不能与其签订劳动合同，只能签订聘用劳务协议，明确聘用期间的工作内容、报酬、医疗、劳保待遇等权利和义务。发生争议时，应通过民事诉讼的途径解决。

(6) 招用外国人时，审查是否办理了相应的手续。

按照我国现行法律的规定，用人单位招用外国人，要办理相应的就业手续。《外国人在中国就业管理规定》第 5 条规定，用人单位聘用外国人须为该外国人申请就业许可，经获准并取得“中华人民共和国外国人就业许可证书”(以下简称“就业许可证”)后方可聘用。因此，如果单位招用外国人，需要审查并为其办理相应手续。除《外国人在中国就业管理规定》明确免办“就业许可证”的人员外，其他均须按规定申请办理“就业许可证”和“外国人就业证”。

根据我国的有关法律规定，在华工作的外国人可免办就业证的情况包括：(1) 持有外国专家证的外国人；(2) 持有“外国人在中华人民共和国从事海上石油作业工作准证”，从事海上石油作业、不需登陆、有特殊技能的外籍劳务人员；(3) 经文化部批准持“临时营业演出许可证”进行营业性文艺演出的外国人。除以上之外的外国人在华就业的，必须办理相应的手续。如果单位没有按照要求办理好有关手续，就擅自招用外国人在内地就业，属非法就业，为中国法律所不允许。

需要指出的是，外国人就业须具备下列条件：(1) 外国人从事的岗位应是有特殊需要，国内暂缺适当人选，且不违反国家有关规定的岗位；(2) 年满 18 周岁，身体健康；(3) 具有从事其工作所必需的专业技能和相应的工作经历；(4) 无犯罪记录；(5) 有确定的聘用单位；(6) 持有有效护照或能代替护照的其他国际旅行证件。

2. 对员工入职审查的方式

对员工的入职审查主要是通过入职背景调查和填写员工入职申请表（见表 2－1）的方式进行。对一些特别重要的岗位的人员，首先要进行背景调查，熟悉其相关情况，再辅以员工入职申请表审查。对一般员工，可以要求其直接填写员工入职申请表，并在员工的入职申请表中表明“所有信息真实可靠，如有虚假，公司可以解除劳动合同”即可。

员工入职申请表本身没有固定的格式，凡是用人单位想了解的与劳动合同有关的情况，只要不涉及劳动者个人隐私，均可以在入职申请表中有所体现。各单位情况不一样，各岗位对劳动者的基本情况要求也不一样，所以，入职申请表的内容也应有所不同。

业务示例 2-1

录用通知书

日清有限责任公司员工录用通知书

编号：日清 L200706

______先生/小姐：

您应聘本公司________职位，本公司对您提供的申请资料和面试成绩审查后，经人力资源部核定，并报总经理确认，依本公司任用规定给予录用，现热诚欢迎您加入本公司行列。有关报到事项如下，敬请参照办理。

您的报到日期：____年____月____日前。

报到地点：______________________。

报到时需携带资料：

(1) 录用通知书。

(2) 居民身份证原件及复印件两张。

(3) 最高学历证书原件及复印件一张。

(4) 资历、资格证书（或上岗证）。

(5) 报到日前两周内的体检合格证明。

(6) 一寸近期照片三张。

(7) 原单位的离职证明。

如果您接受本公司的录用，请在收到本通知书后的 5 日内（以当地邮局邮戳为准），将签署后的本录用通知书回执以快递或挂号信形式寄回本公司，否则视为您自动放弃该职位。

如果您签署了本录用通知书的回执并回馈给公司，而又未在本通知确定的日期前报到，将承担违约金______元。如果您签署了本录用通知书的回执并回馈给公司，而公司不能在本通知确定的日期接受您的报到，公司将承担违约金______元。

本通知书生效的前提条件如下：

(1) 您提供的入职申请材料真实、客观、完整。

(2) 您具备胜任本职位的身体健康状况 。

(3) 您在本通知书规定的时间内将接受录用的回执寄回本公司。

本次录用联络人：人力资源部×××，以上事项若有任何疑问或困难，请与×××联系。

联系方式：　　　　　　　电话：

日清有限责任公司（人力资源部）

年　月　日

日清有限责任公司录用通知书回执

日清有限责任公司人力资源部：

贵公司发出的编号为日清 L200706 录用通知书，本人已经于____年____月____日收到。

本人正式承诺：

(1) 我（姓名）：________同意日清有限责任公司有关员工录用的约定，并按期到贵公司报到工作。如果本人违约，我愿按录用通知书中的约定承担违约责任。

(2) 我（姓名）：________不愿意接受日清有限责任公司的员工录用通知。

此致

敬礼

姓名（签字）：

年　月　日

业务示例 2-2

员工入职申请表

表 2-1　员工入职申请表

申请职位：　　　　申请时间：　　　　编号：

姓名		性别		照片
出生日期		民族		
政治面貌		婚姻状况		
身份证号码				
身高		体重		
户口地		联系电话		
通信地址		邮政编码		
第二通信地址（紧急联络人）		紧急联络人及其电话		
最高学历		毕业院校		
专业		语言		
身体状况		爱好		
本人家庭关系				
称呼	姓名	年龄	具体住址	联系电话

本人教育经历			
教育时间	就读学校及专业	证明人	证明人联系电话

本人工作经历				
工作时间	就职单位	职务	离职原因	证明人及其联系电话

其他情况的自我说明	
与其他单位有无竞业限制协议	
档案存放地	
社会保险情况	
请列出您的三项优点	
请列出您的三项缺点	
目前让你感到最困惑的事	
您所期待的薪酬	
期待公司能提供	
您的理想及愿景	
公司人事意见	

特别说明：

（1）本人承诺上表所填事项均真实可靠，愿接受公司对表内资料的核实，如有虚假、隐瞒或故意遗漏而导致公司与本人订立劳动合同的，公司有权解除劳动合同。

（2）本人承诺本人通信地址与紧急联络人的联络方式如有变更，应在 3 日内及时通知公司，而在此期间或之后因未变更相关联络方式导致相关文书不能送达的，相关责任的法律后果由本人承担。

填表人：

年　月　日

二、实操演练

任务 2-1

【背景材料】

假设你所在的公司今年从人才市场物色了一位销售经理，经过几轮面试后，公司决定将其录用，从下个月 1 日开始上班，除节假日外每天的工作时间为 8：30—17：00，起薪为每月 4 000 元，试用期 3 个月。

【具体任务】

请你为这位销售经理拟订一份录用通知书。

任务 2-2

【背景材料】

北京一家 IT 公司 A 拟招聘一名销售经理，猎头推荐了原在一家央企做销售工作的李磊。由于这家公司给出的待遇远远高于李磊在央企的收入，且发展空间和前景广阔。面试了两次后，双方比较满意，A 公司向李磊发出了如下的录用通知书：

录用通知书

李磊先生：

您好！

本公司经研究决定，录用您为销售部经理，岗位等级为三级，月薪 15 000 元，其他福利待遇按公司有关规定执行。

如您同意，请在 2020 年 4 月 15 日以前予以答复，不予答复，视为您放弃这个职位，如您答复并接受了本职位，请于 2020 年 5 月 15 日前到公司报到，公司将于您入职一个月内与您签订劳动合同。

A 公司人力资源部

2020 年 4 月 5 日

李磊于 4 月 10 日接到了这个录用通知书后，立刻回复了 A 公司，表示同意并接受相应的职位，同时，辞掉了原央企的工作。但就在李磊准备到 A 公司报到时，A 公司又电话通知李磊不用来报到了，原因是原来要走的销售经理又不走了，所以没了空缺。李磊顿时从一个“香饽饽”变成了失业者。李磊找到 A 公司，要求 A 公司与之签订劳动合同。公司的人力资源部经理吴玉感觉很为难，告诉李磊先回家等等，等与总经理商量了再说。

录用通知书都已经发出了，李磊也承诺了，怎么办呢？在公司的办公会上，连同吴玉在内的部门经理们提出了如下四种方案：

方案一：书面通知李磊，宣布录用通知书无效；

方案二：拒绝与李磊签订劳动合同；

方案三：与李磊签订劳动合同，但不让他担任销售部经理，将职位降为普通职员，同时减少其劳动报酬；

方案四：与李磊签订劳动合同，在合同中约定试用期，在试用期内，找个理由证明李磊不符合录用条件，然后解除劳动合同。

【具体任务】

请您帮助 A 公司分析一下四种方案的优劣，帮助其设计一种更好的方案。

工作任务二

员工试用期管理

一、业务技能与业务示例

前面我们介绍了招聘与录用环节，员工经招聘面试合格录用后，人力资源管理的第一步工作——选人即基本宣告完成，紧跟其后的工作便是正确的用人问题，而该员工是否真正适合公司要求，试用期结束是否能够正式留下，这些问题答案的是与否都和试用期的管理有着密切关系。可以说，试用期的这段时间起着承上启下的作用，是双方继续选择的延续和即将正式进入工作的前奏，因此，从试用期管理的正确与否和效能高低上可以直接看出一个企业的管理水平。

（一）试用期管理的目的

（1）验证并确认员工的能力及相关条件是否真正符合公司的要求，测算招聘工作的效能指标，并改进招聘管理工作的不足之处。

（2）及时发现不合格员工，及早进入第二轮招聘，控制不必要的成本支出，并为该员工重新找工作创造条件。

（3）通过管理、培训，让合格员工全面了解公司文化、管理风格、工作内容和工作路径，使其基本能够独立上岗操作并达到公司岗位要求。

（二）试用期管理的内容

（1）制定单位的试用期管理办法。试用期管理办法是单位进行试用期管理的依据，这项制度包括适用试用期的范围、试用期管理的主体、录用条件的明确、试用期考核的主体和程序、考核结果的使用等。

（2）对试用期员工的工作按录用条件进行考核。要按办法规定的考核主体和流程对试用期内的员工进行考核。

（3）对试用期员工的管理不仅是考核，还要有行为管理和情绪管理。由于对单位不熟悉，新员工对单位的许多规定和文化不了解，因此，单位要通过观察和必要的干预，使新员工能接受和了解单位的文化和行为准则。另外，新员工特别是刚毕业的学生，在试用期中很容易受到外界因素的影响，导致情绪低落，作为管理者，要及时发现并帮助其树立信心。

（三）试用期管理注意事项

（1）书面约定。书面约定是指对试用期的工作内容、工作目标、工作职责、考核时间、考核指标和办法以及考核结论将要导致的后果进行书面约定，双方签字确认。书面约定的好处在于严肃、正规，给员工以明确的工作方向和目的，并能成为解决纠纷的证据。

（2）工作管理。管理的松紧程度和节奏要基本如一，工作的安排要尽可能覆盖所要验证的能力范围，使员工能力在各个方面得到具体的体现，有问题及时提出并帮助员工分析原因，找出解决办法，做得好时要及时对员工予以鼓励和支持。

（3）行为管理。通过观察和必要的干预，考查员工的品行和自控能力，使员工能了解并接受公司的文化和行为准则，明白什么样的行为公司是禁止的，什么样的行为公司是认可并倡导的，逐渐引导员工融入团队当中，不要发现问题不予指出，专等员工不符合条件的行为出现而解除合同，单位这种“守株待兔”的行为是不可取的。

（4）考核管理。上级和人力资源部门要按约定及时进行考核沟通，考核要实事求是、客观公正，对结论双方进行核实确认并签字。

业务示例 2-3

试用期管理制度

某公司试用期管理制度

第一条 试用期

公司依法对新入职员工实行试用期制度，公司与新员工在劳动合同中约定试用期。

第二条 试用期的期限与工资

（一）试用期的期限按本公司《劳动合同制实施细则》规定的标准执行。

（二）试用期内的工资由双方约定，但不低于劳动合同约定工资的80%。

（三）公司可根据员工的表现与员工协商一致缩短试用期。

第三条 录用条件

（一）录用条件由公司与员工在劳动合同中确定或由双方另行单独确定。

（二）员工有下列行为之一的，也将被视为不符合录用条件：

（1）提供虚假材料欺骗公司的。

（2）体检不合格的。

（3）不具备政府规定的就业手续的。

（4）患有精神病者。

（5）酗酒、吸毒者。

（6）招用一个月后拒绝与公司签订劳动合同的。

（7）无法在工作时间内提供劳动义务连续或累计时间超过5天及以上的（因工受伤除外）。

（8）按照公司有关规定达到严重违纪行为标准的。

第四条 试用期考核

（一）试用期届满前15日，公司将对员工是否胜任应聘岗位和符合录用条件进行考核。

（二）考核的程序如下：

考核由员工所在部门经理和人力资源部负责。

（1）试用期届满前15日，由员工填写试用期总结表。

（2）由员工所在部门的部门经理和人力资源部分别填写员工试用期考核表。

考核成绩为两张表的综合考核结果，并作为员工是否符合录用条件的证明。

第五条　其他规定

员工还需按公司要求，在试用期内配合公司办理有关人事档案、社会保险的转移手续。

业务示例2-4

试用期员工综合管理办法

某公司试用期员工综合管理办法

一、目的

（1）完善现有的考评体系，明确公司的价值导向，不断增强公司的整体核心竞争力。

（2）通过对试用期员工的考核沟通，帮助他们尽快了解公司，明确岗位职责，融入公司文化，并为新员工的去留及转正定级提供依据。

二、定义

试用期是指在劳动合同期限内所规定的一个试用时间段，在此阶段，用人部门可全面考察被录用员工是否真正符合聘用条件，满足公司岗位需求。同时被录用者也可进一步了解公司的工作条件及环境，衡量自己能否适合或胜任所承担的工作，从而决定是否继续保持劳动关系。试用期一般为1～3个月，最长不超过6个月。

三、基本原则

（1）实事求是原则。考核要以日常管理中的观察、记录为基础，定量与定性相结合，强调以数据和事实说话。

（2）区别对待原则。相对于正式员工的绩效考核而言，对于试用期员工的考评是综合考评，需要对其任职状况、劳动态度和工作绩效作全面的评价。

（3）考评结合原则。对于试用期员工的考核，以日常的周、日、试用期结束的期终评议相结合的方法进行综合评价，力求客观、公正、全面。

（4）效率优先原则。对于考核结果、证明不符合录用条件或能力明显不适应工作需求、工作缺乏责任心和主动性的员工要及时按规定终止试用期。管理者未按公司规定而随意辞退员工或符合公司辞退条件而未及时提出辞退建议，致使造成不良后果或不良影响的，相关人员必须承担管理责任。

四、考核形式、周期

（1）试用期员工的考核分周、月、试用期终评议三种。试用期终评议必须有书面的评价资料。

(2) 考核内容依照人力资源部规定的相关素质评估要求进行。

五、考核责任

岗前伙伴、直接主管、人力资源部经理共同承担考核责任，原则上直接主管为一级考核者，对考核的公正、合理执行负责，岗前伙伴为二级考核者，主要负责反馈，人力资源部经理为三级考核者，对考核进行监督、指导。

六、反馈责任

考核责任人必须就考核结果向被考核者进行正式的、面对面的反馈沟通，内容包括肯定成绩，指出不足，提出改进措施，共同制订下一步学习工作目标或改进计划。反馈是双向的，考核者应注意留出充足的时间让被考核者发表意见。考核者和被考核者双方都对考核结果负有反馈、沟通的责任。

七、投诉责任

反馈时，被考核者如果不认可考核结果，在与考核者进行沟通后不能达成共识的，可向人力资源部投诉。投诉的受理者须在一周内作出处理，并将处理意见反馈给投诉人。

八、操作程序

(1) 考核信息来源，包括：主管记录的员工工作过程中的关键行为和关键条件；员工的各种培训记录；定期的工作汇报、日常总结资料；同一团队的评价，相关部门及团队的反馈意见和证明材料；主管与员工沟通过程中积累的有关信息；直接产生的工作绩效。

(2) 不论是周、月、试用期终评议还是综合评定，其考核结果必须包括评语和等级（A、B、C、D）两部分。

(3) 考核等级定义如下：

A——优秀：各方面都表现突出，尤其是工作绩效方面一定远超出了试用期员工的要求。

B——良好：各方面超过对试用期员工的目标要求。

C——注意：达到或基本达到对试用期员工的基本要求。

D——不合格：达不到对试用期员工的基本要求。

九、阶段考核与最终评议的关系

综合阶段考核和最终评议结果决定员工的转正（提前转正、正常转正、延期转正）、定级与辞退：试用期员工阶段（周、月）考核结果为D时，取消试用资格；试用期员工阶段月评议结果为A时，可由部门安排提前进行试用期终评议，杰出者由部门、个人申请报人力资源部可提前转正、定级；其他情况原则上要执行至试用期结束，并参加试用期终评议，根据结果办理相关手续。

十、转正

试用期员工的转正除提前转正与辞退外，其他主要参照其综合评定结果：综合评定结果为D时，取消试用资格，不再聘用；综合评定结果为C时，要求员工写出改进方案，否则不再聘用；综合评定结果为A、B者，公司给予正常转正。

十一、定级

试用期员工的职位及薪酬级别的主要决定依据为对其任职资格的评定结果，参照公司岗位描述、薪酬方案执行。

十二、解释、修订

本管理办法的解释、修订归人力资源部。

本管理办法自即日起执行。

业务示例 2-5

员工试用期考核评价表

员工试用期考核评价表具体见表 2-2、表 2-3。

表 2-2　员工试用期考核评价表（一）——工作部门负责人评价

考核要点	权重	评价得分	优秀	良好	尚可	较差
实际的工作能力及进入工作状态	30%		进入工作状态时间长度，适应工作的快慢程度，工作的条理性、计划性，能否在工作中提出新方法，能否运用专业知识解决问题，工作主动性和积极性，工作责任心，工作的完成质量等方面的特征			
			99～86	85～76	75～61	60～40
员工考勤	10%		是否有自律意识，能否遵守员工的考勤制度，是否存在迟到、早退、经常擅离岗位、串岗等现象。			
			99～86	85～76	75～61	60～40
协作能力	15%		能够积极主动与他人配合探讨交流，主动向他人请教，顺利达成工作任务和要求；善于处理各种关系，善于利用合作和协调的手段、措施和方法，有沟通、交流意识和技巧，团结、友善、相容			
			99～86	85～76	75～61	60～40
综合评价	20%		99～86	85～76	75～61	60～40

表 2-3　员工试用期考核评价表（二）——人力资源部评价

考核要点	权重	评价得分	优秀	良好	尚可	较差
培训方面	15%		遵守课堂纪律、遵守考勤纪律、学习态度、培训内容掌握情况、团队精神、求实精神等方面			
			99～86	85～76	75～61	60～40
提交资料落实情况	10%		工作的配合程度、提交资料的落实情况、掌握办事程序等方面			
			99～86	85～76	75～61	60～40

二、实操演练

任务 2－3

【背景材料】

2018 年 12 月，张某参加了北京市海淀区举办的专场招聘会，一家电器开关公司的招聘广告吸引了他：本公司拟招聘销售部经理助理，录用条件为：30～45 岁、身体健康、大学本科以上学历、具有 5 年以上相关产品销售工作经验。经过面试，最终张某被录用，并于 2019 年 1 月 2 日与公司签订了为期 5 年的合同，约定了试用期为 6 个月。3 个月后，公司领导认为，虽然张某工作态度十分认真，但专业知识和业务水平都不理想，没有达到公司要求的季度销售目标，与招聘时对空缺岗位的要求存在很大差距。2019 年 4 月 6 日，该公司以张某在试用期被证明不符合录用条件为由，决定解除与张某的劳动关系，并不予支付任何经济补偿。

张某认为，自己工作积极努力，专业知识和业务水平也正在快速提高，公司领导在未对其进行任何考核，也没有任何考核标准的情况下，片面地认为自己不符合录用条件，解除与自己的劳动关系是不合法的。于是，张某向劳动人事争议仲裁委员会提出仲裁申请，要求该公司向其支付经济补偿。仲裁的结果是公司败诉。

【具体任务】

1. 公司败诉的原因可能有哪些？
2. 管理者从此案中要吸取哪些教训？

工作任务三

拟订劳动合同制实施细则（办法）

一、业务技能与业务示例

（一）劳动合同制实施细则（办法）的性质

劳动合同制实施细则（办法）是企业内部实行劳动合同制的“小宪法”，有的也称其为《劳动合同管理办法》，它是把有关法律、法规规定的内容结合企业实际的具体化。我国《劳动法》第 3 章及《劳动合同法》有关劳动合同的规定，只是对劳动合同的原则性、纲领性的指导和规范，不可能对每个企业的情况都作出详细的规定。劳动合同制实施细则（办法）可以对劳动法的内容和法律未尽事宜结合本单位的实际作出详细、具体的规定。

（二）劳动合同制实施细则（办法）制定的原则

在拟订劳动合同制实施细则（办法）时，一般遵循如下原则：

（1）结合本企业的实际。

（2）依照法律、法规的规定，既不能照搬法律又不能脱离法律。

（3）要征求职工群众的意见。

（三）劳动合同制实施细则（办法）的主要内容

劳动合同制实施细则（办法）的内容如下：

（1）总则。主要包括劳动合同制的含义，实施劳动合同制的范围、原则等。

（2）劳动合同的签订。主要包括签订劳动合同的主体、原则、本单位劳动合同所包括的内容。

（3）劳动合同的期限。主要包括本单位劳动合同期限的种类以及每一种类的具体适用。在此项内容中还应包括确定劳动合同期限的原则，如哪些职工签订固定期限的劳动合同、哪些职工签订无固定期限的劳动合同、哪些职工签订以完成一定工作任务为期限的劳动合同等。还可以就本企业是否实行试用期制度以及试用期考核办法进行具体的规定。

（4）劳动合同的变更、解除和终止的具体条件及程序。

（5）本企业专项协议的签订，如本企业专项协议的种类、签订条件、审批权限等内容。

（6）劳动合同履行的原则。

（7）解除、终止劳动合同人员的档案移交办法、程序等。

（8）职工在合同期内的保险福利待遇。包括企业为职工提供的各项保险福利以及有关医疗期的具体规定。

（9）赔偿与补偿。主要规定赔偿与补偿的具体标准，如培训费的赔偿办法等。

业务示例 2－6

劳动合同制实施细则

【背景资料】

滨江饭店为了规范劳动关系，更好地保护企业和员工的权益，根据《中华人民共和国劳动合同法》，制定了本饭店劳动合同制实施细则。

滨江饭店劳动合同制实施细则

第一章　总则

第一条　为深化企业内部人事、劳动、分配制度改革，转换企业经营机制，保障企业和职工的合法权益，建立起既有约束力又有活力的劳动管理体制，妥善处理好企业实施劳动合同制的有关问题，调动职工的积极性，根据《劳动法》《劳动合同法》及其他有关法律、法规和规章，制定本实施细则。

第二条　劳动合同制是指单位与职工在平等自愿、协商一致的基础上，通过签订劳动合同明确双方的权利与义务，以法律形式确定双方劳动关系，并依照劳动合同进行管理的劳动用工制度。

第三条 实施劳动合同制的范围：

（一）在职固定职工（现在册的正式职工）。

（二）短期用工。

（三）内部退养人员。

（四）被外单位借用的人员。

（五）内部待岗人员。

饭店以上人员均可按本实施细则的规定，本着平等自愿、协商一致、双向选择的原则与饭店签订劳动合同。

第四条 下列人员暂不纳入签订劳动合同的范围：

（一）正在被司法机关收容审查的人员。

（二）在本饭店实习的学生。

（三）本饭店返聘的离退休职工。

（四）劳务派遣工。

第五条 人力资源部是劳动合同管理的职能部门，负责合同的签订、变更、续订、终止和解除等事项，办理劳动合同的鉴证、文本的保管、待岗职工的管理等事宜。

第二章 劳动合同的签订

第六条 劳动合同书是确定本饭店与受聘人之间劳动关系的书面凭证。滨江饭店为甲方（以下简称饭店），受聘的职工为乙方（以下简称职工）。饭店的劳动合同由劳动合同书及其附件组成。附件包括各类专项协议书、岗位协议书、饭店相关的规章制度等。

第七条 劳动合同书由饭店法定代表人或其委托的代理人与职工签订。劳动合同以书面形式订立，一式三份，饭店及职工各执一份，一份存入职工档案。

饭店总经理、党委书记和工会主席的劳动合同与上级主管部门签订。

第八条 签订劳动合同必须遵守国家有关法律、法规、规章，坚持平等自愿、协商一致的原则。

第九条 本饭店劳动合同书内容如下：

（一）本饭店名称、住所和法定代表人。

（二）员工的姓名、住址及居民身份证号码。

（三）劳动合同期限。

（四）工作内容和工作地点。

（五）工作时间和休息休假。

（六）劳动报酬。

（七）社会保险。

（八）劳动保护、劳动条件和职业危害防护。

（九）法律、法规规定应当纳入劳动合同的其他事项。

除上述内容外，双方还可以就试用期、培训、保守商业秘密、补充保险和福利待遇等事项协商一致，作出约定。

第十条　属于实行劳动合同制范围但无部门聘用的职工，或已签订了劳动合同但在合同期内有特殊情况不能坚持正常工作的职工，及有其他特殊情况的职工，应签订专项协议书。饭店的专项协议书包括：《病休协议书》《外借协议书》《待岗协议书》《内退协议书》《保密协议书》《竞业限制协议书》《服务期协议书》等。专项协议书作为劳动合同的附件，和劳动合同产生同等法律效力。

第十一条　饭店除与职工签订劳动合同外，还应与职工签订《岗位协议书》，就职工的具体工作岗位应达到的数量指标、质量指标、行为规范等作出约定。《岗位协议书》的期限应短于或等于劳动合同期限。《岗位协议书》的变更按劳动合同的变更程序办理。

第十二条　劳动合同期限：

本饭店的劳动合同期限分为固定期限、无固定期限和以完成一定工作任务为期限三种。

固定期限的劳动合同分为6个月、1年、3年、5年四种。原固定职工连续工龄满20年的，可签订5年期劳动合同，连续工龄满10不满20年的，可签订3年期劳动合同，连续工龄满5年不满10年的签订1年期的劳动合同。

劳动合同期限根据上述两款内容由双方当事人协商确定。

第十三条　符合《中华人民共和国劳动合同法》第十四条第二款规定情形之一的，公司与其签订无固定期限的劳动合同。

第十四条　饭店内部待岗人员可以与饭店签订6个月或1年的劳动合同。

饭店内的短期用工人员与饭店签订6个月或1年的劳动合同。

第十五条　本饭店新招人员实行试用期制度。劳动合同期限在6个月内的，试用期为1个月；劳动合同期限为1年的，试用期为2个月，劳动合同期限为3年的，试用期为4个月，劳动合同期限为5年和无固定期限的劳动合同的，试用期为6个月。具体期限按此原则由双方协商确定。

第十六条　下列劳动合同无效：

（一）以欺诈、胁迫手段或者乘人之危，使对方在违背真实意思情况下订立或变更劳动合同的。

（二）饭店免除自己的法定责任、排除劳动者权利的。

（三）违反法律、行政法规强制性规定的。

无效的劳动合同从订立时起就没有法律效力。确认劳动合同部分无效的，如果不影响其余部分的效力，其余部分仍然有效。

劳动合同被确认无效后，劳动者已经付出的劳动，参照本饭店相同或相近岗位劳动者的劳动报酬确定。

第十七条　本饭店与职工订立劳动合同时，不得收取任何形式的抵押金。

第十八条　本饭店的劳动合同文本由单位提供，双方在协商一致的基础上确定。

第三章　劳动合同的变更、解除、终止和续订

第十九条　劳动合同依法签订后，就具有法律效力，合同双方必须履行合同所规定的义务，任何一方不得擅自变更合同。饭店法定代表人变更后，原合同仍然有效。

经双方协商一致，可以变更劳动合同。

订立劳动合同时所依据的客观情况发生重大变化（如饭店调整经营方向、职工有其他正当理由等），致使原劳动合同无法履行的，可以协商变更劳动合同。

协商变更劳动合同的，提出变更要求的一方应当将变更要求以书面形式送交另一方，另一方应在15日内答复，逾期不答复的，视为不同意变更劳动合同。

订立劳动合同时所依据的法律、法规、规章发生变化的，应当依法变更劳动合同的相关内容。

职工不能胜任工作，饭店调整其工作岗位的，属于饭店的用工自主权。

掌握商业秘密的职工在劳动合同中约定了解除劳动合同的提前通知期的，在提前通知后，饭店有权调整其工作岗位以使职工“脱密”。

第二十条　经劳动合同双方当事人协商一致，劳动合同可以解除。

第二十一条　职工有下列情形之一的，饭店可以随时解除劳动合同：

（一）职工在试用期内被证明不符合录用条件的。

（二）职工严重违反国家法律、法规、规章或饭店规章制度的。

（三）职工严重失职、渎职或违法乱纪，给饭店经济或名誉造成重大损失的（重大经济损失的标准为5 000元及以上）。

（四）无正当理由经常旷工或者逾期不到岗，经批评教育无效，且连续旷工超过7天，或者1年以内累计超过15天的。

（五）职工被依法追究刑事责任的。

（六）被人民法院依据《中华人民共和国刑法》第三十七条规定免予刑事处罚的。

（七）职工同时与其他单位建立劳动关系，经饭店提出拒不改正的。

（八）职工以欺诈手段或胁迫手段与饭店签订劳动合同的。

（九）国家法律、法规、规章另有规定的。

第二十二条　职工有下列情形之一的，饭店在支付职工1个月工资后，可以随时与之解除劳动合同：

（一）患病或非因工负伤，医疗期满后不能从事原工作也不能从事另行安排的工作的，或者不符合国家从事有关饭店行业、工种岗位规定，饭店无法另行安排工作的。

（二）职工不能胜任工作，饭店为其调整工作岗位一次或为其提供培训机会一次，经过培训或者调整工作岗位仍不能胜任工作的。

（三）劳动合同订立时所依据的客观情况发生了重大变化，致使原合同无法履行，经双方协商不能就变更劳动合同达成协议或不服从另行安排的工作的。

第二十三条　饭店具备《中华人民共和国劳动合同法》第四十一条规定的情形的，可以按法定程序进行经济性裁员。

第二十四条　职工有下列情况之一的，饭店不得依据本细则第二十二条、第二十三条的规定解除职工的劳动合同：

（一）在本单位患职业病或者因工负伤并被确认达到伤残等级的。

（二）患病或非因工负伤在规定的医疗期内的。

（三）女职工在孕期、产期、哺乳期内的。

（四）在本饭店连续工作满15年，且距法定退休年龄不足5年的。

（五）国家和本市规定的其他情形。

第二十五条　职工解除劳动合同，应当提前30日以书面形式通知本饭店。

职工在试用期内解除劳动合同，应当提前3日以书面形式通知饭店。

饭店与掌握本饭店商业秘密的职工签订劳动合同时，可以协商约定解除劳动合同的提前通知期，提前通知期不得超过6个月。

饭店与掌握本饭店商业秘密的职工就解除劳动合同约定了不超过6个月的提前通知期的，则职工解除劳动合同按此约定的日期提前通知饭店。

第二十六条　饭店有下列情形之一的，职工可以随时通知饭店解除劳动合同：

（一）未按照劳动合同约定提供劳动保护或者劳动条件的。

（二）未及时足额支付劳动报酬的。

（三）未依法为职工缴纳社会保险费的。

（四）规章制度违反法律、法规规定，损害职工合法权益的。

（五）由于饭店的原因致使劳动合同无效的。

饭店以暴力、威胁或者非法限制人身自由的手段强迫劳动者劳动的，或者饭店违章指挥、强冒险作业危及职工人身安全的，职工可以立即解除劳动合同，不需要事先通知饭店。

第二十七条　劳动合同的终止与续订。

（一）符合下列条件之一的，劳动合同即行终止：

（1）劳动合同期限届满。

（2）劳动者开始依法享受养老保险待遇或达到法定退休年龄的。

（3）劳动者死亡或被人民法院宣告失踪、死亡的。

（4）饭店依法破产的。

（5）饭店被吊销营业执照、责令关闭、撤销或决定提前解散的。

（二）劳动合同期限届满前，饭店应当提前30日将终止或续订劳动合同的意向书以书面形式通知职工，对于饭店提出的续订劳动合同的意思表示，职工应在接到通知后10日内给予答复，逾期不答复的，视为不同意续订。经协商办理终止或续订劳动合同的手续。饭店未提前30日通知职工而终止劳动合同的，应以职工上月日平均工资为标准，每迟延1日，支付职工1日工资的赔偿金。

（三）职工符合《中华人民共和国劳动合同法》第十四条第二款规定续订劳动合同的，除职工提出订立固定期限劳动合同外，公司应当与其续订无固定期限的劳动合同。

（四）劳动合同期限届满后，由于饭店方的原因未办理终止手续，也未办理续订手续而形成事实劳动关系的，如果职工要求续订劳动合同的，应当续订劳动合同。双方就续订的劳动合同期限不一致的，续订的劳动合同期限从签字之日起不得少于一年。职工符合续订无固定期限的劳动合同的，饭店应当与其签订无固定期限的劳动合同。职工要求解除劳动关系的，劳动合同即行解除。

（五）职工患职业病或者因工负伤并被确认达到伤残等级，要求续订劳动合同的，饭店应当与之续订劳动合同。

（六）职工在规定的医疗期内或者女职工在孕期、产期、哺乳期内，劳动合同期限届满时，用人单位应当将劳动合同的期限顺延至医疗期、孕期、产期、哺乳期满为止。

（七）在本饭店连续工作满 15 年，且距法定退休年龄不足 5 年的，劳动合同期满，应顺延劳动合同至法定退休年龄。

第四章　职工在合同期内的保险福利待遇

第二十八条　饭店按国家及本市的有关规定参加各种社会保险，并为职工缴纳社会保险费及代为扣缴职工个人应缴纳的社会保险费。

第二十九条　劳动合同期内，职工享有的工休、探亲、婚丧假待遇，按国家和本饭店的规定执行。

第三十条　职工患职业病或因工负伤及女工孕期、产期、哺乳期的待遇，按国家和本饭店的有关规定执行。

第三十一条　劳动合同期内，对患病或非因工负伤的职工，需要停止工作治病医疗时，根据本人实际参加工作年限和在本饭店工作年限，给予 3 个月到 24 个月的医疗期，医疗期的病假以饭店指定医疗机构的假条为凭。医疗期按劳部发〔1994〕479 号文件执行。医疗期从病休第一天起开始累计计算。病休期间，公休假日、法定节日计算在内，具体办法如表 2－4 所示。

表 2－4　医疗期长度一览表

实际工作年限	在本饭店工作年限	医疗期长度	累计计算时间
10 年以下	5 年以下	3 个月	6 个月
	5 年以上	6 个月	12 个月
10 年以上	5 年以下	6 个月	12 个月
	5 年以上 10 年以下	9 个月	15 个月
	10 年以上 15 年以下	12 个月	18 个月
	15 年以上 20 年以下	18 个月	24 个月
	20 年以上	24 个月	30 个月

职工病休 1 个月以上要求上班的，要由饭店指定的医疗机构出具能坚持正常工作的证明。

对于患有特殊疾病（这里指癌症、精神病、瘫痪、其他重症传染病），医疗期内不能痊愈的职工，饭店可以适当延长其医疗期，延长的期限最长不超过 3 个月。

第三十二条　职工在停工医疗期间，其病假工资或疾病救济费标准为本市最低工资标准的 90%。

第三十三条　停工医疗期满后，因不能坚持正常工作被解除劳动合同的职工，由企业发给职工相当于其 6 个月工资的医疗补助费。

第三十四条　本饭店实行标准工时制、综合计算工时工作制和不定时工作制。具体的人员范围由本饭店另行规定。

第五章　赔偿与补偿

第三十五条　劳动合同一经签订就具有法律效力，任何一方违反合同都要承担违约责任，违约方要支付违约金。给对方造成经济损失的，根据其后果和责任大小，由责任方赔偿对方经济损失。

第三十六条　违约责任和经济补偿金的支付：

（一）凡饭店出资培训的职工，都应与饭店签订《服务期协议》，约定培训后的服务期限及服务期内双方的权利与义务，服务协议期限不得短于劳动合同未履行的期限，服务期如果长于合同未履行期限，则应变更原劳动合同的期限至服务期限届满为止。服务期协议应作为劳动合同的附件，与劳动合同产生同等法律效力。职工服务期未满离职的，应向饭店支付违约金。违约金按下列方法支付：按服务期等分出资金额，以职工已履行的服务期递减支付。公式为：应支付的违约金＝(约定服务期（月)－已履行的服务期限（月))×培训费/约定的服务期（月)。其中，培训费包括饭店为员工支付的学费、书本费、差旅费等。

（二）与饭店签有《竞业限制协议》的职工，每月的竞业限制的经济补偿金支付标准为：职工解除劳动合同前12个月月平均工资的50%，在解除或终止劳动合同后按月支付。职工违反竞业限制规定的，应按12个月竞业限制经济补偿金总额的2倍向饭店支付违约金，还应赔偿给饭店造成的经济损失。

（三）解除劳动合同的经济补偿按《中华人民共和国劳动合同法》及本市的有关规定执行。

（四）任何一方违反劳动合同规定给对方造成损失的，应承担赔偿责任。赔偿标准按国家及本市有关规定及合同的约定执行。

第六章　合同管理

第三十七条　签订劳动合同后，饭店以制定的考核实施细则及劳动合同和岗位协议书为依据对职工进行考核，把考核结果作为续签、解除劳动合同以及聘任行政和技术职务、工资待遇和奖惩的重要依据。

第三十八条　劳动合同双方因履行劳动合同发生争议，应协商解决。协商无效的，当事人可向本饭店劳动争议调解委员会申请调解，或向劳动人事争议仲裁委员会申请仲裁，对仲裁裁决不服的，可以向人民法院起诉。

第七章　附则

第三十九条　本细则未涉及部分按本市实行劳动合同制有关规定执行。本细则与饭店原有关文件规定不符的，以本细则为准执行。

第四十条　本细则由人力资源部负责解释。

第四十一条　本细则自职工代表大会批准之日起施行。

第四十二条　本细则如有与国家、地方有关规定相矛盾处，以国家和地方的有关规定为准。

滨江饭店

年　月　日

二、实操演练

任务 2-4

【背景材料】

长城建设公司是一家中型施工企业，具有建筑、安装、设备制造、大型设备运输和吊装、物资采购等综合配套施工能力，为配合改革，公司决定实行劳动合同制。

长城建设公司的人员基本构成情况如下：全公司职工 524 人，其中各类专业技术人员 129 人，包括：

(1) 高级职称 12 人，其中高级工程师 8 人、高级会计师 3 人、高级经济师 1 人。

(2) 中级职称 43 人，其中工程师 29 人、经济师 10 人、会计师 4 人。

(3) 初级职称 74 人，其中助理工程师 48 人、助理经济师 19 人、助理会计师 7 人。

直接生产人员 395 人，包括铆工 46 人、各类焊工 73 人、管工 30 人、起重工 24 人、钳工 16 人、电气 19 人、仪表 10 人、机械工 62 人、油工 61 人、白铁工 34 人、土建及衬里 20 人。

从性别构成上看，男职工 411 人，约占职工总数的 78%；女职工 113 人，约占职工总数的 22%。

从年龄构成上看，25 岁以下的职工占 30%，25～35 岁的职工占 45%，45 岁以上的职工占 25%。

【具体任务】

请你根据上述人员的基本情况，参照劳动政策法规，拟订《长城公司劳动合同制实施细则》（以下简称《细则》），具体要求如下：

(1)《细则》要能够突出公司自身的特点。

(2)《细则》中应体现对新老职工、不同岗位职工的不同政策。

(3)《细则》中应体现公司合同期限的种类及确定合同期限的具体方法。

(4)《细则》中应至少包括：总则，合同的签订，合同的内容，合同的变更、解除、终止，保险福利待遇，争议处理等内容。

工作任务四

拟订劳动合同书

一、业务技能与业务示例

（一）拟订劳动合同书的基本操作

1. 签订劳动合同的主体资格

根据《劳动合同法》的规定，建立劳动关系应当订立劳动合同。因此，凡是在劳动合同法适用范围内的用人单位和职工都要订立劳动合同。

从用人单位的角度说，根据《劳动合同法》的规定，中华人民共和国境内的企业、个体经济组织、民办非企业单位等组织（以下称用人单位）与劳动者建立劳动关系，订立、履行、变更、解除或者终止劳动合同，适用该法。国家机关、事业单位、社会团体和与其建立劳动关系的劳动者，订立、履行、变更、解除或者终止劳动合同，依照该法执行。因此，凡是用人单位招用劳动者，都要与劳动者签订劳动合同。

用人单位设立的分支机构是否具有签订劳动合同的主体资格呢？2008 年 9 月 18 日出台的《中华人民共和国劳动合同法实施条例》第 4 条规定："劳动合同法规定的用人单位设立的分支机构，依法取得营业执照或者登记证书的，可以作为用人单位与劳动者订立劳动合同；未依法取得营业执照或者登记证书的，受用人单位委托可以与劳动者订立劳动合同。"据此可以得出结论：依法取得营业执照或者登记证书的分支机构具有用工主体资格，可以作为用人单位与劳动者订立劳动合同，可以直接作为劳动合同中的甲方（用人单位）。未依法取得营业执照或者登记证书的分支机构，只能受用人单位委托与劳动者订立劳动合同，即劳动合同中的用人单位只能是设立该分支机构的单位，不能将分支机构直接列为用人单位。

从劳动者的角度来说，只要劳动者与用人单位建立的是劳动关系，都要签订劳动合同。用人单位的富余人员、放长假的职工，长期被外单位借用的人员和带薪上学人员以及其他非在岗但仍保持劳动关系的人员，请长病假的职工，原固定工中经批准的停薪留职、愿意回原单位继续工作的人员，派出到合资、参股单位的职工与原单位仍保持着劳动关系的人员等，这些人员由于各种原因未在岗，但与单位仍保持劳动关系，也应签订劳动合同，不过他们的劳动合同应与在岗职工不同，可通过专项协议就不在岗期间的权利与义务作出约定。

但用人单位下列用工不用签订劳动合同：

（1）用人单位使用的已达到法定退休年龄的职工。用人单位使用这些职工只需签订劳务协议即可。

（2）用人单位使用的劳务派遣组织派出的劳务人员。按《劳动合同法》的相关规定，劳务派遣工由派遣单位与劳动者签订劳动合同，用工单位不用与之签订劳动合同。

（3）用人单位使用的在校实习生。学生在学习期间毕业实习是教学环节的一个组成部分，实习期间与单位没有建立劳动关系，也不用签订劳动合同。

（4）用人单位使用的非全日制用工也不用签订书面劳动合同。按《劳动合同法》的规定，非全日制用工双方当事人可以订立口头协议，因此，也不必签订书面劳动合同。

2. 各类特殊人员的劳动合同的签订

职工与用人单位签订劳动合同，这是毋庸置疑的，但在具体操作时，一些特殊员工的劳动合同签订问题就显现出来了。

（1）租赁经营、承包经营企业职工劳动合同的签订。

一般来说，企业租赁经营是指在所有权不变的条件下，出租方将企业出租给承租方进行经营，承租方向出租方支付租金并对企业实行自主经营，在租赁关系终止时返还所租财产的经营形式。企业承包经营是指企业的主管部门或国家授权单位与经营承包者之间，在保持企业所有制不变的基础上，按照所有权与经营权分离的原则，确定国家与企业责权利关系，使企业做到自主经营、自负盈亏的经营形式。根据国务院颁布的《全民所有制工业企业承包经营责任制暂行条例》的规定，实行承包经营的企业是全民所有制工业企业。可见，租赁企业的租赁对象是企业资产，承包企业的承包对象是经营成果，二者均具有主体上的特殊性：合同一方是国家，一般由人民政府指定的有关部门来代表行使权利，而且一般合同的标的是企业的经营权，企业所有权并不发生转移，仍然属于国家。此外，合同主体之间的关系具有双重性：承包方与发包方之间，既有行政隶属的上下级关系，又有合同的平等协商关系。

按照劳动部《关于贯彻执行〈中华人民共和国劳动法〉若干问题的意见》第15条的规定，租赁经营（生产）、承包经营（生产）的企业，所有权并没有发生变化，法人名称未变，在与职工订立劳动合同时，该企业仍为用人单位一方。依据租赁合同或承包合同，租赁人、承包人如果作为该企业的法定代表人或者该法定代表人的授权委托人时，可代表该企业（用人单位）与劳动者订立劳动合同。所以，同劳动者签订劳动合同的用人单位还是原来的用人单位，即在租赁或承包之前同劳动者签订劳动合同的企业。但如果经授权，承包人或租赁人可以代表原企业与职工签订劳动合同。

(2) 厂长、经理等特殊人员劳动合同的签订。

厂长、经理、党委书记等人员有其特殊性，他们既是劳动者的一员，也有其特殊性，因此他们的劳动合同在签订上国家早有规定，根据劳动部《实施〈劳动法〉中有关劳动合同问题的解答》（劳部发〔1995〕202号）的规定，经理由其上级部门聘任（委任）的，应与聘任（委任）部门签订劳动合同。实行公司制的经理和有关经营管理人员，应依据《中华人民共和国公司法》（以下简称《公司法》）的规定与董事会签订劳动合同。企业党委书记作为劳动者，也应当签订劳动合同，但在订立劳动合同的方式上可采取党委书记和厂长、经理一起，与企业的上级主管部门签订劳动合同的方式来完成。劳动部劳部发〔1996〕122号文规定，企业工会主席作为劳动者，也应当与用人单位签订劳动合同，但考虑到劳动制度转轨时期的实际情况，在订立劳动合同的方式上，对尚未订立劳动合同的工会主席，可以和党委书记、厂长、经理一样，与企业的上级主管部门签订劳动合同。已经与企业订立劳动合同的工会主席，双方应继续履行劳动合同，不经本单位工会委员会和上级工会同意，企业不得解除劳动合同。

3. 签订劳动合同的基本程序

签订劳动合同一般遵循如下程序：

(1) 草拟劳动合同文本。在劳动合同签订之前，首先要由一方拿出劳动合同文本。劳动合同文本的草拟一般是企业的事情，由企业人力资源部分管相关工作的人员拿出劳动合同文本。在实践中，各地劳动行政部门也有自己的劳动合同示范文本，用人单位也可以采用，但是，即使使用劳动合同示范文本，用人单位也要结合自己单位的实际将文本细化。

（2）签发《签订劳动合同通知书》。签发《签订劳动合同通知书》，是向劳动者表明单位要签订劳动合同的意向及告知劳动者确定的劳动合同签订时间。如果不是自用工之日起一个月内签订劳动合同，而是在用工之日签订劳动合同，这个通知书应在给员工发入职通知书时即交给员工，并要求员工在回执上签字。

（3）双方协商。劳动合同文本只是用人单位一方单方面的意思表示，劳动合同中的所有内容均要与劳动者进行协商后确定，包括劳动合同期限、工作任务、劳动报酬、劳动条件等。协商的内容必须做到明示、清楚、具体、可行，充分表达双方的真实意愿和要求，经过讨论、研究，相互让步，最后达成一致意见。在双方协商一致后，协商即告结束。

（4）签字盖章。在认真审阅合同文本，确认没有分歧后，双方签字盖章。根据《劳动合同法》的规定，劳动合同签字或盖章后生效，作为用人单位，是选择签字还是盖章，或是既签字又盖章，由单位自定。代表单位签字的应为用人单位的法定代表人或者其书面委托的代理人。切记，如果单位委托人力资源部相关人员签字的，一定要有书面的授权委托书。订立劳动合同可以约定生效时间。没有约定的，以当事人签字或盖章的时间为生效时间。当事人签字或者盖章时间不一致的，以最后一方签字或者盖章的时间为准。

（二）劳动合同法定条款的设计

前已述及，劳动合同的内容包括法定条款和约定条款。法定条款就是《劳动合同法》第 17 条规定的 9 项内容，在设计劳动合同文本时应注意，法定条款一个都不能少，约定条款是否有不影响劳动合同的效力，但建议用人单位结合本单位的情况和劳动者的情况选择约定条款，如初次录用的劳动者可以选择试用期条款，有保密义务的员工可以选择保密条款等。

1. 劳动合同期限的选择与条款设计

（1）选择确定劳动合同期限的原则。

合理地确定劳动合同期限，对当事人双方来说都是至关重要的。但在实践中，很多用人单位在确定劳动合同期限问题上是没有什么依据的，而是盲目、随意的，往往采用“一刀切”的做法，如与所有员工均签一年的劳动合同或均签五年的劳动合同等。这种做法风险是很大的，因为《劳动合同法》的实施，使得用人单位在劳动合同期限问题上的风险增加，因此，要合理地确定劳动合同期限。确定劳动合同期限要坚持如下原则：

第一，有利于企业发展生产的原则。这是企业选择期限的最基本的原则。企业应当按照自身的生产经营的特点和规划对劳动用工进行合理安排，合同期限的选择均应与企业的生产经营规划紧密挂钩，使劳动合同期限服从、服务于企业生产经营的实际需要和长远发展。

第二，兼顾当事人双方利益的原则。在坚持有利于企业发展生产的原则下，要兼顾当事人双方的利益，因为订立劳动合同是企业和劳动者双方的事情，关系到双方的利益。确定劳动合同期限时，不能只强调企业的生产工作需要，而是应当兼顾劳动者个人利益，尊重劳动者个人意愿。总之，当事人双方都应当处理好眼前利益和长远利益的关系，合理确定劳动合同的期限。

第三，三种劳动合同期限合理配置原则。法律规定的三种期限类型的劳动合同，各有优缺点，企业要根据实际选择使用。固定期限的劳动合同是最常见的劳动合同，而对于技术复杂、保密性强、需要保持人员稳定的岗位，最好签订无固定期限的劳动合同；而对于适宜采用以完成一定工作任务为期限的劳动合同，则应选择以完成一定工作任务为期限的劳动合同。

劳动合同期限由当事人双方协商确定，但若劳动者符合签订无固定期限劳动合同条件的，用人单位应当与之签订无固定期限的劳动合同。

对于用人单位难以确定工作时间的生产经营项目，用人单位可以选择以完成一定工作任务为期限的劳动合同，在实践中，有下列情形之一的，用人单位通常选择以完成一定工作任务为期限的劳动合同：完成单项工作任务的；以项目承包方式完成承包任务的；因季节原因临时用工的。以完成一定工作任务为期限的劳动合同，一定要约定工作任务完成的标准。

（2）确定劳动合同期限应考虑的因素。

确定劳动合同期限，除了要考虑法律强制性规定的因素和企业自身的规划外，还应考虑下列因素：

第一，劳动者的年龄因素。单位与员工签订劳动合同时，所确定的劳动合同期限不得超过劳动者的法定退休年龄。有的单位与员工签订了固定期限的劳动合同，而期限又超过了法定的退休年龄，这就出现了劳动者达到了法定的退休年龄而劳动合同还未到期的情况，所以确定劳动合同期限时一定要注意年龄因素。

第二，劳动者的专业技术因素。对于劳动者的技术能力较强且与本单位相匹配的，可以选择无固定期限的劳动合同或期限较长的固定期限的劳动合同。

第三，劳动者的身体因素。确定劳动合同期限时，还要考虑劳动者体质的强弱，并考虑安排何种岗位，避免将身体较弱或不适应某种岗位的劳动者长期安排在同一岗位上，造成劳动合同履行的困难。

2. 工作内容和工作地点条款设计

工作内容是对劳动者从事的工作岗位、工作职责的要求，是劳动者应当履行劳动义务的主要内容。工作内容和工作岗位要明确，工作内容除了在劳动合同书中明确外，还可以签订专项岗位协议，在专项岗位协议中明确具体的指标。

工作地点可以根据企业不同性质、企业自身的发展及企业范围灵活确定，可以定具体的、相对具体的、模糊的工作地点。一般情况下，范围宽泛相对比较有利。

3. 工作时间和休息休假

关于工作时间条款，要在劳动合同中明确职工实行的是哪种工时制度，即在标准工时制、不定时工作制、综合计算工时工作制中间进行选择。休息休假条款可以简单表述为：执行国家的各项休假制度及本单位的休假制度。

4. 劳动报酬条款设计

劳动报酬条款需写清劳动报酬的支付标准或计算方法、支付日期、支付周期、加班加点工资的支付方法等。

5. 社会保险条款设计

按《劳动法》的相关规定，用人单位和劳动者必须依法参加社会保险。由于社会保险是法定的，且缴费基数和比例法律或当地政府都有规定，所以这一条款设计时一语带过即可，如可以表述为：甲方按国家和本市有关规定为乙方办理各项社会保险，乙方应缴纳的各项社会保险费由甲方代扣代缴。

6. 劳动保护、劳动条件和职业危害防护条款设计

在我国，关于劳动保护、劳动条件，国家法律、法规规定是很多的，对不同的行业、不同的工种应该有哪些劳动条件都有明确规定，企业只能执行国家的规定。因此，此条款只做笼统规定即可。

（三）签订劳动合同的注意事项

签订劳动合同时应注意以下事项：

（1）语言表述要明确易懂，不要使用容易产生歧义的语言。如某企业与某些季节工所签订的劳动合同，期限为："开冻来，解冻走"，这就是容易产生歧义的语言。劳动合同字句要准确、清楚、完整、明白易懂，不能用缩写、替代或含糊的文字表达，应尽量不使用容易产生歧义的语言，容易引起歧义的内容应增加注解，否则就可能在执行过程中产生误解或曲解，从而带来不必要的争议，给用人单位和劳动者双方造成损失，也为合同争议的处理带来困难。

（2）注意劳动合同的合法性。只有主体合法、内容合法、程序也合法的劳动合同才能受到国家的保护。

（3）劳动合同期限问题。劳动合同期限的长短可以由双方当事人协商确定，但如果劳动者符合签订无固定期限劳动合同的条件，劳动者又提出要签订无固定期限的劳动合同，用人单位应当与劳动者签订无固定期限的劳动合同。

（4）注意劳动合同的有效性。劳动者一方一定要求本人签字，未经授权，他人不得代签。用人单位一方，要有法定代表人的签字或单位公章。

（5）签订劳动合同时单位不得以任何借口收取抵押金（物）、保证金等。

（6）合同内容可简可繁，订立时要因人、因地、因事而异。要结合实际，因为法律的规定是就全局而言的，用人单位和劳动者应根据具体情形，在不违背法律规定的前提下，由当事人协商确定具体条款。特别是容易产生争议的内容，要规定得详细具体一些。

业务示例 2－7

劳动合同书示范文本（通用）

2019 年 11 月 25 日，人力资源和社会保障部发布了《劳动合同（通用）》示范文本，供用人单位和劳动者签订劳动合同时参考。以下是人力资源和社会保障部发布的《劳动合同（通用）》示范文本。

劳 动 合 同

（通　用）

甲方（用人单位）：____________________

乙方（劳动者）：____________________

签　订　日　期：______年_____月_____日

甲方（用人单位）：
统一社会信用代码：
法定代表人（主要负责人）或委托代理人：
注 册 地：
经 营 地：
联系电话：

乙方（劳动者）：
居民身份证号码：
（或其他有效证件名称　　　　证件号：　　　　　　　）
户籍地址：
经常居住地（通信地址）：
联系电话：

根据《中华人民共和国劳动法》《中华人民共和国劳动合同法》等法律法规政策规定，甲乙双方遵循合法、公平、平等自愿、协商一致、诚实信用的原则订立本合同。

一、劳动合同期限

第一条　甲乙双方自用工之日起建立劳动关系，双方约定按下列第　种方式确定劳动合同期限：

1. 固定期限：自____年____月____日起至____年____月____日止，其中，试用期从用工之日起至____年____月____日止。

2. 无固定期限：自____年____月____日起至依法解除、终止劳动合同时止，其中，试用期从用工之日起至____年____月____日止。

3. 以完成一定工作任务为期限：自____年____月____日起至__________工作任务完成时止。甲方应当以书面形式通知乙方工作任务完成。

二、工作内容和工作地点

第二条　乙方工作岗位是________，岗位职责为________________。乙方的工作地点为________________。

乙方应爱岗敬业、诚实守信，保守甲方商业秘密，遵守甲方依法制定的劳动规章制度，认真履行岗位职责，按时保质完成工作任务。乙方违反劳动纪律，甲方可依据依法制定的劳动规章制度给予相应处理。

三、工作时间和休息休假

第三条　根据乙方工作岗位的特点，甲方安排乙方执行以下第______种工时制度：

1. 标准工时工作制。每日工作时间不超过 8 小时，每周工作时间不超过 40 小时。由于生产经营需要，经依法协商后可以延长工作时间，一般每日不得超过 1 小时，特殊原因每日不得超过 3 小时，每月不得超过 36 小时。甲方不得强迫或者变相强迫乙方加班加点。

2. 依法实行以______为周期的综合计算工时工作制。综合计算周期内的总实际工作时间不应超过总法定标准工作时间。甲方应采取适当方式保障乙方的休息休假权利。

3. 依法实行不定时工作制。甲方应采取适当方式保障乙方的休息休假权利。

第四条　甲方安排乙方加班的，应依法安排补休或支付加班工资。

第五条　乙方依法享有法定节假日、带薪年休假、婚丧假、产假等假期。

四、劳动报酬

第六条　甲方采用以下第______种方式向乙方以货币形式支付工资，于每月______日前足额支付：

1. 月工资__________元。

2. 计件工资。计件单价为__________，甲方应合理制定劳动定额，保证乙方在提供正常劳动情况下，获得合理的劳动报酬。

3. 基本工资和绩效工资相结合的工资分配办法，乙方月基本工资__________元，绩效工资计发办法为________________。

4. 双方约定的其他方式____________________。

第七条　乙方在试用期期间的工资计发标准为____________或____________元。

第八条　甲方应合理调整乙方的工资待遇。乙方从甲方获得的工资依法承担的个人所得税由甲方从其工资中代扣代缴。

五、社会保险和福利待遇

第九条　甲乙双方依法参加社会保险，甲方为乙方办理有关社会保险手续，并承担相应社会保险义务，乙方应当缴纳的社会保险费由甲方从乙方的工资中代扣代缴。

第十条　甲方依法执行国家有关福利待遇的规定。

第十一条　乙方因工负伤或患职业病的待遇按国家有关规定执行。乙方患病或非因工负伤的，有关待遇按国家有关规定和甲方依法制定的有关规章制度执行。

六、职业培训和劳动保护

第十二条　甲方应对乙方进行工作岗位所必需的培训。乙方应主动学习，积极参加甲方组织的培训，提高职业技能。

第十三条　甲方应当严格执行劳动安全卫生相关法律法规规定，落实国家关于女职工、未成年工的特殊保护规定，建立健全劳动安全卫生制度，对乙方进行劳动安全卫生教育和操作规程培训，为乙方提供必要的安全防护设施和劳动保护用品，努力改善劳动条件，减少职业危害。乙方从事接触职业病危害作业的，甲方应依法告知乙方工作过程中可能产生的职业病危害及其后果，提供职业病防护措施，在乙方上岗前、在岗期间和离岗时对乙方进行职业健康检查。

第十四条　乙方应当严格遵守安全操作规程，不违章作业。乙方对甲方管理人员违章指挥、强令冒险作业，有权拒绝执行。

七、劳动合同的变更、解除、终止

第十五条　甲乙双方应当依法变更劳动合同，并采取书面形式。

第十六条　甲乙双方解除或终止本合同，应当按照法律法规规定执行。

第十七条　甲乙双方解除终止本合同的，乙方应当配合甲方办理工作交接手续。甲方依法应向乙方支付经济补偿的，在办结工作交接时支付。

第十八条　甲方应当在解除或终止本合同时，为乙方出具解除或者终止劳动合同的证明，并在十五日内为乙方办理档案和社会保险关系转移手续。

八、双方约定事项

第十九条　乙方工作涉及甲方商业秘密和与知识产权相关的保密事项的，甲方可以与乙方依法协商约定保守商业秘密或竞业限制的事项，并签订保守商业秘密协议或竞业限制协议。

第二十条　甲方出资对乙方进行专业技术培训，要求与乙方约定服务期的，应当征得乙方同意，并签订协议，明确双方权利义务。

第二十一条　双方约定的其他事项____。

九、劳动争议处理

第二十二条　甲乙双方因本合同发生劳动争议时，可以按照法律法规的规定，进行协商、申请调解或仲裁。对仲裁裁决不服的，可以依法向有管辖权的人民法院提起诉讼。

十、其他

第二十三条　本合同中记载的乙方联系电话、通信地址为劳动合同期内通知相关事项和送达书面文书的联系方式、送达地址。如发生变化，乙方应当及时告知甲方。

第二十四条　双方确认：均已详细阅读并理解本合同内容，清楚各自的权利、义务。本合同未尽事宜，按照有关法律法规和政策规定执行。

第二十五条　本合同双方各执一份，自双方签字（盖章）之日起生效，双方应严格遵照执行。

甲方（盖章）　　　　　　　　　　　　　　　　　乙方（签字）

法定代表人（主要负责人）

或委托代理人（签字或盖章）

年　月　日　　　　　　　　　　　　　　　　　　年　月　日

业务示例 2－8

以完成一定工作任务为期限的劳动合同书示范文本

以下是北京市发布的以完成一定工作任务为期限的劳动合同书示范文本。

编号：＿＿＿＿＿＿＿＿＿＿

劳动合同书

（以完成一定工作任务为期限）

甲　　方：＿＿＿＿＿＿＿＿＿＿＿＿＿

乙　　方：＿＿＿＿＿＿＿＿＿＿＿＿＿

签订日期：＿＿＿年＿＿月＿＿日

北京市劳动和社会保障局监制

根据《中华人民共和国劳动法》《中华人民共和国劳动合同法》和有关法律、法规，甲乙双方在平等自愿、协商一致的基础上签订本合同，共同遵守本合同所列条款。

一、劳动合同双方当事人基本情况

第一条　甲方____________

法定代表人（主要负责人）或委托代理人____________

注册地址________________________________

经营地址________________________________

第二条　乙方_______性别________

户籍类型（非农业、农业）____________

居民身份证号码________________________________

或者其他有效证件名称________证件号码__________

在甲方工作起始时间____年____月____日

家庭住址____________________邮政编码_________

在京居住地址____________________邮政编码__________

户口所在地________省（市）________区（县）________街道（乡镇）

二、劳动合同期限

第三条　本合同为以完成一定工作任务为期限的劳动合同。

本合同于____年____月____日生效，本合同于____________________工作完成时终止。

三、工作内容和工作地点

第四条　乙方同意根据甲方工作需要，担任___________岗位（工种）工作。

第五条　根据甲方的岗位（工种）作业特点，乙方的工作区域或工作地点为____________________。

第六条　乙方工作应达到____标准。

四、工作时间和休息休假

第七条　甲方安排乙方执行____________工时制度。

执行标准工时制度的，乙方每天工作时间不超过8小时，每周工作不超过40小时。每周休息日为____________。

甲方安排乙方执行综合计算工时工作制度或者不定时工作制度的，应当事先取得劳动行政部门特殊工时制度的行政许可决定。

第八条　甲方对乙方实行的休假制度有：____。

五、劳动报酬

第九条　甲方每月______日前以货币形式支付乙方工资，月工资为________元或按____执行。

甲乙双方对工资的其他约定：____。

第十条　甲方生产工作任务不足使乙方待工的，甲方支付乙方的月生活费为＿＿＿＿＿＿元或按＿＿＿＿＿＿＿＿＿＿＿＿＿＿＿＿＿＿＿＿＿＿＿＿＿执行。

六、社会保险及其他保险福利待遇

第十一条　甲乙双方按国家和北京市的规定参加社会保险。甲方为乙方办理有关社会保险手续，并承担相应社会保险义务。

第十二条　乙方患病或非因工负伤的医疗待遇按国家、北京市有关规定执行。甲方按＿＿＿＿＿＿＿＿＿＿＿＿＿＿＿＿＿＿＿＿＿＿＿＿支付乙方病假工资。

第十三条　乙方患职业病或因工负伤的待遇按国家和北京市的有关规定执行。

第十四条　甲方为乙方提供以下福利待遇：＿＿＿＿＿＿＿＿＿＿＿＿＿＿＿
＿＿＿＿＿＿＿＿＿＿＿＿＿＿＿＿＿＿＿＿＿＿＿＿＿＿＿＿＿＿＿＿＿＿＿＿＿
＿＿＿＿＿＿＿＿＿＿＿＿＿＿＿＿＿＿＿＿＿＿＿＿＿＿＿＿＿＿＿＿＿＿＿＿＿
＿＿＿＿＿＿＿＿＿＿＿＿＿＿＿＿＿＿＿＿＿＿＿＿＿＿＿＿＿＿＿＿＿＿＿＿＿
＿＿＿＿＿＿＿＿＿＿＿＿＿＿＿＿＿＿＿＿＿＿＿＿＿＿＿＿＿＿＿＿＿＿＿＿。

七、劳动保护、劳动条件和职业危害防护

第十五条　甲方根据生产岗位的需要，按照国家有关劳动安全、卫生的规定为乙方配备必要的安全防护措施，发放必要的劳动保护用品。

第十六条　甲方根据国家有关法律、法规，建立安全生产制度；乙方应当严格遵守甲方的劳动安全制度，严禁违章作业，防止劳动过程中的事故，减少职业危害。

第十七条　甲方应当建立、健全职业病防治责任制度，加强对职业病防治的管理，提高职业病防治水平。

八、劳动合同的解除、终止和经济补偿

第十八条　甲乙双方解除、终止劳动合同应当依照《中华人民共和国劳动合同法》和国家及北京市有关规定执行。

第十九条　甲方应当在解除或者终止本合同时，为乙方出具解除或者终止劳动合同的证明，并在15日内为乙方办理档案和社会保险关系转移手续。

第二十条　乙方应当按照双方约定，办理工作交接。应当支付经济补偿的，在办理工作交接时支付。

九、当事人约定的其他内容

第二十一条　甲乙双方约定本合同增加以下内容：＿＿＿＿＿＿＿＿＿＿＿＿
＿＿＿＿＿＿＿＿＿＿＿＿＿＿＿＿＿＿＿＿＿＿＿＿＿＿＿＿＿＿＿＿＿＿＿＿＿
＿＿＿＿＿＿＿＿＿＿＿＿＿＿＿＿＿＿＿＿＿＿＿＿＿＿＿＿＿＿＿＿＿＿＿＿＿
＿＿＿＿＿＿＿＿＿＿＿＿＿＿＿＿＿＿＿＿＿＿＿＿＿＿＿＿＿＿＿＿＿＿＿＿＿
＿＿＿＿＿＿＿＿＿＿＿＿＿＿＿＿＿＿＿＿＿＿＿＿＿＿＿＿＿＿＿＿＿＿＿＿。

十、劳动争议处理及其他

第二十二条　双方因履行本合同发生争议，当事人可以向甲方劳动争议调解委员会申请调解；调解不成的，可以向劳动人事争议仲裁委员会申请仲裁。

当事人一方也可以直接向劳动人事争议仲裁委员会申请仲裁。

第二十三条　本合同的附件如下：____

____

____

____

____。

第二十四条　本合同未尽事宜或与今后国家、北京市有关规定相悖的，按有关规定执行。

第二十五条　本合同一式两份，甲乙双方各执一份。

甲方（公章）　　　　　　　　　　　　　乙方（签字或盖章）

法定代表人（主要负责人）或委托代理人

（签字或盖章）

签订日期：　　　年　　　月　　　日

二、实操演练

任务 2-5

【背景材料】

同“任务 2-4”。

【具体任务】

以长城建设公司的《细则》为基础，起草一份劳动合同书。劳动合同书要与《细则》的精神相一致。

任务 2-6

【背景材料】

HT 商场是一家中外合资企业，共有员工 600 余人。近年来，商场和职工签订劳动合同一直使用市人力资源和社会保障局提供的标准文本。但标准文本原则性太强，加之近年来劳动关系发生了很大变化，原来的劳动合同文本已经不太适用。2020 年 5 月，为了适应新形势的需要，同时满足本企业的特殊要求，商场决定制定本企业专用的劳动合同文本。

制作劳动合同文本的通知到达人力资源部时，人力资源部的赵经理正在考虑把这个任务交给谁完成。这时候，人力资源部的职员带来了一位实习生小王。小王是附近一所大专院校的学生，想利用课余时间到实际工作岗位锻炼锻炼。于是，赵经理把起草《HT 商场劳动合同》的任务交给了小王。

两天后，小王将起草好的劳动合同书交给了赵经理。赵经理一看，不禁皱起了眉头。

HT商场劳动合同

第一条　本合同期限为____________________。

第二条　乙方为甲方的工作人员，专门负责____________________。

第三条　工作时间为早9点到晚9点，节假日不休息。

第四条　工作报酬酌情而定，食宿自理。

第五条　福利按劳动部门的规定发放，社会保险费由乙方个人负担。

第六条　本合同自签字之日起生效，任何一方不得擅自变更。如一方违约造成另一方损失的，要依法承担赔偿责任。

第七条　乙方在工作期间发生事故，甲方概不负责。

甲方：　　　　　　　　　　乙方：

年　月　日　　　　　　　　年　月　日

【具体任务】

请对小王起草的这份劳动合同书作出评价。

工作任务五

拟订各类专项协议

一、业务技能与业务示例

所谓专项协议，是指劳动关系双方当事人在劳动合同履行过程中，为明确特定的权利和义务而签订的协议。在劳动合同履行中，会出现一些特殊情况，使得劳动合同的正常履行受到影响，如员工长休病假、员工培训学习、员工掌握单位的商业秘密等情况，在这些情况出现时，就要专门拟订协议，就特殊情况作出特殊约定，这就是专项协议，这种专项协议签订后，就作为劳动合同的附件，与劳动合同产生同等法律效力。在实践中，企业常见的专项协议有医疗期协议、服务期协议、保密协议、竞业限制协议等，还有的单位有岗位协议，就劳动合同中应当约定的劳动者的工作内容作出约定，这种岗位协议也是专项协议。

（一）专项协议拟订的原则

（1）统一原则。专项协议的内容必须与劳动合同的内容统一，不能矛盾。

（2）具体原则。专项协议必须就特定情况下的具体权利与义务作出规定，内容必须具体明确。

（3）合法原则。关于专项协议的内容，相关法律中有特殊规定的，如《劳动合同法》中对服务期协议和竞业限制协议均有相应的规定，不得违反。

（二）常见的专项协议

1. 培训、服务期协议

（1）服务期的含义。

服务期是指劳动者因接受用人单位提供的特殊待遇——提供专项培训费用、进行专业技术培训而承诺必须为用人单位服务的期限。劳动者违反服务期约定，应向用人单位支付违约金。因此服务期的作用主要是为了避免员工在享受了特殊待遇——专项培训后任意离职而给用人单位造成损失。

服务期与劳动合同期限不是同一个法律概念。服务期只有在符合法律规定的情况下才能约定，而劳动合同期限是任何一个劳动合同都具有的。劳动合同期限是劳动关系双方当事人约定的劳动关系存续期限，但在此期限内双方尤其是劳动者可以提前解除劳动合同，不用支付用人单位违约金，如果是服务期，劳动者不能提前解除，否则要支付用人单位违约金。还应注意，如果用人单位依据《劳动合同法》第 39 条的规定与劳动者解除合同，劳动者也应支付违约金。

（2）服务期与劳动合同期限的联系。

服务期是以当事人双方劳动关系的存在为前提的，如果双方不存在劳动关系，那么谈不上有服务期的约定。劳动合同中的服务期条款或双方另行约定的专项协议，均是劳动合同的组成部分，是对劳动合同的补充，与劳动合同具有同等法律效力。用人单位和劳动者对服务期的约定，应考虑劳动合同的相关规定。

在实践中，如果服务期长于劳动合同期限，在劳动合同期满后，用人单位放弃对剩余服务期要求的，劳动合同可以终止，用人单位不得追索劳动者服务期的赔偿责任。但是，如果用人单位继续要求劳动者履行服务期呢？这里就出现了劳动合同期限届满了，而服务期尚未满的情况，以哪个为准呢？《中华人民共和国劳动合同法实施条例》第 17 条规定："劳动合同期满，但是用人单位与劳动者依照劳动合同法第二十二条的规定约定的服务期尚未到期的，劳动合同应当续延至服务期满；双方另有约定的，从其约定。"这表明，劳动合同期满而服务期尚未到期的，劳动合同续延至服务期满。当然，如果双方在服务期协议中对此有特别约定的，从其约定。

（3）哪些员工要约定服务期。

《劳动合同法》第 22 条规定，用人单位为劳动者提供专项培训费用，对其进行专业技术培训的，可以与该劳动者订立协议，约定服务期；劳动者违反服务期约定的，应当按照约定向用人单位支付违约金，违约金的数额不得超过用人单位提供的培训费用。用人单位要求劳动者支付的违约金不得超过服务期尚未履行部分所应分摊的培训费用；用人单位与劳动者约定服务期的，不影响按正常的工资调整机制提高劳动者在服务期期间的劳动报酬。

按《劳动合同法》的规定，只有用人单位为劳动者提供专项培训费用，对其进行专业技术培训的，才可以与劳动者签订服务期协议。用人单位要特别注意这里的专项培训的适用范围，不包括用人单位为劳动者提供的正常的职业培训。按照《劳动法》的相关规定，用人单位应当有计划地对劳动者进行职业培训，并按本单位职工工资总额的一定比例提取和使用职业培训经费，因此，对劳动者进行必要的职业培训是用人单位的义务，如用人单位对劳动者进行的安全卫生培训、技术工种的上岗培训以及提高职工岗位素质培训、入职培训、轮岗培训、调整岗位后进行的培训均不应认为是用人单位提供了专项培训费用。这部分培训费用不得作为用人单位与劳动者约定服务期的条件。

至于什么是专业技术培训，劳动合同法未就此作出明确规定，还需配套的法律、法规和相关解释加以明确。但在实践中，企业可以将“专业技术培训”与“专项培训费用”结合起来，如对特定的营销人员进行的营销技巧的实战培训、对特定管理人员的 MBA 教育等，这里的培训，一是与其所从事的专业有关，二是不是所有的从事此项工作的人都有这项培训，只是特定的人员，基于此，就可以认定用人单位对劳动者进行了专项培训，就可以约定服务期了。

(4) 服务期的期限。

劳动合同法未对服务期的年限作出规定，因此，服务期年限由双方协商确定，但是，约定服务期年限时应注意：一是要体现公平合理的原则，用人单位不得滥用权力，比如，某用人单位为某人提供了 2 100 元供其参加人力资源管理师的培训，但约定劳动者必须为用人单位服务 5 年，这种约定没有任何依据。二是约定的服务期较长的，用人单位应按正常的工资调整机制，提高劳动者在服务期内的劳动报酬。

(5) 培训费与违约金的数额约定。

根据《劳动合同法》第 22 条的规定，劳动者违反服务期约定的，应当按照约定向用人单位支付违约金。违约金的数额不得超过用人单位提供的培训费用。用人单位要求劳动者支付的违约金不得超过服务期尚未履行部分所应分摊的培训费用。法律将违约金的数额限制在不得超过培训费用的范围内，因此，培训费用究竟可以包括哪些内容，就值得管理者予以关注。

根据《中华人民共和国劳动合同法实施条例》的规定，《劳动合同法》第 22 条第 2 款规定的培训费用包括有支付凭证的培训费用、培训期间的差旅费以及因培训产生的其他直接费用。因此，培训费用应该理解为用人单位为员工培训而支出的相关费用，包括培训费、交通费、住宿费、教材费等。在此意义上理解，培训费应不包括单位支付给劳动者的工资，因此，单位在职工脱产学习期间，应调整其工资支付标准，如只发生活费等。

违约金约定多少虽然没有明确规定，但实际上法律已经给出了一个原则，即不得超过用人单位提供的培训费用，也不允许约定劳动者任何时候离职培训费均全额返还，要按照服务期分摊培训费用。

(6) 服务期协议的内容。

服务期协议往往是和培训协议联系在一起的，所以也可称为培训服务期协议，其主要内容应为对职工和用人单位在职工培训期间的权利与义务以及职工培训后为企业服务期的义务作出的规定，具体包括：培训期限及方式、培训地点、培训内容、双方在培训期间的权利与义务、培训费用的负担、违约责任、培训结果的考核验收、培训后的服务期限。

培训期限及方式根据不同的情况有所不同，有的是脱产培训，有的是不脱产培训，因而培训期限的长短也不同。培训内容应是与其所从事的和将要从事的工作有关的，对于培训内容要尽可能地具体约定。至于双方培训期间的权利与义务，主要是指：员工培训的具体要求、培训期间的工资和福利待遇、单位对员工培训的监督管理责任等。培训费用的负担，有的是由用人单位全额负担，有的是由用人单位和员工各负担一定的比例。关于培训费用的支付时间，有的单位采取先由员工垫付，后由单位报销的形式，而且对于培训费用的报销设置条件，如果员工没有达到约定的条件，用人单位可以不予报销。如有的用人单位约定，培训费用先由员工垫付，经考核合格，拿到合格证书后回企业报销。至于采用什么方式，由企业与员工在培训服务期协议中具体约定。至于违约金数额，在不高于相关的培训费用的基础上，由双方协商确定，但要符合法定的原则，即违约金的数额不得超过服务期尚未履行部分分摊的费用。

由于《劳动合同法》将违约金的数额与培训费用直接挂钩，而培训费用的举证责任在用人单位，因此，关于培训费用的相关证据，用人单位应在各个环节加以注意。培训过程中，应特别注意留存培训费用的相关支付凭证，对发票、收据等进行规范管理，标注清楚。培训后的考核验收，主要是用人单位要求提交培训小结、提交合格证、结业证等。

（7）签订服务期协议的注意事项。

第一，培训协议应为劳动合同的附件，如果培训协议的服务期限长于劳动合同期限，在服务期协议中应增加劳动合同期限变更条款。

第二，企业在与员工签订培训协议时要注意写清培训名称、培训的具体起止时间；培训后的服务期限的起止时间也要写清楚，特别是起始时间，起始时间可以始于培训时间，也可以始于培训结束后。

第三，对于员工个人原因中途退学要有明确的违约责任。

第四，对于培训期间的待遇要明确，包括培训期间的补贴、工资福利、保险等。要特别注意，在培训协议中要写明培训费包括什么费用，不包括什么费用，以防在员工违约时引起争议。要明确在培训期间的住宿标准、交通费等。要注意较长时间的培训（如超过一年）是否有探亲假和年休假等，如有，要写明相关规定。

第五，要写明评价和总结方面的要求。根据时间长短，培训结束后或培训期间对于员工本人要有一个评价，本人要写学习总结，在学习期间定期向单位汇报学习情况，培训结束后要有个人总结。

第六，对于重要的培训，要注明在培训结束后企业根据考核有权调整工作的权限或给予有关职位。

第七，对于服务期限要明确标明，特别是参加了多次培训的，要应用有关数学公式将培训服务期限写明，要注意累加计算问题。另外，根据国家有关培训服务期限的规定，培训费用是逐年递减的。

第八，违约责任要明确，如要求员工支付的培训费用包括哪些，按照什么标准分摊培训费用等。

第九，注意培训协议与公司有关具体规定是否有相悖之处及如何处理等，如果协议中的有关约定与规章制度相悖，职工愿意适用协议规定的，一般适用协议规定。

2. 医疗期协议

(1) 医疗期的含义。

根据劳动部发布的《企业职工患病或非因工负伤医疗期规定》(劳部发〔1994〕479号)第2条的规定，医疗期是指企业职工因患病或非因工负伤停止工作治病休息不得解除劳动合同的时限。

(2) 签订医疗期协议的情形。

一般来说，医疗期是员工患病需要停止工作治病休息时单位不得解除劳动合同的时限，所以，许多企业都是在员工病休达到一定天数时才开始计算医疗期，如果是连续病休，那么医疗期连续计算就可以了，如果是间断病休的，医疗期累加计算。劳动法对医疗期的界定是停止工作、治病休息的时间，一般的企业，如果职工一天两天的病休，就不计入医疗期了，而从企业规定的天数届满后再计算医疗期，如有的企业规定，职工一年有12天的带薪病假，超过12天的，视为进入医疗期。那么哪些进入医疗期的职工要签订医疗期协议呢？一般适用于连续病休达到一定天数的人员，如有的单位规定，连续病休超过5天的，要签订医疗期协议，或一年内累计病假超过几天的，也要签订医疗期协议。所以，并不是所有的员工生病了都要签订医疗期协议，签订医疗期协议的目的是约定员工病休期间双方的权利与义务，因为在员工病休期间，劳动合同会暂时中止，权利义务会有变化，所以要签订医疗期协议。

(3) 医疗期协议的内容。

医疗期协议的内容主要是就医疗期的长短以及双方在医疗期内的权利与义务作出规定。其具体内容包括：协议期限、甲乙双方的权利与义务、其他事项，如医疗期满后的处理问题、再上岗问题等。

3. 保密协议与竞业限制协议

(1) 商业秘密与保密协议。

《中华人民共和国反不正当竞争法》(以下简称《反不正当竞争法》)第9条规定，商业秘密是指不为公众所知悉、具有商业价值并经权利人采取相应保密措施的技术信息、经营信息等商业信息。

商业秘密应具备以下四个法律特征：

一是秘密性。即不为公众所知悉，不能从公开渠道轻易获得，而是一种处于保密状态的尚未公开的技术信息、经营信息等商业信息。这是认定商业秘密最基本的要件和最主要的法律特征。

二是价值性。这是指商业秘密必须具有客观可用性，能够在实际的生产中被应用，为权利人带来经济利益。一项商业秘密如果不能给企业带来经济价值，也就失去了保护的意义。

三是实用性。实用性不仅限于现在可以被应用，也包括将来被应用。

四是保密性。即权利人对其所拥有的商业秘密应采取相应合理的保密措施，使其他人不采用非法手段就不能得到。这种保密措施是权利人为防止信息泄露所采取的与其商业价值等具体情况相适应的合理保护措施，是权利人寻求法律保护的前提。

《民法典》《反不正当竞争法》及有关科技管理法规都规定，以窃取等方式取得他人商业秘密的构成侵权，《反不正当竞争法》还将侵犯他人商业秘密的行为作为不正当竞争行为予以禁止。《中华人民共和国刑法》（以下简称《刑法》）规定有侵犯商业秘密罪，可以说我国立法全方位、多层次地对商业秘密进行了保护。劳动立法也对商业秘密的保护作了规定。

《劳动合同法》对商业秘密的保护是从合同约定的角度出发予以规定的，主要包括竞业限制和保密义务两个方面。在理论和实践中，竞业限制往往与商业秘密的保护相联系，是保护用人单位商业秘密的手段之一。通过竞业限制协议的签订，可以减少劳动者泄露、非法使用他人商业秘密的机会。在某种程度上，人们会产生误解，以为竞业限制与商业秘密保护是一回事，或者说竞业限制仅仅是作为商业秘密保护的一个手段而存在。其实从根本上说，竞业限制与商业秘密保护是既有区别又有联系的两个概念。竞业限制的存在可以说是保护商业秘密的一个手段，但竞业限制本身并不等同于商业秘密的保护，竞业限制的内容也不仅仅是保护商业秘密；反之，商业秘密的保护并不只有竞业限制一个途径。

员工的保密义务与竞业限制义务的区别在于：保密义务一般是法律的直接规定或劳动合同的随附义务，不管用人单位与劳动者是否签订保密协议，劳动者均有义务保守商业秘密。而竞业限制是基于用人单位与劳动者的约定产生，没有约定的，劳动者无须承担竞业限制义务。在功能上，保密义务的功能主要是保护企业商业秘密，要求保密者不得泄露商业秘密，侧重的是不能“说”，并不限制劳动者的就业权。而竞业限制的功能既可能是商业秘密保护，也可能仅仅是约束其就业机会或应对竞争对手挖人，竞业限制主要是要求劳动者不能到竞争单位任职或自营竞争业务，侧重的是不能“做”。保密义务一般期限较长，只要商业秘密存在，劳动者的保密义务就存在，而竞业限制期限较短，最长不超过两年。在对价补偿上，员工承担保密义务不需要支付保密费，而对于离职后履行竞业限制的劳动者，用人单位则需支付竞业限制补偿费。

作为商业秘密的一般保护手段，单位制定保密的有关规章制度是必要的，但再完善的保密制度只能约束单位内部的在职员工，对人才流出后的职工却无约束力，因而人才流动中商业秘密应有独特的保护措施，主要是与职工签订保密协议和竞业限制协议。

一份完整的保密协议应当包括以下内容：

第一，商业秘密的范围。用人单位里的哪些信息或技术属于商业秘密，应该在合同中明确界定，不能笼统地约定所有的信息或技术都是商业秘密。首先，按照技术信息和经营信息的划分，列举属于本单位商业秘密的范围；其次，对该员工所在岗位涉及的技术信息和经营信息做进一步的详细规定。

第二，员工职务成果与非职务成果的确认。法律要保护商业秘密，明确归属权是首要前提。究竟商业秘密归谁所有，即秘密归谁占有和支配，如果这个前提不明确，是否被侵权就说不清楚。商业秘密归谁所有，如何使用或转让，由此产生的利益如何分配，既涉及当事人的合法权益，也涉及相关法律主体之间的合同信用关系。哪些属于职务成果和非职务成果要由双方约定。一般认为，在职人员在职务范围内，运用单位的生产条件，并在工作时间内研制成功的商业秘密，属单位所有。在职人员在非职务范围内，利用自己的专业知识和物质条件，在业余时间内研制成功的商业秘密，属研制人员私有。可以规定单位在支付合理报酬的前提下，有使用该项商业秘密的权利。这样做既符合按劳分配的原则，又有利于保护单位的合法权益。当然，如果单位与职工在商业秘密归属问题上事先另有约定，应当按照“合同自治”的原则，按合同规定执行。在立法中只对此类合同予以确认与保护，不予以干涉。

第三，保密义务和泄密行为。保守商业秘密有多种方式，可以约定员工在离职前必须提前一定时间通知用人单位，由用人单位安排调换员工的工作岗位，也可以约定员工离职后不得在与原单位有竞争关系的单位工作等。确定了保密义务以后，还应确定员工的哪些行为属于泄密行为。

第四，保密措施。即用人单位已采取了哪些措施保守自身的商业秘密。

第五，保密待遇。即用人单位是否付给员工保密费、如何给、以什么方式给等。

第六，保密期限。即员工承担保密义务的具体期限、离职后是否还要员工保守商业秘密以及保密的期限。

第七，对公知领域的排除。此款主要是给员工以对某些保密信息的秘密性提出不同看法的机会，如果能证明有关信息没有秘密性，那么该职工可以解除对该信息的保密义务。

第八，与保密有关的其他事项。例如是否限制员工在职期间的兼职活动、在职期间是否能成为与本公司有业务往来的企业或公司的股东等。

第九，违约责任。如员工违反了保密义务，泄露了用人单位的商业秘密，应如何承担违约金；用人单位要求员工在离职后不得到与原单位有竞争性的单位工作时应支付员工多少补偿金等。

第十，生效条款。保密协议何时生效；其他制度变更，保密协议是否相应变更等。

签订保密协议是保护商业秘密的一个重要方式。订立保密协议应注意以下问题：

一是对哪些属于商业秘密必须明确。职工涉密的范围与具体的种类、性质、内容应作详尽的规定，这是诉讼时有力的原始凭据。

二是关于保密期限的约定。权利人有权要求权利人以外知悉商业秘密的人无期限地负有保密义务，故不但在劳动合同存续期间，而且在劳动合同解除以后直至商业秘密公开为止，员工都不得披露使用或许可他人使用单位的商业秘密。

三是关于违约责任。由于目前商业秘密损失赔偿额的确定有相当的难度，原告举证也很困难，因此有必要在协议中事先约定员工违约造成泄密时，应付的违约金和赔偿金的计算方法或具体数目。这一方面便于诉讼，另一方面昂贵的预期违约成本也有助于抑制员工违约泄密行为的发生。

（2）竞业限制协议。

竞业限制是指限制从事竞争性行为，即规定掌握单位商业秘密的员工，在任职期间或离职后的一定期间内（我国规定最多不超过两年），不得到生产同类产品或经营同类业务且有竞争关系的其他用人单位任职，也不得自己生产与原单位有竞争关系的同类产品或经营同类业务。竞业限制的实质是限制员工的就业、经营范围，以达到保护用人单位商业秘密的目的。竞业限制是基于诚实信用原则而产生的劳动者的基本职业道德要求，也是世界各国在法律及实践中广泛采取的做法。

竞业限制协议一般包括如下内容：在职期间不得在竞争企业兼职或任职；在职期间不得自行组织企业与原企业竞争；离职之前不得抢夺企业客户，但如果能证明客户是自动转移业务，员工可不负责任；不得引诱其他员工离职；离职后的特定时间或在特定的地区内，离职者不得开展与原雇主竞争的业务或受雇于竞争企业；企业向受竞业限制协议约束的员工支付补偿费的数额；补偿费的支付方法；竞业限制的期限（最长不得超过两年）；竞业限制的具体范围；双方的违约责任等。

由于竞业限制在一定程度上构成对员工劳动权和择业权的限制，限制了员工在其熟悉的领域工作，对员工的生活造成程度不同的损害，因而在订立竞业限制协议时，应注意以下几个问题：

一是订立竞业限制协议的对象。《劳动合同法》对适用竞业限制的人员作出了明确规定，一般为用人单位的高级管理人员、高级技术人员和其他负有保密义务的人员，前两者是比较明确的，对于最后一类人员，由于各单位掌握商业秘密的人员不同，法律无法作出统一规定，只好采用这种形式，由用人单位自定。签订竞业限制协议的员工范围应当是确实掌握了单位商业秘密的相当层次的管理人员和技术人员。但对于董事、经理则不需另外约定，因为根据公司法的规定，竞业限制是他们法定的义务。竞业限制协议的对象一般不应包括临时工和普通工人。这是因为这些普通人员一般不接触企业的商业秘密，另外，这些人员离职后，在就业市场上处于弱势地位，若对其限制被认为不公平。用人单位应当避免不论员工从事岗位、文化程度及其是否接触到企业商业秘密，一律签订竞业限制协议的现象。如某饭店与单位的厨师也签订了竞业限制合同，规定厨师离开此饭店两年内不得到其他饭店从事厨师工作就属于此类。竞业限制协议主要适用的人员包括：高级研究开发人员、技术人员、经营管理人员；关键岗位的技术工人；市场计划和销售人员；财务会计人员；秘书人员。这些人员有可能掌握企业的商业秘密。

二是应有一定的期限，且期限不能过长，以不长于离职后的1～2年为宜，否则，一方面会浪费人才，另一方面单位付出的代价也大，超过两年也违背我国法律的有关规定。

三是须给予职工相应的补偿费。《劳动合同法》规定，对负有保守用人单位商业秘密的劳动者，用人单位可以在劳动合同或者保密协议中与劳动者约定竞业限制条款，并约定在解除劳动合同或者终止劳动合同后，在竞业限制期限内按月给予劳动者补偿。员工在离职以后，由于不能从事自己所擅长的或熟练的工作，其收入将可能因此而减少，生活水准因此而降低。同时企业也可能会因为该员工的竞业限制行为而获利，故在员工离职以后，企业应当依据竞业限制的约定给予该员工一定的经济补偿，以弥补其因竞业限制约定造成的损失。至于补偿多少，劳动合同法并未明确标准，而由双方当事人在公平合理的原则下自由约定。2021年1月1日起实施的《最高人民法院关于审理劳动争议案件适用法律问题的解释（一）》（法释〔2020〕26号）第36条规定："当事人在劳动合同或者保密协议中约定了竞业限制，但未约定解除或者终止劳动合同后给予劳动者经济补偿，劳动者履行了竞业限制义务，要求用人单位按照劳动者在劳动合同解除或者终止前十二个月平均工资的30%按月支付经济补偿的，人民法院应予支持。”由此可以得出结论：竞业限制的经济补偿金每月不得低于劳动者在劳动合同解除或终止前12个月平均工资的30%。至于竞业限制补偿金的支付，要严格按照法律规定：一是支付时间为解除或终止劳动合同后；二是支付方式为按月支付。这里用人单位要特别注意，不要在竞业限制协议中约定工资中已经包含了竞业限制补偿金，作出这样的约定，将面临竞业限制协议的无效。劳动者的工资及福利待遇属于劳动报酬的范畴，是劳动者在履行劳动合同义务期间的应得报酬，是劳动者参加劳动的分配所得。竞业限制补偿是对劳动者在劳动合同终止或解除以后不能就业或限制从业期间的补偿，系员工离职后方产生的补偿费用，属于补偿金性质，其与劳动报酬的性质完全不同，支付的依据也不同，工资及福利待遇中显然不能包含离职后方产生的费用，就如同解除劳动合同的经济补偿金不能约定包含在工资中一样，竞业限制补偿金也不能包含在工资中。用人单位违反经济补偿支付的常规，约定每月支付给劳动者的工资福利待遇中已经包含竞业限制补偿金，其操作方式基本上是将劳动者合法工资收入的一部分划为竞业限制补偿金，其目的显然是规避劳动合同解除或终止后支付竞业限制补偿金的义务，从保护劳动者合法权益的角度出发，应当认定该约定无法律效力。《劳动合同法》对此进行了规制，明确了竞业限制补偿金是在解除或者终止劳动合同后，在竞业限制期限内按月支付。

四是应对竞业限制的具体行业、地域约定清楚。虽然现代企业经营发展已经进入全球化时代，但是行业的竞争还是存在地域的差别的。因此在企业与员工约定竞业限制协议时，也必须约定地域的限制。具体的限制应当根据用人单位的企业的区域范围确定。如果用人单位的经营活动在国内的某一个小区域内，那么它与劳动者约定竞业限制的区域就不能无限扩大到全国以至全球。竞业限制不应当限制和禁止合法、正当的竞争。

五是企业要确实拥有特定的商业秘密，且在合同中明确商业秘密的范围，不能把一般的商业信息、知识技能和经验作为商业秘密。

六是违约责任要明确。承担竞业限制义务的员工违反竞业限制约定的，要承担违约责任，即支付违约金，违约金的数额国家无明确规定，由双方当事人协商确定，但仍要遵循公平、合理的原则确定。

业务示例2-9

培训、服务期协议

××污水处理厂员工培训、服务期协议书

甲方：

法定代表人或主要负责人：__________

地址：____________________

联系电话：________________

乙方：

证件类型：____________证件号码：______________________

住址：____

联系电话：________________（固定电话）________________（移动电话）

为提高乙方的基本素质和职业技能，甲方决定选派乙方参加培训，为确保乙方圆满完成培训学业，并按时返回甲方工作，甲方与乙方订立如下协议：

一、甲方同意委派乙方赴××工业大学学习工业给水、排水技术，学习期自2018年2月28日至2019年2月28日，实际为期一年。

二、乙方应按甲方指定学校及专业就学，如需要变更，应事先及时通知甲方，并得到甲方的批准，否则以旷工论处。

三、甲方为乙方此次专业技术培训提供专项培训费用共计____________元（人民币），其中包括：

培训费人民币____________元；

培训期间住宿费、伙食费____________元/天，共计____________元；

交通费____________元。

四、乙方的学习培训时间计入工作时间之内，按连续工龄累计。乙方的学习培训时间视为正常出勤，如果培训机构在公休日和法定节日安排培训课程的，不属加班。甲方按照乙方正常出勤时间支付工资。

五、乙方培训学习期间工资视情况按原工资的80%支付；奖金视乙方的学习成绩而定，学习成绩优秀，支付奖金的100%，学习成绩良好，支付奖金的70%，学习成绩合格，支付奖金的60%，学习成绩不合格，不支付奖金。在晋级或工资办法修订时，乙方作为在册人员处理。社会保险原则上按有关规定作为在册人员处理。乙方培训期内不享受年休假。

六、乙方在培训期间的医药费用按在职人员对待。但由于本人过失或不正当行为而致病（伤）者除外。当乙方患有不能继续学业的疾病时，应接受甲方指令，终止学习，返回甲方，并依有关规定处理。

七、乙方在培训期间应认真学习，顺利完成培训课程，准时通过考试或获得相关证书。乙方在培训期间，必须于每月的最后一个周五向甲方人力资源部报告学习情况，培训期满后应当向甲方提交培训小结和考试合格证书。

八、乙方应自觉遵守培训校方的各项规定与要求。凡因违规违纪受到校方处分的，甲方将追加惩处，视同在本甲方内的严重违纪。

九、乙方在培训期间如有下列情形之一的，甲方有权终止乙方的培训，并要求赔偿损失：

（一）未事先请假无故不参加培训或离开工作岗位。

（二）学习态度不积极认真，表现散漫，经培训单位负责人发出书面警告，仍无改善。

（三）无理不服从培训指示，或完全达不到培训要求。

如情节严重的，视为乙方单方面解除本协议，乙方须承担违约责任。

十、乙方培训后应至少为甲方服务三年，即乙方的服务期从专业技术培训结束之日起开始计算。如不满三年辞职的，应向甲方支付违约金，违约金的数额按如下办法处理：在一年以内辞职的，违约金为甲方负担的全部培训费用；两年以内辞职的，违约金为甲方负担的培训费用的50%；三年以内辞职的，违约金为甲方负担的培训费用的25%；三年后辞职的则可免交违约金；甲方因有《劳动合同法》第三十八条规定的情形被乙方解除劳动合同，违约金也照此办理。

十一、甲、乙双方劳动合同期满而服务期未满时，劳动合同期限自动顺延至乙方服务期满。但如果甲方决定不再续延劳动合同的，在办理劳动合同终止手续后，本协议也随之终止。

十二、在培训期间，乙方接受甲方交付的出差任务，差旅费按员工差旅费规定支付。

十三、培训结束，乙方应及时返回甲方报到，按照甲方的安排从事相关的技术工作，并对公司其他员工承担相应的内部培训和辅导工作。

十四、乙方如在培训期间成绩优异，有杰出表现，甲方将视情况给予奖励。

十五、本协议未尽事宜由双方协商确定。

十六、本协议自甲乙双方签名或盖章后生效。本协议一式两份，甲、乙双方各执一份，具有同等法律效力。

甲方（签章）：　　　　　　　　　　　　　　乙方签字：

法定代表人（主要负责人）：

委托代理人：

　　年　　月　　日　　　　　　　　　　　　　　年　　月　　日

业务示例 2－10

医疗期协议

医疗期协议书

甲方（用人单位全称）：＿＿＿＿＿＿＿＿

住址：＿＿＿＿＿＿＿＿＿＿＿＿＿＿＿＿＿＿

法定代表人：＿＿＿＿＿＿＿＿电话：＿＿＿＿＿＿＿＿

乙方：＿＿＿性别：＿＿居民身份证号码：＿＿＿＿＿＿＿＿＿＿

居住地址：＿＿＿＿＿＿＿＿＿＿邮编：＿＿＿＿＿＿

电话：＿＿＿＿＿＿＿＿

根据《中华人民共和国劳动合同法》《企业职工患病或非因工负伤医疗期规定》（以下简称《规定》），经甲、乙双方协商一致，签订本协议。

第一条　乙方提供基本医疗定点医院就医证明其患有＿＿＿＿＿＿＿＿＿病，需停止工作治病休息。

第二条　乙方实际参加工作年限为＿＿＿年，本单位工作年限为＿＿＿年，符合下列第（　　）选项：

（一）连续治病休息，医疗期为＿＿＿个月。自病休之日＿＿＿年＿＿＿月＿＿＿日起开始计算，节假日按病休计算。

（二）医疗期＿＿＿个月，从＿＿＿年＿＿＿月＿＿＿日起按＿＿＿月内累计病休时间计算。在规定的时间内累计病休时间（制度工作日）达到规定医疗期时限的视为医疗期满。

第三条　甲方的权利与义务

（一）负责支付乙方在病休期间治病所需的符合国家及甲方规定的医疗费用。

（二）按国家有关规定支付乙方病假工资或疾病救济费。

（三）乙方有下列情形之一的，甲方有权解除劳动合同：

(1) 乙方在病休期间另谋职业的。

(2) 乙方在病休期间从事各种营利活动的。

(3) 乙方违法犯罪，被有关机关拘留、劳动教养或被判刑的。

(4) 乙方提供虚假医疗证明的。

第四条　乙方的权利与义务

（一）有权享受医疗期。

（二）有权要求甲方按国家有关规定支付病假工资或疾病救济费。双方约定，乙方的病假工资或疾病救济费为北京市最低工资标准的80%，医疗期内乙方不享受除病假工资外的其他工资性收入和福利待遇。

（三）有权要求甲方按国家有关规定报销规定的医疗费用。

（四）病休期间，必须严格遵守国家的各项法律、法规和有关规定，不违法乱纪。

（五）不得在病休期间从事第二职业和其他营利性活动。

（六）在享受甲方规定的医疗期内，要按照医疗部门的意见安心治疗，争取尽快恢复身体，回到原工作岗位。

第五条　乙方在医疗期内或医疗期满后，凭医院证明，可以上岗试工，试工期为一个月，试工合格后，方可恢复各项正常工作和各种待遇。

医疗期满后，乙方仍不能坚持正常工作的，按劳动合同的有关规定办理。

第六条　本协议未尽事宜，凡属国家有规定的，按有关规定办理，凡属国家没有规定的，甲乙双方可协商修订补充。

第七条　本协议一式两份，甲乙双方各执一份，自签订之日起生效。

甲方（盖章）　　　　　　　　　　　　乙方（签字盖章）

法定代表人（签字盖章）

　　年　　月　　日　　　　　　　　　　　　年　　月　　日

业务示例 2－11

保密协议

员工保密协议书

鉴于甲方在乙方任职，并将获得乙方支付的相应报酬，双方当事人就甲方在任职期间及离职以后保守乙方技术秘密和其他商业秘密的有关事项，制定下列条款共同遵守：

第一条　双方确认，甲方在乙方任职期间，因履行职务或者主要是利用乙方的物质技术条件、业务信息等产生的发明创造、作品、计算机软件、技术秘密或其他商业秘密信息，有关的知识产权均属于乙方享有。乙方可以在其业务范围内充分自由地利用这些发明创造、作品、计算机软件、技术秘密或其他商业秘密信息，进行生产、经营或者向第三方转让。甲方应当依乙方的要求，提供一切必要的信息和采取一切必要的行动，包括申请、注册、登记等，协助乙方取得和行使有关的知识产权。

上述发明创造、作品、计算机软件、技术秘密及其他商业秘密，有关的发明权、署名权（依照法律规定应由乙方署名的除外）等精神权利由作为发明人、创作人或开发者的甲方享有，乙方尊重甲方的精神权利并协助甲方行使这些权利。

第二条　甲方在乙方任职期间所完成的、与乙方业务相关的发明创造、作品、计算机软件、技术秘密或其他商业秘密信息，甲方主张由其本人享有知识产权的，应当及时向乙方申明。经乙方核实，认为确属于非职务成果的，由甲方享有知识产权，乙方不得在未经甲方明确授权的前提下利用这些成果进行生产、经营，亦不得自行向第三方转让。

甲方没有申明的，推定其属于职务成果，乙方可以使用这些成果进行生产、经营或者向第三方转让。即使日后证明实际上是非职务成果的，甲方亦不得要求乙方承担任何经济责任。甲方申明后，乙方对成果的权属有异议的，可以通过协商解决；协商不成的，通过诉讼途径解决。

第三条　甲方在乙方任职期间，必须遵守乙方规定的任何成文或不成文的保密规章、制度，履行与其工作岗位相应的保密职责。

乙方的保密规章、制度没有规定或者规定不明确之处，甲方亦应本着谨慎、诚实的态度，采取任何必要、合理的措施，维护其于任职期间知悉或者持有的任何属于乙方或者虽属于第三方但乙方承诺有保密义务的技术秘密或其他商业秘密信息，以保持其机密性。

第四条　除了履行职务的需要之外，甲方承诺，未经乙方同意，不得以泄露、告知、公布、发布、出版、传授、转让或者其他任何方式使任何第三方（包括按照保密制度的规定不得知悉该项秘密的乙方其他职员）知悉属于乙方或者虽属于他人但乙方承诺有保密义务的技术秘密或其他商业秘密信息，也不得在履行职务之外使用这些秘密信息。

甲方的上级主管人员同意甲方披露、使用有关的技术秘密或其他商业秘密的，视为乙方已同意这样做，除非乙方已事先公开明确该主管人员无此权限。

第五条　双方同意，甲方离职之后仍对其在乙方任职期间接触、知悉的属于乙方或者虽属于第三方但乙方承诺有保密义务的技术秘密和其他商业秘密信息，承担如同任职期间一样的保密义务和不擅自使用有关秘密信息的义务，而无论甲方因何种原因离职。

甲方离职后承担保密义务的期限为下列第____种（没有作出选择的，视为无限期保密）：

（一）无限期保密，直至乙方宣布解密或者秘密信息实际上已经公开。

（二）有限期保密，保密期限自离职之日起，计算到____。

乙方同意就甲方离职后承担的保密义务，向其支付保密费。保密费的支付方式为甲方离职时，一次性支付____元。

第六条　甲方承诺，在为乙方履行职务时，不得擅自使用任何属于他人的技术秘密或其他商业秘密信息，亦不得擅自实施可能侵犯他人知识产权的行为。

若甲方违反上述承诺而导致乙方遭受第三方的侵权指控时，甲方应当承担乙方为应诉而支付的一切费用；乙方因此而承担侵权赔偿责任的，有权向甲方追偿。上述应诉费用和侵权赔偿可以从甲方的工资报酬中扣除。

第七条　甲方在履行职务时，按照乙方的明确要求或者为了完成乙方明确交付的具体工作任务必然导致侵犯他人知识产权的，若乙方遭受第三方的侵权指控，应诉费用和侵权赔偿不得由甲方承担或部分承担。

甲方的上级主管人员提出的要求或交付的工作任务，视为乙方提出的要求或交付的工作任务，除非乙方已事先公开明确该主管人员无此权限。

第八条　甲方承诺，其在乙方任职期间，非经乙方事先同意，不在与乙方生产、经营同类产品或提供同类服务的其他企业、事业单位、社会团体内担任任何职务，包括股东、合伙人、董事、监事、经理、职员、代理人、顾问等。

甲方离职之后是否仍负有前款的义务，由双方以单独的协议另行规定。如果双方没有签署这样的单独协议，则乙方不得限制甲方从乙方离职之后的就业、任职范围。

第九条　甲方因职务上的需要所持有或保管的一切记录着乙方秘密信息的文件、资料、图表、笔记、报告、信件、传真、磁带、磁盘、仪器以及其他任何形式的载体，均归乙方所有，而无论这些秘密信息有无商业上的价值。

若记录着秘密信息的载体是由甲方自备的，则视为甲方已同意将这些载体物的所有权转让给乙方。乙方应当在甲方返还这些载体时，给予甲方相当于载体本身价值的经济补偿。

第十条　甲方应当于离职时，或者于乙方提出请求时，返还全部属于乙方的财物，包括记载着乙方秘密信息的一切载体。

但当记录着秘密信息的载体是由甲方自备的，且秘密信息可以从载体上消除或复制出来时，可以由乙方将秘密信息复制到乙方享有所有权的其他载体上，并把原载体上的秘密信息消除。此种情况甲方无须将载体返还，乙方也无须给予甲方经济补偿。

第十一条 本合同提及的技术秘密，包括但不限于：技术方案、工程设计、电路设计、制造方法、配方、工艺流程、技术指标、计算机软件、数据库、研究开发记录、技术报告、检测报告、实验数据、试验结果、图纸、样品、样机、模型、模具、操作手册、技术文档、相关的函电等。

本合同提及的其他商业秘密，包括但不限于：客户名单、营销计划、采购资料、定价政策、财务资料、进货渠道等。

第十二条 本合同中所称的任职期间，以甲方从乙方领取工资为标志，并以该项工资所代表的工作期间为任职期间。任职期间包括甲方在正常工作时间以外加班的时间，而无论加班场所是否在乙方工作场所内。

本合同中所称的离职，以任何一方明确表示解除或辞去聘用关系的时间为准。甲方拒绝领取工资且停止履行职务的行为，视为提出辞职。乙方无正当理由拒绝发给甲方全部或部分工资的行为，视为将甲方解聘。

第十三条 因本合同而引起的纠纷，如果协商解决不成，任何一方均有权提起诉讼。双方同意，选择乙方住所地的、符合级别管辖规定的人民法院作为双方合同纠纷的第一审管辖法院。

上述约定不影响乙方请求知识产权管理部门对侵权行为进行行政处理。

第十四条 甲方如违反本合同任一条款，应当一次性向乙方支付违约金____元；无论违约金给付与否，乙方均有权不经预告立即解除与甲方的聘用关系。

甲方的违约行为给乙方造成损失的，甲方应当赔偿乙方的损失。违约金不能代替赔偿损失，但可以从损失额中抵扣。

第十五条 本合同自双方签字或盖章完成之日起生效。

第十六条 本合同如与双方以前的口头或书面协议有抵触，以本合同为准。

本合同的修改必须采用双方同意的书面形式。

第十七条 双方确认，在签署本合同前已仔细审阅过合同的内容，并完全了解合同各条款的法律含义。

甲方（盖章）　　　　　　　　　乙方（签字）

法定代表人（签字）：

签字日期：　年　月　日　　　　签字日期：　年　月　日

业务示例 2－12

竞业限制协议

东方计算机件软件有限公司竞业限制协议

甲方：东方计算机软件有限公司　　乙方：顾强

地址：北京光华路7号　　家庭住址：北京市东城区和平里中街11号

法定代表人：张光英

第一条　乙方承诺未经甲方同意，在职期间不得自营或者为他人经营与公司同类的业务。

第二条　乙方不论因何种原因从公司离职，离职后1年内（自劳动关系解除之日起计算，到劳动关系解除1年后的次日止）都不得到与公司有竞争关系的单位就职。这些单位包括但不限于下列单位：软件开发及销售类企业、网络公司。

第三条　乙方不论因何种原因从公司离职，离职后1年内（自劳动关系解除之日起计算，到劳动关系解除1年后的次日止）都不得自办与公司有竞争关系的企业或者从事与公司商业秘密有关的产品的生产。所谓与公司有竞争关系的企业，主要指以下几类企业：软件开发及销售类企业、网络公司。

第四条　乙方离职后，不得劝诱甲方的其他员工离职。

第五条　甲方承诺就乙方离职后承担的竞业限制义务，向其支付补偿费。补偿费总额为乙方解除合同前12个月的工资，于乙方离职后按月分期支付。

第六条　违约责任。

任何一方违反本合同规定，给对方造成损失的，应按实际损失数额承担赔偿责任。

乙方违反本协议的第二条和第三条规定，应向甲方支付违约金10万元。

甲方未向乙方支付补偿费的，则乙方不受本合同中第二条、第三条的限制。

甲方（盖章）　　乙方（签字）

法定代表人（签字盖章）

签字日期：　　年　　月　　日　　签字日期：　　年　　月　　日

二、实操演练

任务 2－7

【背景材料】

同“任务2－4”。

【具体任务】

以长城建设公司的高级工程师为例，拟订一份保密协议，其中应包括竞业限制条款。

任务 2-8

【背景材料】

同“任务 2-4”。

【具体任务】

为长城建设公司拟订一份医疗期病休协议书。

任务 2-9

【背景材料】

张兵在北京某中美合资企业任技术科的科长，为了进一步提高张兵的业务水平，企业将张兵送到美国学习相关技术。同时，在张兵同意的前提下，将双方签署的《培训服务期协议》作为劳动合同的附件，约定张兵培训后，要为企业提供 5 年服务；服务期内如有劳动合同违约行为，则应承担相当于培训费 10 倍金额的违约金；若张兵的违约行为给企业造成了损失，则在其承担违约金的同时，还应当承担损失赔偿责任。

一年后张兵培训结束，企业为其共花去培训费 10 万元人民币。回国后，企业将张兵的职位晋升为总工程师。但张兵觉得企业给的工资较同行业的相同职位偏低，同时也为了让其自身价值得到更好的体现，于是提出辞职，准备跳槽到其他公司工作。企业领导得知此事后，坚决不同意张兵的辞职请求。张兵不辞而别。企业依据双方签订的《培训服务期协议》向劳动人事争议仲裁委员会提出了仲裁请求，要求张兵承担合同违约金 100 万元以及给企业造成的经济损失 10 万元。

【具体任务】

1. 请你分析一下企业的仲裁请求能否得到支持，为什么？
2. 结合本任务的背景材料，为企业和张兵拟订一份《培训服务期协议》。

项目三　履行、变更劳动关系管理

相关知识链接

一、劳动合同履行的基本理论

劳动合同的履行，是指合同当事人双方履行劳动合同所规定的义务，实现合同内容的法律行为。劳动合同一经签订，即具有法律效力，双方当事人应严格履行。

（一）劳动合同履行的原则

1. 亲自履行

用人单位与劳动者签订劳动合同后，即建立起劳动关系，而劳动关系既具有财产关系的属性，也具有人身关系的属性，因此，劳动合同的履行具有不可替代性，不能由他人代为履行，对于用人单位来说也是一样的，劳动合同也不能由其他的主体代为履行。

2. 全面履行

劳动合同的全面履行，是指劳动合同中订立的各项条款都必须得到认真履行，要求劳动合同的当事人双方必须按照合同约定的时间、期限、地点，用约定的方式，按质、按量全部履行自己承担的义务。因为劳动合同是一个整体，合同中订立的条款相互之间有内在联系，不能任意割裂。只有当事人双方认真地全面履行了劳动合同所规定的全部义务，当事人双方的权利才能充分实现。要克服那种有利于自身的条款就积极履行、有利于对方的条款则消极对待的现象。要通过全面履行，使双方当事人的合法权益得以全面实现。劳动合同的全面履行，既不能只履行部分义务而将其他义务置之不顾，也不得擅自变更合同，更不得任意不履行合同或者解除合同。对于用人单位而言，必须按照合同的约定向劳动者提供适当的工作场所和劳动安全卫生条件、相关工作岗位，并按照约定的金额和支付方式按时向劳动者支付劳动报酬；对于劳动者而言，必须遵守用人单位的规章制度和劳动纪律，认真履行自己的劳动职责，并且亲自完成劳动合同约定的工作任务。在劳动合同关系中，劳动者提供劳动力，而用人单位则是使用该劳动力，劳动合同作为具有人身关系性质的合同，其所规定的条款相互之间具有内在联系，不能割裂，因此，全面履行劳动合同也是劳动合同的基本要求。

3. 协作履行

协作履行是指双方在履行劳动合同过程中，要互相理解和配合，相互协作履行，互相帮助，共同完成合同规定的义务，共同实现合同目的。

（二）特殊情形下劳动合同的履行

劳动合同履行过程中，会出现一些特殊情形，这些特殊情形下劳动合同如何履行呢？

1. 用人单位变更名称、法定代表人、主要负责人或者投资人等事项，不影响劳动合同的履行

用人单位变更名称，新的用人单位事实上继承了原单位的一切权利与义务，当然包括原单位对劳动者的劳动合同权利与义务。法定代表人的变更对劳动合同也没有实质性的影响，因为根据《民法典》的有关规定，代表法人行使职权的负责人是法定代表人。法定代表人只是代表用人单位与劳动者订立劳动合同，真正的用人单位是企业、国家机关、事业单位等法人组织，而不是作为法人组织代表的法定代表人，因此，只要用人单位作为劳动合同一方当事人的情况没有变化，单位更换法定代表人就不会影响原法定代表人代表用人单位与劳动者签订的劳动合同的效力，该合同仍然有效。同理，变更主要负责人、投资人等事项，也不影响劳动合同的履行，不需要重新签订劳动合同。

2. 用人单位发生合并或者分立等情况，原劳动合同继续有效，劳动合同由承继其权利义务的用人单位继续履行

公司合并是指两个或两个以上的公司订立合并协议，依照公司法的规定，不经过清算程序，直接合并为一个公司的法律行为。公司分立是指公司因生产经营或管理上的需要，依照法律或合同的规定，不经清算程序，将公司依法变更为两个或两个以上公司的法律行为。按我国《民法典》的规定，企业法人分立、合并，它的权利义务由变更后的法人享有和承担。因此，用人单位发生分立或合并后，原劳动合同继续有效，劳动合同由承继其权利义务的用人单位继续履行。

二、劳动合同变更的基本理论

劳动合同的变更是指劳动合同依法订立后，尚未履行完毕之前，双方就已经订立的劳动合同条款进行修改、补充或废止部分内容的法律行为。在合同履行过程中，由于情况发生变化，会出现履行障碍，法律允许当事人对合同进行调整和变更。

劳动合同的变更要符合法定的条件和程序，并采取书面形式。

三、劳动合同履行过程中用人单位未足额向劳动者支付劳动报酬的，劳动者可以向法院申请支付令

支付令是指人民法院依照民事诉讼法规定的督促程序，根据债权人的申请，向债

务人发出的限期履行给付金钱或有价证券的法律文书。债权人对拒不履行义务的债务人，可以直接向有管辖权的基层人民法院申请发布支付令，通知债务人履行债务。债务人在收到支付令之日起15日内不提出异议又不履行支付令的，债权人可直接申请人民法院强制执行。

根据《劳动合同法》的规定，用人单位拖欠或者未足额支付劳动报酬的，劳动者可以申请支付令。劳动者提出申请后，人民法院应当在5日内通知其是否受理。人民法院受理申请后，经审查劳动者提供的事实、证据，对工资债权债务关系明确、合法的，应当在受理之日起15日内向用人单位发出支付令；用人单位应当在收到支付令之日起15日内向劳动者支付劳动报酬，或者向人民法院提出异议。如果用人单位提出异议，支付令自行失效，劳动者可以依据法律规定提出调解、仲裁或起诉。用人单位在规定的期间内不提出异议又不履行支付令的，劳动者可以向人民法院申请强制执行。

四、劳动合同的中止

（一）劳动合同中止的含义

劳动合同中止是指在劳动合同履行的过程中，出现法定或者约定的状况，致使没有劳动过程，但是劳动合同关系仍继续保持的状态。劳动合同中止履行的，劳动合同约定的权利和义务或部分权利义务暂停履行（但是法律、法规、规章另有规定的除外），待到法定或约定的原因消除后，劳动合同仍继续履行。中止期间如若劳动合同期满的，劳动合同终止。

要注意这里的“中止”与“终止”不同，这里的“中止”是暂时停止的意思，待“中止”的原因消除后劳动合同继续履行，而“终止”是劳动关系的消灭。

（二）劳动合同中止的情形

一般情况下，下列原因会导致劳动合同的中止：用人单位与劳动者协商一致，可以中止或者部分中止履行劳动合同；劳动者应征入伍、劳动者被依法限制人身自由或者劳动者失踪但是尚未被人民法院宣告失踪、宣告死亡的，用人单位可以中止或者部分中止履行劳动合同。这里的“被依法限制人身自由”主要是指劳动者涉嫌违法犯罪被有关机关收容审查、拘留或逮捕的情况。

实践中，劳动合同的中止应该是用人单位处理与特殊劳动者的劳动关系的一种状态，即由于某种特殊情形的出现，致使用人单位与劳动者之间暂时不能互相履行劳动合同约定的各项义务，同时也不能互相享受劳动合同约定的各项权利，双方无法定给付义务的拘束，用人单位与劳动者又不能或不愿解除劳动合同的情形，所以凡是出现了特殊情形，劳动者与用人单位协商一致或由用人单位单方决定，即可中止劳动合同。

（三）中止履行劳动合同的后果

中止履行劳动合同期间，双方的权利义务可以全部不履行，也可以部分不履行。如有的单位中止履行劳动合同期间，用人单位一般办理社会保险账户暂停结算（封存）手续；有的用人单位与劳动者中止合同，但仍以单位的名义给其办理各项社会保险手续，用人单位和劳动者应缴纳的社会保险费用均由劳动者个人承担，或者用人单位继续为其上工伤和生育保险，另外几项社会保险仍以单位的名义办理，但费用全部由劳动者个人承担。

中止履行劳动合同期间，不计算劳动者在用人单位的工作年限，因劳动者应征入伍中止履行劳动合同的除外。中止履行劳动合同的情形消失，除劳动合同已经无法履行外，劳动合同应当恢复履行。

工作任务一

支付令异议程序的启动

一、业务技能与业务示例

企业一旦收到法院发出的支付令，如果有正当的理由，就应该对支付令提出异议，以保护企业的合法权益。要启动支付令异议程序，企业须制作支付令异议书。

（一）支付令异议书的制作要点

1. 首部

（1）注明文书名称。

（2）申请人的基本情况：写明单位的全称、地址及法定代表人姓名、职务。有委托代理人的，要写明其姓名和所在律师事务所名称。

2. 正文

正文部分应阐明债务人的异议请求及事实与理由。

（1）请求事项：明确表示对支付令所要求其履行的给付义务的拒绝，并请求法院终结督促程序。

（2）事实与理由：着重阐明债务人对支付令所确定的义务提出异议的事实根据。叙述时可以首先叙述支付令所涉债权债务关系发生、存在的具体情况，然后陈述其不履行债务的原因。根据所述事实与理由，并依照法律有关规定，提出支付令异议。

3. 尾部

（1）致送人民法院名称。

（2）申请人签名，并加盖企业公章。

（3）申请日期。

（4）附项。如果有证据支持债务人的异议，则可以附上有关证据材料。

（二）制作支付令异议书的注意事项

（1）请求事项、事实与理由中要明确表示拒绝履行支付令中要求债务人履行给付义务的态度，即要对债务关系提出实体性异议。

（2）由于支付令异议不需要说明理由，因此事实与理由部分关于债务人对支付令提出异议的原因可写可不写，法律没有强制性要求。

业务示例 3-1

支付令异议书

【背景资料】

冯某是A装饰公司的设计部经理，在职期间的劳动报酬包括底薪加提成。2020年5月，由于A公司接不到业务，解雇了许多员工。冯某认为自己有半年的部分工资和提成共计6 543元被拖欠，因此也递交了辞呈。临走时，公司财务部给他出具了欠条。之后，他去要过很多次，公司都说“等下周”“等下周公司把装饰合同签了就有钱了”。但是，他等了好几个“下周”，A公司仍未兑现分文。2020年5月29日，冯某写了支付令申请，交到法院。法院审查后，认为符合条件，当天即立案，并于当天向A装饰公司送达了支付令。A公司人力资源部知道此事后，认为公司根本不欠冯某工资，由于冯某没有完成工作量，根本不该支付其提成。A公司财务部由于不了解情况，禁不起冯某的软磨硬泡，才给他出具了欠条，实际上A公司根本不存在拖欠其工资的问题，于是，公司决定提出支付令异议。

支付令异议书

异议人：A装饰公司

公司地址：××××××××

法定代表人：×××

异议事项：裁定终止支付令效力，终结督促程序。

支付令申请人冯某提出公司拖欠其工资的问题根本不存在。我公司对设计部员工的工资实行的是基本工资加提成的制度，提成是与业务量有密切联系的，由于冯某没有完成工作量，所以，冯某在支付令申请中所指的提成根本就是他不该得到的，冯某多次到财务部闹事，财务部在不了解情况的情况下，禁不起冯某的软磨硬泡，才给他出具了欠条，实际上公司根本不存在拖欠其工资的问题。

基于上述事实，异议人与申请人间根本不存在债务关系，故根据《中华人民共和国民事诉讼法》有关规定，对________人民法院发出的〔2020〕京民督字25号支付令提出异议，请依法裁断，终止支付令效力，终结督促程序。

此致

________人民法院

异议人：A装饰公司

2020年6月2日

二、实操演练

任务 3-1

【背景材料】

上海 CH 五金有限公司的 13 名农民工向金山区法院申请支付令，金山区法院正式受理此案，并依法向欠薪企业发出支付令。但上海 CH 五金有限公司管理人员认为，农民工的请求不成立，公司不存在拖欠工资问题，于是决定向法院提出支付令异议。

【具体任务】

请你为上海 CH 五金有限公司写一份支付令异议书。

工作任务二

变更劳动合同

一、业务技能与业务示例

（一）把握劳动合同变更的条件

变更劳动合同时，应注意以下几点：

（1）双方当事人协商一致，可以变更劳动合同。劳动合同是在平等自愿、协商一致的基础上订立的，双方协商一致可以变更劳动合同。

（2）订立劳动合同时所依据的法律法规发生变化，应当依法变更劳动合同。

（3）订立劳动合同时所依据的客观情况发生重大变化，致使原合同无法履行的，可以变更劳动合同。这里的客观情况发生重大变化，是指发生不可抗力或出现致使劳动合同全部或部分条款无法履行的其他情况，如企业迁移、被兼并、企业资产转移等，也包括劳动者的情况发生变化，如劳动者的身体状况发生变化，不能从事原工作，劳动者的职业技能等级发生变化，致使不能履行原合同的情形。

（4）劳动者患病或非因工负伤，不能从事原工作的，单位应为其适当调整工作岗位，也就是说，在这种情况下，用人单位调整劳动者的工作岗位是单位的义务，单位应与劳动者协商变更劳动合同。

（5）劳动者不能胜任工作，用人单位有权单方面调整其工作岗位，这种情形下单位调整劳动者的工作岗位是法定的，而非约定，属于用人单位的自主权，如果劳动者不能胜任工作，用人单位调整其工作岗位的，劳动者应服从。

（二）把握劳动合同变更的程序

劳动合同变更程序如下：

（1）提出变更的要求（意向）。用人单位或劳动者提出变更劳动合同的要求，说明变更合同的理由、变更的内容以及变更的条件，请求对方在一定期限内给予答复。

（2）承诺。合同另一方接到对方的变更请求后，应当及时进行答复，明确告知对方同意或是不同意变更。要特别注意，对方没有在一定期限内给予答复会产生什么样的法律后果，不同地区的规定是不一样的，如北京就规定，如果对方没有在 15 日内给予答复的，视为不同意变更劳动合同，而有的地方规定，如果对方没有在法定期限答复的，视为同意变更劳动合同。因此，一定要注意地方性的规定。

（3）订立书面变更协议。当事人双方就变更劳动合同的内容经过平等协商，取得一致意见后签订书面变更协议，协议载明变更的具体内容，经双方签字盖章后生效。变更后的劳动合同文本由用人单位和劳动者各执一份。

（三）劳动合同变更操作需要注意的问题

（1）在合同有效期内变更。

（2）应该遵循平等自愿、协商一致的原则，不得违反法律、行政法规的规定，双方只能在法律允许的范围内提出自己的条件。

（3）要依照法定程序进行。可依法向对方提出变更劳动合同的建议，说明要修改的条款和变更理由，并给对方一个合理的答复时间。对方当事人在限期内予以答复并表示同意变更的，双方当事人即可就有关变更内容协商一致后，订立书面协议，双方签字盖章，变更协议即生效。

（4）劳动合同变更后，变更后的新条款即取代原条款，原条款失去法律效力。但是变更合同时未予变更的旧条款依然有效。

业务示例 3-2

劳动合同变更通知书与协议书格式一

【背景资料】

王一民（男）是 HT 商场家电组的一名售货员，由于专业家电卖场及电子商务的大量出现，HT 商场家电组的营业额大幅度下滑，于是管理层决定撤销家电组，对原家电组的售货员的工作岗位予以调整。经研究决定，将王一民调整到办公用品组。请根据此情况，制作一份劳动合同变更通知书和劳动合同变更协议书。

劳动合同变更通知书

王一民先生：

本商场调整经营结构，您所在的家电组将予以撤销。因此，特与您协商变更您 2017 年 12 月 1 日与本商场签订的劳动合同，变更内容见表 3-1。

表 3-1　劳动合同变更内容

原合同条款	原内容	变更后内容
第六条	工作岗位为家电组售货员	工作岗位为办公用品组售货员
第十条	工资标准：每月底薪 1 000 元＋营业额的千分之五	工资标准：每月底薪 1 000 元＋营业额的千分之八
第三十二条	家电组售货员岗位规范为本合同的附件	办公用品组售货员岗位规范为本合同的附件

请在15日内予以书面答复。

通知变更人：HT商场
2020年4月2日

劳动合同变更协议书

经甲乙双方平等自愿、协商一致，对2017年12月1日签订的编号为036的劳动合同作如下变更（见表3-2）。

表3-2　劳动合同变更内容

原合同条款	原内容	变更后内容
第六条	工作岗位为家电组售货员	工作岗位为办公用品组售货员
第十条	工资标准：每月底薪1 000元＋营业额的千分之五	工资标准：每月底薪1 000元＋营业额的千分之八
第三十二条	家电组售货员岗位规范为本合同的附件	办公用品组售货员岗位规范为本合同的附件

本协议自签字之日起生效。

甲方（盖章）　　乙方（签字或盖章）
法定代表人或委托代理人（签字或盖章）
2020年4月12日　　2020年4月12日

业务示例3-3

劳动合同变更通知书与协议书格式二

劳动合同变更通知书

王一民先生：

因为本商场调整经营结构，您所在的家电组将予以撤销。因此，特与您协商变更您2017年12月1日与本商场签订的劳动合同，变更内容有：

(1) 原合同第六条工作岗位调整为“办公用品组售货员”。

(2) 原合同第十条工资标准调整为“每月底薪1 000元＋营业额的千分之八”。

(3) 原合同第三十二条调整为“办公用品组售货员岗位规范为本合同的附件”。

请于15日内予以书面答复。

通知变更人：HT商场
年　月　日

劳动合同变更协议书

经甲乙双方平等自愿、协商一致，对____年____月____日签订的编号为036的劳动合同变更事项达成如下协议。

一、劳动合同变更的内容：

（1）原合同第六条工作岗位调整为“办公用品组售货员”。

（2）原合同第十条工资标准调整为“每月底薪1 000元+营业额的千分之八”。

（3）原合同第三十二条调整为“办公用品组售货员岗位规范为本合同的附件”。

二、本协议签订后，原劳动合同仍继续履行，但变更条款按本协议执行。

三、本协议一式两份，甲、乙双方各执一份，均具有同等法律效力。

甲方（签字盖章）　　　　　　　　　　乙方（签字盖章）

法定代表人或委托代理人（签字或盖章）

年　月　日　　　　　　　　　　年　月　日

二、实操演练

任务3-2

【背景材料】

李英原是滨江饭店保龄球馆的一名服务员，由于经营不善，保龄球馆连续18个月亏损，饭店决定撤销保龄球馆，将保龄球馆改为美容厅。饭店打算对保龄球馆的职工进行安置，决定调整李英到桑拿浴室做服务员。

【具体任务】

1. 变更劳动合同需要办理哪些手续？

2. 根据上述背景材料，制作一份劳动合同变更通知书和劳动合同变更协议书。

任务3-3

【背景材料】

公司的原助理工程师小王刚通过考试取得工程师资格，其劳动合同的相关内容需要变更。

【具体任务】

1. 请考虑劳动合同需要变更的事项，然后给小王发一份劳动合同变更通知书。

2. 假设小王完全同意公司提出的条件，再和小王签订一份变更劳动合同的协议书。

工作任务三

中止劳动合同

一、业务技能与业务示例

（一）协商一致中止的操作

前已述及，当劳动者出现特殊情况时，经双方协商一致，可以中止劳动合同。这种中止要签订《劳动合同中止协议书》，就劳动合同中止期间双方的权利义务作出规定。

业务示例 3－4

劳动合同中止协议书

劳动合同中止协议书

甲方________

法定代表人（主要负责人）或委托代理人________

乙方________性别________电话________

因乙方自费出国留学，双方于 2018 年签订的为期 5 年的编号为 028 的劳动合同中止。现就劳动合同中止期间双方的权利义务作如下约定：

一、中止期限。中止期限自____年____月____日至____年____月____日。

二、劳动合同中止期间，甲方不支付乙方工资和生活费，甲乙双方均不履行劳动合同规定的义务。

三、乙方自愿延续社会保险关系，先行缴纳劳动合同中止期间的全部社会保险费（甲方应缴纳和乙方应缴纳的部分）共________元（人民币），由甲方继续为其办理社会保险手续。

四、劳动合同中止期限届满，乙方应按时回甲方履行劳动合同，逾期未回甲方报到的，甲方可以解除劳动合同。

五、本协议为《劳动合同书》附件，与《劳动合同书》具有同等约束力。

六、本协议一式两份，甲、乙双方各执一份，自签订之日起生效。

甲方（盖章）　　　　　　　　　　乙方（签字）

法定代表人：

　　年　　月　　日　　　　　　　　　　年　　月　　日

（二）用人单位单方中止劳动合同操作

用人单位单方中止劳动合同，主要是指劳动者由于各种原因，不能履行劳动合同，但按法律规定单位又不能与之解除劳动合同的情形。这主要适用于：劳动者被依法限制人身自由期间；劳动者失踪但尚未被人民法院宣告失踪或宣告死亡的。出现上述情况时，用人单位只需作出中止劳动合同的决定即可，表明已对职工进行了处理。

业务示例 3－5

劳动合同中止决定书

劳动合同中止决定书

员工________（工号：________）与 HT 公司订立的劳动合同，现因下列第________项原因中止：

（1）员工被依法限制人身自由

（2）员工失踪

（3）其他________

特此决定

HT 公司

年　　月　　日

二、实操演练

任务 3－4

【背景材料】

女职工刘英是某供电公司财务处的出纳，双方签订有期限自 2015 年 5 月 1 日至 2020 年 4 月 30 日的劳动合同。2017 年 12 月，刘英怀孕（符合国家计划生育政策），由于其有习惯性流产史，医生建议其卧床保胎，从当月 20 日起，刘英开始请病假休息，供电公司给予其享受病假待遇。2018 年 3 月 22 日，供电公司书面通知刘英：按照规定你只能享受 3 个月的医疗期，现你的病假已超过 3 个月，请你于收到通知之日起 3 日内报到上班，逾期公司将依据《劳动合同法》第 39 条第 2 项的有关规定与你解除劳动合同。刘英此时仍然在卧床保胎，其爱人作为委托代理人与供电公司协商未果，2018 年 3 月 26 日，供电公司作出与刘英解除劳动合同的书面决定，并于当日向刘英送达。刘英认为供电公司的行为严重违反劳动法，自身合法权益受到侵害，遂向当地劳动人事争议仲裁委员会提起仲裁申请，请求：（1）依法裁决撤销供电公司解除劳动合同的决定；（2）依法裁决供电公司继续给予其享受病假待遇。

【具体任务】

1. 请分析刘英的仲裁请求能否得到支持。

2. 如果刘英的仲裁请求能得到支持，那么供电公司对刘英的情况该如何处理呢？请为供电公司设计一份关于刘英问题的处理方案。

3. 请为供电公司和刘英设计一份中止劳动合同协议书。

任务 3-5

【背景材料】

李某 2019 年 8 月与某企业签订了为期 5 年的劳动合同。2020 年 2 月，公安机关因怀疑其与一起抢劫案有关系，涉嫌抢劫犯罪，将其逮捕。2020 年 7 月，经过几个月的调查，人民法院最终因证据不足将其无罪释放。李某回到原企业，但对于李某被错误关押期间的各种待遇，该企业拒绝予以补发。李某因此而提出申诉。

【具体任务】

1. 请分析李某的申诉请求能否得到支持。

2. 对于李某的这种情况，企业对其劳动关系应如何处理？要办理哪些手续？

工作任务四

特殊情形下劳动合同的履行

一、业务技能与业务示例

当企业发生分立、合并等情况或法定代表人、企业名称等发生变化时，如何认定劳动合同的效力，是实践中经常遇到的问题。以企业合并为例，对劳动合同的处理采用如下办法：

(1) 维持原合同继续履行。劳动合同到期后，由新单位续订劳动合同，新单位不续订劳动合同的，应当由新单位支付经济补偿金。

(2) 变更原合同，增加附则说明，因单位合并由××新单位继续履行合同。

(3) 解除原劳动合同，由新单位重新签订劳动合同，并且增加附则说明，因单位合并该劳动者在原××单位的工作年限（××××年××月××日至××××年××月××日）一并计入××新单位。

业务示例 3-6

企业合并后劳动合同的处理

【背景资料】

张然已在一外资企业 A 公司工作 6 年，劳动合同还有 2 年未到期，现在 A 公司被另一企业B兼并。兼并后，张然继续留在兼并后的B企业工作，工作岗位、工作内容、工作地点均没有任何变化。但张然提出，合同的主体已经发生变化了，视为自己和A公司已经解除了劳动合同，A公司应向她支付经济补偿金，由于A公司已经被B公司兼并了，应由B公司向其支付相当于6个月工资的经济补偿金。B公司认为，张然与公司的劳动合同并未解除，所以不应支付其经济补偿金，因此拒绝了张然的要求。那么，企业合并后职工的劳动合同该如何处理呢？

【解析】

解决方案一：B公司继续履行A公司与张然签订的劳动合同，劳动合同不做任何变更。

《劳动合同法》第34条规定："用人单位发生合并或者分立等情况，原劳动合同继续有效，劳动合同由承继其权利和义务的用人单位继续履行。"根据此规定，劳动合同不因单位的合并和分立而解除，合并、分立后的用人单位有继续履行原合同的义务。因此，单位不用支付张然经济补偿金。

解决方案二：劳动合同的单位方主体由A变为B，并增加说明条款，即因A、B公司合并，由B公司继续履行原合同，

解决方案三：A公司解除与张然的劳动合同，由A公司支付经济补偿金，张然重新与B公司签订劳动合同，张然在B公司的工作年限重新起算。

解决方案四：A公司解除与张然的劳动合同，不支付经济补偿金，张然重新与B公司签订劳动合同，同时在劳动合同中约定：张然在A公司的工作年限一并计为在B公司的工作年限。

二、实操演练

任务3-6

【背景材料】

李小姐于2018年8月通过社会招聘进入北京某通信技术有限公司CKR（以下简称CKR公司）工作，双方签订了为期三年的劳动合同。2019年5月，CKR公司由于经营上的原因，经资产重组与河北A公司进行了合并，并将合并后的公司在北京某区市场监督管理局重新注册登记为ACKR公司。ACKR公司成立后，以原劳动合同公司方主体已变更，原劳动合同无法继续履行为由，要求员工与ACKR公司重新签订劳动合同，否则将按不愿签订合同作解除劳动关系处理。此时，李小姐认为在原岗位继续工作无须签订新合同而予以拒绝，ACKR公司见李小姐拒绝签订新合同，即以李小姐不愿与新单位建立劳动关系为由，随即作出了解除与李小姐原劳动关系的决定。李小姐对公司的决定不予接受，双方由此发生争议。

【具体任务】

1. 请分析ACKR公司能否与李小姐解除原劳动合同。
2. 请归纳用人单位情况发生变化时劳动关系的处理方式。

项目四　解除与终止劳动关系管理

相关知识链接

一、劳动合同解除的概念

劳动合同解除是指劳动合同订立后，尚未全部履行完毕以前，由于某种原因导致劳动合同一方或双方当事人提前消灭劳动关系的法律行为。劳动合同解除可分为单方解除和协商解除两种。单方解除又可以分为劳动者单方解除和用人单位单方解除，即用人单位或劳动者在满足一定条件下单方解除劳动合同而不需要征得对方同意的行为。协商解除是指用人单位与劳动者协商一致解除劳动合同的行为。

劳动合同解除只对未履行的部分发生效力，不涉及已经履行的部分。

二、协商解除劳动合同

（一）协商一致解除劳动合同的特点

《劳动合同法》第 36 条规定，用人单位与劳动者协商一致，可以解除劳动合同。协商一致解除劳动合同适用范围广、风险低、成本小、影响好，在实践中被广泛采用。

1. 只要双方协商一致，不问原因就可以解除劳动合同

无论是哪种类型的劳动合同，只要劳动者与用人单位协商一致，而不问解除劳动合同的原因，就可以解除劳动合同。这个特点与其他类型的合同的解除有很大的区别，其他类型的合同的解除必须符合法定的条件。

2. 提出解除合同的动议的先后不同，法律后果不同

虽然是协商一致解除劳动合同，但谁先提出动议，所承担法律后果不同，主要表现在是否支付经济补偿金上。如果是用人单位先提出动议的，需要支付经济补偿金；如果是劳动者先提出动议的，用人单位可以不支付经济补偿金。

3. 用人单位与劳动者协商一致解除劳动合同，成本低，风险小，影响好

有人认为，如果是用人单位首先提出动议，是要支付劳动者经济补偿金的，怎么会成本低呢？实际上，这种理解只是从直接成本上看问题，如果将间接成本比如过错性解除的高风险以及由此引起的争议应对所产生的人力投入和费用投入等纳入考虑的范围，则不难得出如下结论：总体而言，协商解除劳动合同的成本较之过错性解除和非过错性解除要低。这也正是实践中许多用人单位宁愿选择协商解除的一个重要原因。

过错性解除和非过错性解除都要有法定的理由，一旦因此发生争议了，用人单位要负举证责任，而协商一致解除劳动合同不需要理由，这就降低了用人单位解除劳动合同的条件风险。

另外，过错性解除和非过错性解除必定是用人单位单方解除，具有单边性，往往被认为是强硬、冰冷、少人情味儿，因此，即使是用人单位解除劳动合同合法，仍会对用人单位的其他劳动者产生一定程度的负面影响，而协商一致解除劳动合同，是双边行为，不易产生争议，被认为更为人性化，对用人单位的其他劳动者会产生良好的影响，从而提升用人单位在其他劳动者眼中的形象。

用人单位解除与劳动者的劳动合同应具备法律规定的条件和程序，若违反法律规定将承担法律责任。法律规定的解除劳动合同的条件和程序，因解除原因的不同而有所不同。

（二）协商一致解除劳动合同的适用

对协商一致解除劳动合同应理解如下。

1. 适用的劳动合同

《劳动合同法》允许双方协商一致解除劳动合同，而无论此合同是无固定期限的还是固定期限的或是以完成一定工作任务为期限的。

2. 适用的劳动者

协商一致解除劳动合同适用于任何劳动者，即使是劳动法给予特殊保护的劳动者也同样适用，如“三期”内的女职工法律给予了特殊保护，规定如果她们没有过错，用人单位不得单方解除劳动合同，即这种保护仅限于用人单位不得单方解雇劳动者，双方协商解除不在此保护之列。

3. 具体操作原则与做法

协商解除劳动合同是一种双方妥协，寻求既照顾双方利益，又顾全双方面子的方法，是企业处理人员去留问题的锐器。确定适用协商一致解除劳动合同的人员的一个总的原则是：既要保全员工的面子，又要使员工离职不对企业产生不良影响。因此，在实践中，下列人员解除劳动合同常采用双方协商一致的做法：该员工身居要位，但由于不能适应公司的要求，公司希望其离开，但又不愿意、也不适合采取一种激烈的方式；该员工掌握公司重要客户、机密，由于其不能适应公司的需要，公司希望其离开，但又担心其离职后对公司不利，该员工以此要挟或威胁公司，公司要大事化小，小事化了；“老黄牛”式的员工，因为其工作勤恳，工作年限又比较长，人缘比较好，但因能力或其他方面不能适应公司新的需要，公司希望其离开，同时又照顾其情绪、面子，

以及其他员工的情绪。这几类员工通常可采用单位主动提出动议，协商一致解除劳动合同的做法。

三、劳动者单方提出解除劳动合同

劳动合同法进一步扩大了劳动者的辞职权，使得用人单位管理的风险增加，因此，用人单位必须掌握劳动者解除劳动合同的相关法律规定，从而采取合法、合理的措施防范劳动者解除劳动合同的风险。

（一）劳动者行使任意解除权

《劳动合同法》第 37 条规定："劳动者提前三十日以书面形式通知用人单位，可以解除劳动合同。"这是法律赋予劳动者的任意解除权。劳动者只要履行了提前 30 日通知的义务，不论用人单位是否同意，到 30 天时都应给劳动者办理解除劳动合同的手续。

另外，劳动者在试用期内解除劳动合同，只要提前 3 日通知用人单位即可。

（二）劳动者行使法定解除权

《劳动合同法》第 38 条规定："用人单位有下列情形之一的，劳动者可以解除劳动合同：（一）未按照劳动合同约定提供劳动保护或者劳动条件的；（二）未及时足额支付劳动报酬的；（三）未依法为劳动者缴纳社会保险费的；（四）用人单位的规章制度违反法律、法规的规定，损害劳动者权益的；（五）因本法第二十六条第一款规定的情形致使劳动合同无效的；（六）法律、行政法规规定劳动者可以解除劳动合同的其他情形。用人单位以暴力、威胁或者非法限制人身自由的手段强迫劳动者劳动的，或者用人单位违章指挥、强令冒险作业危及劳动者人身安全的，劳动者可以立即解除劳动合同，不需事先告知用人单位。"上述情形解除劳动合同属于用人单位有过失，所以劳动者解除劳动合同可以立即通知用人单位或不需事先告知用人单位即可辞职。

（三）劳动者违法解除劳动合同

1. 劳动者违法解除劳动合同的情形

《劳动合同法》及其他相关法律对劳动者解除劳动合同的条件及程序有明确的规定，但实践中有些劳动者不依法解除劳动合同，主要表现在如下方面：

（1）违反提前通知期解除劳动合同。在劳动合同履行期内（非试用期），劳动者解除劳动合同应提前 30 日以书面形式通知用人单位；在试用期内，劳动者解除劳动合同应提前 3 日通知用人单位。在实践中，不少劳动者为了尽早到新单位工作或者其他原因，未提前 30 日（试用期 3 日）通知用人单位便解除劳动合同。劳动者往往采取两种做法：一是辞职前通知，但未提前 30 日，劳动者向用人单位提出辞职后立即离职，没有提前通知期；二是不辞而别，离开用人单位便不再上班，没有任何通知。

（2）违反服务期的约定。有些用人单位为劳动者提供了专项培训费用，对劳动者进行了专业技术培训，与劳动者约定了服务期，但是劳动者服务期未满辞职，这也属于违法解除劳动合同。

2. 劳动者违法解除劳动合同的法律责任

劳动法规定的劳动者违法解除劳动合同的法律责任主要有违约金和损害赔偿。

（1）劳动者未提前通知的法律责任。劳动者在试用期内未提前 3 日通知用人单位解除劳动合同，或者过了试用期未提前 30 日以书面形式通知用人单位解除劳动合同的，应当赔偿用人单位的下列损失：用人单位招收录用其所支付的费用；对生产、经营和工作造成的直接经济损失。

（2）劳动者违反服务期的法律责任。在用人单位为劳动者提供专项培训费用并约定服务期的情况下，劳动者在服务期内解除劳动合同的，应当向用人单位支付违约金，具体数额双方约定。

四、用人单位单方解除劳动合同

除了双方协商一致用人单位可以提出解除劳动合同外，法律还给了用人单位单方解除劳动合同权，用人单位单方解除劳动合同又分为即时性解除、预告性解除和经济性裁员三类。具体情形如下所述。

（一）即时性解除（过失性解除）

即时性解除劳动合同是一种过失性辞退形式。在员工存在法律规定的几种过失的情形下，用人单位无须预告就可以单方解除劳动合同，也无须支付经济补偿金，对此种解除一般称为过失性解除。按《劳动合同法》的相关规定，劳动者具备下列情形之一的，用人单位可以即时性解除劳动合同：在试用期间被证明不符合录用条件的；严重违反用人单位的规章制度的；严重失职，营私舞弊，给用人单位的利益造成重大损害的；劳动者同时与其他用人单位建立劳动关系，对完成本单位的工作任务造成严重影响，或者经用人单位提出，拒不改正的；因《劳动合同法》第 26 条第 1 款第 1 项规定的情形致使劳动合同无效的；被依法追究刑事责任的。

（二）预告性解除（非过失性解除）

预告性解除是指用人单位须向劳动者预告后才能解除劳动合同，提前终止权利义务关系。“预告”是指用人单位应当提前 30 日以书面形式通知劳动者本人。预告性解除限于劳动者主观上无过错，但由于主客观条件变化，使得劳动合同无法履行的情形。《劳动合同法》规定的预告解除的法定许可性条件如下：一是劳动者患病或非因工负伤，在规定的医疗期满后不能从事原工作，也不能从事用人单位另行安排的工作；二是劳动者不能胜任工作，经过培训或者调整工作岗位，仍不能胜任工作；三是劳动合同订立时所依据的客观情况发生重大变化，致使劳动合同无法履行，双方不能就变更合同达成协议的。《劳动合同法》扩大了企业的权利，采取了用人单位或提前 30 日书面通知解除，即预告，或者支付劳动者一个月工资作为代通知赔偿金，给了用人单位更多的选择余地。

（三）经济性裁员

经济性裁员是指用人单位辞退部分劳动者，以此作为改善经营状况的手段，是无过错辞退的一种特殊形式。用人单位只有在下列情况下才可以裁员：依照企业破产法规定进行重整的；生产经营发生严重困难的；企业转产、重大技术革新或者经营方式调整，经变更劳动合同后，仍需裁减人员的；其他因劳动合同订立时所依据的客观经济情况发生重大变化，致使劳动合同无法履行的。关于什么是裁员，《劳动合同法》也有界定：

（1）裁减人员20人以上的；（2）裁减不足20人，但占职工总数10%以上的。《劳动合同法》在规定了用人单位裁员条件的同时，还就企业承担的社会责任作了规定：裁减人员时，应当优先留用下列劳动者：与本单位订立较长期限的固定期限劳动合同的；订立无固定期限劳动合同的；家庭无其他就业人员，有需要扶养的老人或者未成年人的。

为了避免用人单位规避法律，《劳动合同法》还规定：用人单位在6个月内重新招用人员的，应当通知被裁减的人员，并在同等条件下优先招用被裁减的人员。

另外，进行经济性裁员，用人单位应当提前30日向工会或者全体职工说明情况，听取工会或者职工的意见，经向劳动行政部门报告后，可以裁减人员。

（四）对劳动者的解雇保护

以上是用人单位可以解除劳动合同的条件，我国劳动法及相关法规为保护劳动者的合法利益，又规定了用人单位不得解除劳动合同的情况，我们可以将其称为对劳动者的解雇保护：从事接触职业病危害作业的劳动者未进行离岗前职业健康检查，或者疑似职业病病人在诊断或者医学观察期间的；在本单位患职业病或者因工负伤并被确认丧失或者部分丧失劳动能力的；患病或者非因工负伤，在规定的医疗期内的；女职工在孕期、产期、哺乳期的；在本单位连续工作满15年，且距法定退休年龄不足5年的；法律、行政法规规定的其他情形。

劳动者有上述情况之一的，用人单位就不能解除与劳动者的劳动合同。应该注意的是，这里的不能解除，只限于劳动者主观上无过错的情况，即预告性解除和经济性裁员。如果虽然有上述情形，但劳动者有符合用人单位即时解除劳动合同的情况，用人单位也可以解除劳动合同。

五、劳动合同终止

（一）劳动合同终止的条件

所谓劳动合同终止，是指劳动合同的法律效力依法被消灭，即劳动关系由于一定法律事实的出现而终结，劳动者与用人单位之间原有的权利义务不再存在。但是，劳动合同终止，原有的权利义务不再存在，并不是说劳动合同终止之前发生的权利义务关系消灭，而是说劳动合同终止之后，双方不再执行原劳动合同中约定的事项，如用人单位在合同终止前拖欠劳动者工资的，劳动合同终止后劳动者仍可依法请求法律救济。

值得注意的是，按《劳动合同法》的规定，劳动合同只有法定终止，没有约定终止，即双方不得约定劳动合同终止的条件。

法定的终止条件有：劳动合同期满的；劳动者开始依法享受基本养老保险待遇的；劳动者死亡，或者被人民法院宣告死亡或者宣告失踪的；用人单位被依法宣告破产的；用人单位被吊销营业执照、责令关闭、撤销或者用人单位决定提前解散的；法律、行政法规规定的其他情形。

（二）劳动合同终止的限制与对劳动者的保护

劳动合同终止的事由前已述及，劳动合同出现这些事由之一时劳动合同即可终止，但是必须注意，《劳动合同法》和其他一些法律、法规中对用人单位终止劳动合同作了一些限制，如同对劳动者的解雇保护一样，这些限制主要是为了保护某些特殊劳动者的利益。按《劳动合同法》的规定，劳动合同期满时，劳动者有下列情形之一的，劳动合同期限应顺延至相应情形消失时：从事接触职业病危害作业的劳动者未进行离岗前职业健康检查，或者疑似职业病病人在诊断或者医学观察期间的；患病或者非因工负伤，在规定的医疗期内的；女职工在孕期、产期、哺乳期的；在本单位连续工作满15年，且距法定退休年龄不足5年的；法律、行政法规规定的其他情形。

《劳动合同法》对劳动者患职业病或者因工负伤并被确认部分丧失劳动能力的情形下劳动合同的终止作了例外规定，在这种情形下，劳动合同的终止适用《工伤保险条例》的规定。

工作任务一

协商解除劳动合同

一、业务技能与业务示例

（一）操作程序

协商一致解除劳动合同，单位只要向劳动者发出意向书，劳动者同意，就可签订解除劳动合同的协议书了。

1. 向劳动者发出解除劳动合同的通知（意向）书

既然是协商解除劳动合同，用人单位就应向劳动者发出意向书，表明单位要解除劳动合同的意思，并要求劳动者给予答复。

业务示例 4-1

解除劳动合同通知（意向）书

解除劳动合同通知（意向）书（第一联）

________同志（女士、先生）：

根据《劳动合同法》第36条的规定，公司欲与您协商解除与您____年____月____日所签的编号为________的劳动合同，公司将按国家有关规定支付您经济补偿金。请您自接到接本通知之日起3个工作日内到人力资源部协商解除劳动合同事宜，特此通知。

用人单位（盖章）

____年____月____日

说明：此通知一式两联，第一联公司留存，第二联职工留存。

此通知已于职工签字之日送达本人。

职工签字：________

解除劳动合同通知（意向）书（第二联）

________同志（女士、先生）：

根据《劳动合同法》第36条的规定，公司欲与您协商解除与您____年____月____日所签的编号为________的劳动合同，公司将按国家有关规定支付您经济补偿金。请您自接到接本通知之日起3个工作日内到人力资源部协商解除劳动合同事宜，特此通知。

用人单位（盖章）

____年____月____日

说明：此通知一式两联，第一联公司留存，第二联职工留存。

此通知已于职工签字之日送达本人。

职工签字：________

2. 签订解除劳动合同的协议书

这一步是必不可少的，否则将来很难证明是双方协商一致解除劳动合同。解除劳动合同的协议书要写明解除劳动合同的原因是双方协商一致解除，并且要指明是劳动者还是用人单位提出了解除动议。

业务示例 4-2

解除劳动合同协议书格式一
（适用于单位动议协商解除的情形）

解除劳动合同协议书（格式一）

甲方：××公司

法定代表人：

乙方：姓名________身份证号________________员工工号________

甲、乙双方于____年____月____日签订的编号为________的劳动合同，现因__甲__方提出解除劳动合同，经甲乙双方协商一致，同意解除劳动合同，并达成如下协议：

一、解除劳动合同的日期为____年____月____日。

二、乙方同意在____年____月____日前办理工作、业务交接。

三、甲方承诺按《劳动合同法》的有关规定，支付乙方经济补偿金，数额为：

相当于乙方解除合同前12个月平均工资（________元/月）________个月工资的经济补偿金，共计人民币________大写________小写________元整，并在乙方办理完工作交接之日支付。

四、甲方为乙方缴纳的各项社会保险金至____年____月____日止。

五、甲方在劳动合同解除之日起15日内，为乙方办理档案和社会保险关系转移手续。

六、自本协议生效之日起，甲乙双方基于劳动关系产生的一切权利义务已经结清，互无纠葛。

七、本协议自甲、乙双方签字（盖章）后生效。

八、本协议一式三份，甲、乙双方各执一份，另一份留存乙方本人档案。

甲方：××公司（盖章）　　　　乙方（签字）：

法定代表人或委托代理人：

年　月　日　　　　年　月　日

业务示例 4-3

解除劳动合同协议书格式二
（适用于员工动议协商解除的情形）

解除劳动合同协议书（格式二）

甲方：××公司

法定代表人：

乙方：姓名________身份证号________________员工工号________

甲、乙双方于____年____月____日签订的编号为____的劳动合同，现因__乙__方提出解除劳动合同，经甲乙双方协商一致，同意解除劳动合同，并达成如下协议：

一、解除劳动合同的日期为____年____月____日。

二、按《劳动合同法》的规定，甲方不支付乙方解除劳动合同的经济补偿金。

三、乙方同意在____年____月____日前办理工作、业务交接。

四、甲方为乙方缴纳的各项社会保险金至____年____月____日止。

五、甲方在劳动合同解除之日起15日内，为乙方办理档案和社会保险关系转移手续。

六、自本协议生效之日起，甲乙双方基于劳动关系产生的一切权利义务已经结清，互无纠葛。

七、本协议自甲、乙双方签字（盖章）后生效。

八、本协议一式三份，甲、乙双方各执一份，另一份留存乙方本人档案。

甲方：××公司（盖章） 乙方（签字）：
法定代表人或委托代理人：
年 月 日 年 月 日

3. 开具解除劳动合同的证明

劳动合同被解除后，用人单位应当出具解除劳动合同的证明，以作为劳动者求职、享受失业保险待遇和失业登记的凭证。证明书应写明劳动合同期限、解除的日期、工作岗位、在本单位的工作年限等。如果劳动者要求，用人单位可在证明中客观地说明解除劳动合同的原因。

业务示例 4－4

解除劳动合同证明

解除劳动合同证明书（一联）

编号（ ）

本单位与______签订的自___年___月___日起至___年___月___日止的劳动合同根据《劳动合同法》第___条第___款于___年___月___日解除，其档案及社会保险转移手续于___年___月___日转移。该职工本单位工作年限为___（大写）年___（大写）个月。在我单位原岗位（职务）为______。

特此证明

单位（盖章）
年 月 日

此证明书已于职工签字之日送达本人。

职工签字：
年 月 日

说明：此证明一式三联，一联存根留用人单位，二联交职工使用，三联存入职工本人档案。

解除劳动合同证明书（二联）

编号（ ）

本单位与______签订的自___年___月___日起至___年___月___日止的劳动合同根据《劳动合同法》第___条、第___款于___年___月___日解除，其档案及社会保险转移手续于___年___月___日转移。该职工本单位工作年限为___（大写）年___（大写）个月。在我单位原岗位（职务）为______。

特此证明

单位（盖章）

年　　月　　日

此证明书已于职工签字之日送达本人。

职工签字：

年　　月　　日

说明：此证明一式三联，一联存根留用人单位，二联交职工使用，三联存入职工本人档案。

解除劳动合同证明书（三联）

编号（　　）

本单位与________________签订的自____年____月____日起至____年____月____日止的劳动合同根据《劳动合同法》第____条、第____款于____年____月____日解除，其档案及社会保险转移手续于____年____月____日转移。该职工本单位工作年限为______（大写）年______（大写）个月。在我单位原岗位（职务）为________________。

特此证明

单位（盖章）

年　　月　　日

此证明书已于职工签字之日送达本人。

职工签字：

年　　月　　日

说明：此证明一式三联，一联存根留用人单位，二联交职工使用，三联存入职工本人档案。

（二）协商解除劳动合同注意事项

协商解除劳动合同时应注意以下事项：

（1）注意动议是谁主动提出的，如果是劳动者主动提出的，用人单位一定要求劳动者写书面的辞职报告，即所谓立字为据。

（2）协商一致解除劳动合同，一定要签书面协议，并在协议中明确解除劳动合同的动议是谁主动提出的。

（3）如果是劳动者主动提出解除劳动合同的，用人单位是可以不支付经济补偿金的，但由于某些用人单位为了减员，鼓励员工主动辞职，在这种情况下，经济补偿金的有无以及多少完全由双方当事人根据协议确定。

（4）注意掌握劳动者主动提出解除劳动合同的证据，特别是注意不要将职工的电子邮件形式的辞职信作为证据，如果员工通过电子邮件发辞职信，用人单位还应通过纸质文件要求职工在解除劳动合同的动议上签字。

二、实操演练

任务 4-1

【背景材料】

张某是北京 A 化工公司的销售主管。2018 年 12 月，因疏解非首都功能的需要，该化工公司决定将张某调到保定工作，工作岗位和工资保持不变。内部调令发出后，张某以家庭在北京为由拒绝前往。为此，双方僵持不下。2019 年 1 月，公司决定与张某协商解除劳动合同，张某原则上接受了公司提出的协商解除劳动合同的动议，最后双方协商一致解除了劳动合同。

【具体任务】

请你为公司办理协商解除劳动合同的手续，并出具相应的文书。

工作任务二

用人单位单方过失性解除劳动合同操作

一、业务技能与业务示例

（一）劳动者在试用期间被证明不符合录用条件的劳动合同解除操作

1. 要能证明劳动者不符合录用条件

在试用期内，用人单位能否随时辞退员工呢？很多用人单位认为，在试用期内完全可以随时解除劳动合同，认为试用期内辞退员工是不需要理由的，且无须支付经济补偿金。这种认识是错误的，不单单损害了劳动者的权益，也会给用人单位带来法律风险。《劳动合同法》第 21 条规定，在试用期中，除劳动者有该法第 39 条和第 40 条第 1 项、第 2 项规定的情形外，用人单位不得解除劳动合同，用人单位在试用期解除劳动合同的，应当向劳动者说明理由。《劳动合同法》第 39 条规定，用人单位在试用期间证明劳动者不符合其录用条件的，可以随时单方解除劳动合同。换言之，证明劳动者不符合录用条件，是用人单位在试用期内随时单方解除劳动合同的前提条件。如果这个前提条件不成立，用人单位是无权随时在试用期内单方解除劳动合同的。这就需要用人单位事先设置明确的录用条件，将录用条件事先告知劳动者，并在试用期内对劳动者进行考核。

用人单位对在试用期解除劳动合同负有举证义务，需举证证明劳动者不符合录用条件，否则，需承担因违法解除劳动合同所带来的法律后果，即劳动者要求继续履行劳动合同的，用人单位应当继续履行；劳动者不要求继续履行劳动合同或者劳动合同已经不能继续履行的，用人单位应当按照经济补偿金两倍的标准向劳动者支付赔偿金。

2. 解除合同时间的把握

根据《劳动合同法》第 39 条的规定，劳动者在试用期间被证明不符合录用条件的，用人单位可以解除劳动合同。如果劳动者不符合录用条件，单位要想以员工“不符合录用条件”为由解除劳动合同，必须在试用期内提出，试用期满后，用人单位不得再以试用期间不符合录用条件而解除劳动合同。另外，根据劳动部办公厅对《关于患有精神病的合同制工人解除劳动合同问题的请示》的复函（劳办发〔1995〕1 号）的有关规定，如果劳动者在试用期内被发现并经有关机构确认患有精神病的，可视为不符合录用条件，用人单位可以解除劳动合同。

3. 试用期内用人单位解除劳动合同需遵循法定的程序

法律虽赋予了用人单位在试用期内依法解除劳动合同的权利，但也需遵循相关的程序规定，不得随意为之。用人单位在试用期内解除劳动合同应当遵守如下程序规定：

（1）用人单位在试用期解除劳动合同的，应当向劳动者说明理由，这里的“说明理由”，法律并未规定一定得采取书面形式，但从举证角度出发，建议采用书面形式，并且要求劳动者签收。

（2）用人单位在试用期内解除劳动合同，也应当事先将理由通知工会。用人单位违反法律、行政法规规定或者劳动合同约定的，工会有权要求用人单位纠正。用人单位应当研究工会的意见，并将处理结果书面通知工会。

（3）用人单位需制作《解除劳动合同通知书》《解除劳动合同证明书》送达劳动者，并在 15 日内为劳动者办理档案和社会保险关系转移手续。

（二）严重违反规章制度解除劳动合同条件及程序的把握

1. 有制度在先

用人单位以严重违反规章制度为由与劳动者解除劳动合同，必须有合法的规章制度依据，即要有相应的制度。完善的规章制度是解除劳动合同的基础。

2. 单位要对严重违纪作出界定

在实践中，一些人力资源管理者认为，只要企业有制度，职工又违反了制度，企业就有权解除劳动合同，其实这是错误的。员工违纪分为一般违纪和严重违纪，只有严重违纪，企业才能解除劳动合同。何谓严重违纪呢？法律对此没有明确的标准，界定权在用人单位，用人单位应根据劳动法所规定的限度和本单位的客观情况，在规章制度中予以明确，并需要做到公平合理。如果事先没有界定又无其他法律依据，即使员工违纪，单位也不能与之解除劳动合同。

那么，单位如何界定严重违纪呢？一是在规章制度中列举哪些属于严重违纪行为，并明确，如果违反此项规定，单位可以解除劳动合同。二是规章制度体系要严密，可以实行违纪升级制度，即规定几次一般违纪属于严重违纪，形成梯度，这样可以处理大错不犯、小错不断的职工。

3. 单位与严重违纪职工解除劳动合同的程序

这种情形下的正确步骤如下所述：

（1）发现职工违反规章制度的事实。

（2）保留相关证据。

（3）研究其违纪行为是否构成单位的严重违纪标准。

（4）将理由通知工会并征求意见。

（5）向该职工发出解除劳动合同通知书。

（三）劳动者严重失职给单位造成损失时，单位解除劳动合同的条件及程序把握

1. 职工有严重失职或营私舞弊行为之一

劳动者在履行劳动合同期间，没有按照岗位职责履行自己的义务，违反其忠于职守、维护和增进用人单位利益的义务，有未尽职责的严重过失行为或者利用职务之便牟取私利的故意行为，使用人单位有形财产、无形财产遭受重大损害，但不够刑罚处罚的程度。例如，因粗心大意、玩忽职守而造成事故；因工作不负责而经常产生废品、损坏工具设备、浪费原材料或能源等。这里的严重失职包括过失和故意两种。

2. 给单位造成重大损害

劳动者严重失职、营私舞弊并不必然导致用人单位解除劳动合同，这种情况下解除劳动合同要同时满足两个条件，即严重失职或营私舞弊是行为条件，还要有结果——给用人单位造成重大损害。如果职工给用人单位造成了损害，但尚未达到重大损失的程度，则用人单位解除劳动合同不合法。

如何认定“重大损害”呢？法律无具体规定，一般由企业内部规章制度来规定，因为企业类型不同，对重大损害的界定也千差万别，故法律无法对重大损害做统一界定。如果因此发生争议，可以通过劳动人事争议仲裁委员会对其规章中规定的重大损害进行认定。

3. 与因严重失职给单位造成损失的职工解除劳动合同的程序

职工因严重失职，给单位造成损失，单位在与之解除劳动合同时的正确步骤如下：

（1）发现职工有严重过失或营私舞弊行为。

（2）确认是否造成严重后果。

（3）保留能证明职工过失及过失与损害之间因果关系的相关证据。

（4）将理由通知工会并征求意见。

（5）单位向职工发出解除劳动合同通知书。

（四）双重劳动关系劳动合同的解除操作条件及程序

1. 条件的把握

《劳动合同法》第 39 条规定：劳动者同时与其他用人单位建立劳动关系，对完成本单位的工作任务造成严重影响，或者经用人单位提出，拒不改正的，用人单位可以解除劳动合同。此种情形解除劳动合同，要具备如下条件：一是劳动者有双重或多重劳动关系；二是对完成本单位的工作任务造成严重影响或经用人单位提出拒不改正。注意，第二个条件是择其一的关系，即或者对完成本单位的工作任务造成严重影响，或者经用人单位提出拒不改正。

从《劳动合同法》的规定可以看出，关于双重劳动关系，法律并未禁止，是否禁止，由用人单位的规章制度确定。如果用人单位规章制度中禁止职工建立双重劳动关系，那么当职工出现双重劳动关系时，用人单位可以提出要求，要求员工改正，拒不改正的，单位可以解除劳动合同。

由《劳动合同法》的规定还可以看出，如果劳动者与其他用人单位建立劳动关系，单位要想解除劳动合同，给了单位两种选择：一是查证由于其双重劳动关系给完成本单位工作任务造成严重影响；二是直接对其提出警示，要求其与相关单位解除关系，但该员工拒不改正。很显然，第一种选择单位要举证给单位造成严重影响是比较困难的，因为职工兼职在精力上、时间上对完成本单位的任务造成严重影响很难界定，很难界定哪些是由于职工兼职造成的影响。所以建议用人单位在规章制度中规定职工不得兼职，并规定，如果发现职工与其他单位建立劳动关系，经用人单位提出，拒不改正的，单位可以解除劳动合同。

2. 程序的把握

（1）发现员工与其他单位建立劳动关系。

（2）对其提出警示，要求其与相关单位解除劳动关系。

（3）给其改正时间，仍不改正。

（4）将理由通知工会并征求意见。

（5）向员工发出解除劳动合同通知书。

（五）劳动者原因致使劳动合同无效的解除操作

《劳动合同法》规定了订立劳动合同的诚实信用原则，同时还规定了劳动者以欺诈、胁迫的手段或者乘人之危，使用人单位在违背真实意思情况下订立或者变更劳动合同的，劳动合同无效或部分无效。

这里用人单位要善于运用知情权，对以欺诈手段签订劳动合同的，随时可以解除劳动合同。

（六）劳动者被依法追究刑事责任解除劳动合同操作

劳动者构成犯罪被依法追究刑事责任，用人单位可以解除劳动合同，对此一般是没有异议的，但是该如何理解“被依法追究刑事责任”？根据劳动部《关于贯彻执行〈中华人民共和国劳动法〉若干问题的意见》中的规定，劳动者被依法追究刑事责任是指劳动者被人民法院判处刑罚的以及被人民法院依据刑法免予刑事处分的。

那么，劳动者违反治安管理处罚法被行政拘留的，单位能不能解除劳动合同呢？被追究刑事责任应不包括行政拘留，所以单位不能以劳动者被行政拘留为由解除劳动合同，但是如果用人单位制度有规定，被行政拘留属于严重违反规章制度的，用人单位可以以严重违反用人单位规章制度为由解除劳动者的劳动合同。

劳动者涉嫌违法犯罪被有关机关收容审查、拘留或逮捕的，用人单位在劳动者被限制人身自由期间，可与其暂时停止劳动合同的履行，不得解除劳动合同。暂时停止履行劳动合同期间，用人单位不承担劳动合同规定的相应义务。劳动者经证明被错误限制人身自由的，暂时停止履行劳动合同期间劳动者的损失，可由其依《中华人民共和国国家赔偿法》要求有关部门赔偿，对此用人单位不承担责任。

业务示例 4-5

解除劳动合同通知书（适用于即时性解除）

解除劳动合同通知书（一联，单位留存）

（适用于即时性解除）

________先生/女士：

依据《劳动合同法》相关规定，××公司依法解除于____年____月____日与您签署的编号为________________的劳动合同。与您解除劳动合同的理由是以下第____项：

1. 在试用期间被证明不符合录用条件
2. 严重违反用人单位的规章制度
3. 严重失职，营私舞弊，给用人单位造成了重大损害
4. 劳动者同时与其他用人单位建立劳动关系，对完成本单位的工作任务造成严重影响，或者经用人单位提出，拒不改正
5. 因《劳动合同法》第二十六条第一款第一项规定的情形致使劳动合同无效
6. 被依法追究刑事责任

您的劳动合同于____年____月____日解除。

您的薪资结算至____年____月____日，共计________元（人民币）。

您需要在____年____月____日办理以下交接手续：

1. ____
2. ____
3. ____

××公司

年　　月　　日

说明：本劳动合同解除通知书一式两联，一联单位留存，二联职工留存。

此通知书已于职工签字之日送达本人。

职工签字：

年　　月　　日

解除劳动合同通知书（二联，职工留存）

（适用于即时性解除）

________先生/女士：

依据《劳动合同法》相关规定，××公司依法解除于____年____月____日与您签署的编号为______的劳动合同。与您解除劳动合同的理由是以下第____项：

1. 在试用期间被证明不符合录用条件

2. 严重违反用人单位的规章制度

3. 严重失职，营私舞弊，给用人单位造成了重大损害

4. 劳动者同时与其他用人单位建立劳动关系，对完成本单位的工作任务造成严重影响，或者经用人单位提出，拒不改正

5. 因《劳动合同法》第二十六条第一款第一项规定的情形致使劳动合同无效

6. 被依法追究刑事责任

您的劳动合同于____年____月____日解除。

您的薪资结算至____年____月____日，共计________元（人民币）。

您需要在____年____月____日办理以下交接手续：

1. ____

2. ____

3. ____

××公司

年　　月　　日

说明：本劳动合同解除通知书一式两联，一联单位留存，二联职工留存。

此通知书已于职工签字之日送达本人。

职工签字：

年　　月　　日

业务示例 4-6

单位单方解除劳动合同理由告知书

单位单方解除劳动合同理由告知书（一联，人力资源部留存）

××公司工会委员会：

本公司员工________因________，公司决定于____年____月____日起与其解除于____年____月____日签订的编号为____的劳动合同，根据《劳动合同法》第 43 条、《中华人民共和国工会法》第 21 条的规定，特将解除劳动合同的理由向贵工会告知。

若有异议或要求重新处理，请在____年____月____日前向人力资源部书面提出。

××公司

年　　月　　日

本告知书一式两联，一联公司留存，二联工会留存。

此告知书已于工会签字盖章之日送达工会。

工会（盖章）

经办人签字：

____年____月____日

单方解除劳动合同理由告知书（二联，工会留存）

××公司工会委员会：

本公司员工________因________，公司决定于____年____月____日起与其解除于____年____月____日签订的编号为____的劳动合同，根据《劳动合同法》第43条、《中华人民共和国工会法》第21条规定，特将解除劳动合同的理由向贵工会告知。

若有异议或要求重新处理，请在____年____月____日前向人力资源部书面提出。

××公司

年　月　日

本告知书一式两联，一联公司留存，二联工会留存。

此告知书已于工会签字盖章之日送达工会。

工会（盖章）

经办人签字：

____年____月____日

（注意：按《劳动合同法》的规定，单位单方解除劳动合同，应当事先将理由通知工会，所以应制作此文书。）

业务示例 4-7

解除劳动合同证明书

解除劳动合同证明书（一联，单位留存）

本单位与________签订的劳动合同于____年____月____日解除，其档案及社会保险转移手续于____年____月____日办理。其在本单位的工作年限为______（大写）年______（大写）个月，在本单位原岗位（职务）为____________。

特此证明

单位（盖章）

说明：本证明书一式三联，一联单位留存，二联职工留存，三联存入本人档案。

此证明书已于职工签字之日送达本人。

职工签字：

____年____月____日

解除劳动合同证明书（二联，职工留存）

本单位与________签订的劳动合同于____年____月____日解除，其档案及社会保险转移手续于____年____月____日办理。其在本单位的工作年限为______（大写）年

______（大写）个月，在本单位原岗位（职务）为____________。

特此证明

单位（盖章）

说明：本证明书一式三联，一联单位留存，二联职工留存，三联存入本人档案。

此证明书于职工签字之日送达本人。

职工签字：

____年____月____日

解除劳动合同证明书（三联，存入本人档案）

本单位与________签订的劳动合同于____年____月____日解除，其档案及社会保险转移手续于____年____月____日办理。其在本单位的工作年限为______（大写）年______（大写）个月，在本单位原岗位（职务）为____________。

特此证明

单位（盖章）

____年____月____日

说明：本证明书一式三联，一联单位留存，二联职工留存，三联存入本人档案。

此证明书已于职工签字之日送达本人。

职工签字：

____年____月____日

（注意：鉴于劳动者有过失解除劳动合同可能对劳动者重新就业带来影响，所以，如果员工不要求，在解除劳动合同的证明中可以不写解除劳动合同的原因）

二、实操演练

任务4-2

【背景材料】

2018年12月1日，李东升与H公司签订了为期5年的劳动合同，双方约定李东升担任H公司市场部总监。2019年11月17日，H公司向李东升发出《解除劳动合同通知书》，解除理由是李东升因严重失职给公司造成重大损失，因此公司决定解除与李东升的劳动关系。

【具体任务】

1. 公司与李东升解除劳动合同要经过哪些程序？请列出具体步骤。
2. 请你帮助公司与李东升办理解除劳动合同的手续，出具相关的文书。

工作任务三

用人单位非过失性解除劳动合同操作

一、业务技能与业务示例

（一）因病或非因工负伤不能从事原工作解除劳动合同操作

1. 条件的把握

按照《劳动合同法》的规定，劳动者患病或非因工负伤，医疗期满不能从事原工作也不能从事用人单位另行安排的工作的，用人单位可以解除劳动合同。适用这条规定解除劳动合同，要同时满足以下两个条件：

（1）医疗期满。

这里最关键的是医疗期，什么是医疗期呢？前已述及，医疗期是指职工患病或非因工负伤，停止工作治病休息，单位不得解除劳动合同的时限。

企业职工因患病或非因工负伤，需要停止工作医疗时，根据本人实际参加工作年限和在本单位工作年限，给予3个月到24个月的医疗期：1）实际工作年限10年以下的，在本单位工作年限5年以下的为3个月；5年以上的为6个月。2）实际工作年限10年以上的，在本单位工作年限5年以下的为6个月；5年以上10年以下的为9个月；10年以上15年以下的为12个月；15年以上20年以下的为18个月；20年以上的为24个月。

医疗期的起算从职工病休第一天开始累加计算，医疗期3个月的按6个月内累计病休时间计算；6个月的按12个月内累计病休时间计算；9个月的按15个月内累计病休时间计算；12个月的按18个月内累计病休时间计算；18个月的按24个月内累计病休时间计算；24个月的按30个月内累计病休时间计算。此外，对于特殊疾病的医疗期，如癌症、精神病、瘫痪等，在医疗期内不能痊愈的，经企业和劳动主管部门批准，可以适当延长医疗期。

特别要注意，各地对于医疗期的期限及计算方法有一些细化的规定，需要按照当地的规定执行。

（2）医疗期满后劳动者不能从事原工作，也不能从事由用人单位另行安排的工作。

医疗期满后劳动者不能从事原工作的，单位还不能解除劳动合同，只有用人单位给劳动者另行安排工作劳动者仍不能胜任的，用人单位才可以解除劳动合同。

因此，职工患病或非因工负伤需要停止工作治病休息时，用人单位应给职工一定的医疗期，医疗期满不能从事原工作的，单位还要另行安排工作，还不能从事的，如何操作呢？按规定，企业职工非因工致残和经医生或医疗机构认定患有难以治疗的疾病，医疗期满，应当由劳动鉴定委员会参照工伤与职业病致残程度鉴定标准进行劳动能力的鉴定。被鉴定为1～4级的，应当退出劳动岗位，解除劳动关系，并办理退休、退职手续，享受退休、退职待遇。这就表明，医疗期届满后，企业要证明劳动者不能从事原工作和单位另行安排的工作的，需要经过劳动能力鉴定这道程序。如果被鉴定为1～4级的，办理退休、退职手续，被鉴定为5～10级的，用人单位才可以解除劳动合同。

2. 程序把握

（1）发现医疗期满不能从事原工作。

（2）单位为该员工另行安排工作。

（3）发现员工不能从事另行安排的工作。

（4）将理由通知工会并征求工会的意见。

（5）向员工发出解除劳动合同通知书（提前30日，也可不提前30日，以支付一个月工资作为对价）。

（6）要求员工办理工作交接，单位支付经济补偿金。

（7）为劳动者出具解除劳动合同的证明，并办理档案和社会保险关系的转移手续。

（二）劳动者不能胜任工作解除劳动合同操作

1. 解除条件的把握

按照《劳动合同法》的规定，劳动者不能胜任工作，经过培训或调整工作岗位仍不能胜任工作的，单位可以解除劳动合同。适用此规定解除劳动合同，须同时满足以下两个条件：

（1）劳动者被证明不能胜任工作。不能胜任工作，是指有证据表明劳动者不能按照要求完成劳动合同中约定的工作任务或者同工种同岗位人员的工作量。这就要求企业与劳动者签订劳动合同时，要明确员工的工作内容，特殊行业的，还需要明确工作量。

（2）经培训或调岗后，仍不能胜任工作的。如同医疗期届满劳动者不能胜任原工作用人单位不能解除劳动合同一样，劳动者不能胜任原工作的，用人单位对其培训或调岗后，仍不能胜任工作的，才可以解除劳动合同。即用人单位解除劳动合同有个程序，必须先培训或者调岗，如还不能满足新的岗位的要求，则可以解除劳动合同。

法律规定了不能胜任工作的员工解除劳动合同的两个前提条件是培训或调岗，由单位自己选择，到底选择哪一种方式，这要对员工的情况进行具体分析，如果是想留用员工，可以选择对其培训，如果不想留用的，可以选择调岗。

特别提醒，为防止在解除劳动合同时发生举证不能的风险，企业需要在劳动合同中或在岗位说明书中确定员工的工作量，培训员工的，还需要保存相应的培训资料。

2. 程序要点

员工不能胜任工作，单位解除劳动合同，正确的操作程序是：

（1）以绩效考核标准考核后发现员工不能胜任工作。

（2）单位对其进行培训或调整工作岗位。

（3）再次以绩效考核标准对员工进行考核后，发现该员工仍不能胜任工作。

（4）将理由通知工会并征求工会的意见。

（5）向员工发出解除劳动合同通知书（提前30日，也可不提前30日，以支付一个月工资作为对价）。

（6）要求员工办理工作交接，单位支付经济补偿金。

（7）为劳动者出具解除劳动合同的证明，并办理档案和社会保险关系的转移手续。

（三）客观情况发生变化，劳动合同无法履行时解除劳动合同操作

1. 条件把握

按照《劳动合同法》的规定，订立劳动合同时所依据的客观情况发生重大变化致使劳动合同无法履行，经用人单位与劳动者协商，未能就变更劳动合同达成协议的，用人单位可以解除劳动合同，适用这一规定解除劳动合同，需要同时具备以下条件：

（1）客观情况发生重大变化，致使原劳动合同无法履行。客观情况发生重大变化，是指发生不可抗力或出现其他使劳动合同无法履行的情况，如企业迁移、转产、被兼并等致使劳动合同无法履行或无法全部履行的情况。

（2）双方未能就变更劳动合同达成协议。由于客观情况发生变化，原合同无法履行，如果想继续履行，必须对原合同进行变更。比如单位转产，劳动者原来的工作岗位不存在了，如果想继续履行合同的话，必须得对劳动者的工作岗位进行变更，这时如果双方不能就变更劳动合同达成协议，用人单位也可以解除劳动合同。因此，当客观情况发生重大变化时，单位一定要注意与员工沟通协商，只有协商无法就变更劳动合同达成一致意见的，用人单位才可以解除劳动合同。

2. 程序把握

（1）发现客观情况发生重大变化。

（2）发现劳动合同无法履行。

（3）与员工协商变更劳动合同内容，未达成协议。

（4）将理由通知工会并征求工会的意见。

（5）向员工发出解除劳动合同通知书（提前30日，也可不提前30日，以支付一个月工资作为对价）。

（6）要求员工办理工作交接，单位支付经济补偿金。

（7）为劳动者出具解除劳动合同的证明，并办理档案和社会保险关系的转移手续。

业务示例 4-8

解除劳动合同通知书（适用于预告性解除）

解除劳动合同通知书（一联，单位留存）

（适用于预告性解除）

________先生/女士：

依据《劳动合同法》相关规定，××公司依法解除于____年____月____日与您签署的编号为________的劳动合同。与您解除劳动合同的理由是以下第____项：

1. 员工患病或非因工负伤医疗期满不能从事原工作和公司另行安排的工作

2. 不能胜任工作，经过培训或调岗仍不能胜任工作

3. 劳动合同订立时所依据的客观情况发生重大变化，致使劳动合同无法履行，双方未能就变更劳动合同达成一致

您的劳动合同于____年____月____日解除。

您的薪资结算至____年____月____日，共计________元（人民币）。

您在本公司工作____年____月，公司需要支付给您相当于您解除劳动合同前12个月的平均工资________元/月____个月的经济补偿金，共________元（人民币），在办理工作交接时支付。

医疗补助费情况为：

□公司需要支付您相当于____个月工资的医疗补助费，共____元（人民币），在您办理工作交接时支付。

□公司不需要支付医疗补助费。

您需要在____年____月____日办理以下交接手续：

1. ____

2. ____

3. ____

××公司

____年____月____日

说明：本劳动合同解除通知书一式两联，一联公司留存，二联职工留存。

此通知书已于本人签字之日送达本人。

职工签字：

____年____月____日

解除劳动合同通知书（二联，职工留存）

（适用于预告性解除）

________先生/女士：

依据《劳动合同法》相关规定，××公司依法解除于____年____月____日与您签署的编号为________的劳动合同。与您解除劳动合同的理由是以下第____项：

1. 员工患病或非因工负伤医疗期满不能从事原工作和公司另行安排的工作

2. 不能胜任工作，经过培训或调岗仍不能胜任工作

3. 劳动合同订立时所依据的客观情况发生重大变化，致使劳动合同无法履行，双方未能就变更劳动合同达成一致

您的劳动合同于____年____月____日解除。

您的薪资结算至____年____月____日，共计____元（人民币）。

您在本公司工作____年____月，公司需要支付给您相当于您解除劳动合同前12个月的平均工资____元/月____个月的经济补偿金，共____元（人民币），在办理工作交接时支付。

医疗补助费情况为：

□公司需要支付您相当于____个月工资的医疗补助费，共____元（人民币），在您办理工作交接时支付。

□公司不需要支付医疗补助费。

您需要在____年____月____日办理以下交接手续：

1. ______________________________

2. ______________________________

3. ______________________________

××公司

____年____月____日

说明：本劳动合同解除通知书一式两联，一联公司留存，二联职工留存。

此通知书已于本人签字之日送达本人。

职工签字：

____年____月____日

业务示例 4-9

解除劳动合同证明书

解除劳动合同证明书（一联）

编号（　　）

本单位与________签订的自____年____月____日起至____年____月____日止的劳动合同根据《劳动合同法》第____条第____款，于____年____月____日解除，其档案及社会保险转移手续于____年____月____日转移。该职工本单位工作年限为____（大写）年______（大写）个月，在本单位原岗位（职务）为____________。

特此证明

单位（盖章）

____年____月____日

此证明书已于职工签字之日送达本人。

职工签字：

____年____月____日

说明：此证明一式三联，一联存根留用人单位，二联交职工使用，三联存入职工本人档案。

解除劳动合同证明书（二联）

编号（　　）

本单位与________签订的自____年____月____日起至____年____月____日止的劳动合同根据《劳动合同法》第____条第____款，于____年____月____日解除，其档案及社会保险转移手续于____年____月____日转移。该职工本单位工作年限为____（大写）年______（大写）个月，在本单位原岗位（职务）为____________。

特此证明

单位（盖章）

____年____月____日

此证明书已于职工签字之日送达本人。

职工签字：

____年____月____日

说明：此证明一式三联，一联存根留用人单位，二联交职工使用，三联存入职工本人档案。

解除劳动合同证明书（三联）

编号（　　）

本单位与________签订的自____年____月____日起至____年____月____日止的劳动合同根据《劳动合同法》第____条第____款，于____年____月____日解除，其档案及社会保险转移手续于____年____月____日转移。该职工本单位工作年限为____（大写）年______（大写）个月，在本单位原岗位（职务）为____________。

特此证明

单位（盖章）

____年____月____日

此证明书已于职工签字之日送达本人。

职工签字：

____年____月____日

说明：此证明一式三联，一联存根留用人单位，二联交职工使用，三联存入职工本人档案。

（注意，非过失性解除劳动合同也属于用人单位单方解除劳动合同，也应当事先将理由通知工会，具体的文书格式请参阅业务示例4-6）

二、实操演练

任务 4-3

【背景材料】

李宏宇于 2018 年 10 月 13 日入职到 A 汽车制造公司工作，双方签订了为期 5 年的劳动合同，工作岗位为物料控制员。李宏宇在其所从事的岗位说明书上予以签字确认。2018 年、2019 年度公司对李宏宇的绩效考核结果均为“远低于要求”，《绩效反馈表》均经李宏宇本人签字确认。公司对李宏宇分别制订了两轮“绩效改进计划”，内容包括对改进需求、绩效问题描述、目标、步骤、衡量指标、完成时间、培训记录、直线经理评价等，并对其进行了培训。李宏宇的直接上级与李宏宇往来邮件内容涉及李宏宇工作方法的调整、纠正报告错误、督促工作进度等。

2020 年年底考核时，李宏宇的考核结果仍然是“远低于要求”，于是公司与其解除劳动合同。李宏宇申请仲裁，认为单位是违法解除，要求继续履行劳动合同。仲裁结果员工败诉。

【具体任务】

1. 此案中单位与李宏宇解除劳动合同的法定理由是什么？

2. 分析一下本案中单位的每一步做法的目的，总结一下以不胜任工作解除员工劳动合同的流程及注意事项。

3. 为该公司办理与李宏宇解除劳动合同的相关手续，出具相关文书。

任务 4-4

【背景材料】

以“任务 2-5”拟订的劳动合同为例，完成如下操作。

【具体任务】

某员工实际工作年限 15 年，在此公司工作 8 年零 9 个月，现因医疗期满不能从事原工作和公司另行安排的工作，公司欲与之解除劳动合同。请你为其办理解除劳动合同的手续。

工作任务四

用人单位经济性裁员操作

一、业务技能与业务示例

依据裁员的具体原因，可以将裁员分为经济性裁员、结构性裁员和优化性裁员。

劳动合同法中所规定的经济性裁员，是指单位经济不景气时的批量裁员。

（一）裁员条件的把握

与《劳动法》相比，《劳动合同法》规定的裁员条件大为降低，主要包括实体性条件和程序性条件。

1. 实体性条件

《劳动合同法》规定，在以下四种情形下用人单位可以进行经济性裁员：

（1）依照企业破产法规定进行重整。《中华人民共和国企业破产法》（以下简称《企业破产法》）第 2 条规定："企业法人不能清偿到期债务，并且资产不足以清偿全部债务或者明显缺乏清偿能力的，依照本法规定清理债务。企业法人有前款规定情形，或者有明显丧失清偿能力可能的，可以依照本法规定进行重整。"企业破产法设置重整制度，主要目的就是使用人单位根据企业重整的经营方案、债权的调整和清偿方案以及其他有利于企业重整的方案在内的重整计划，继续经营并清偿债务，避免用人单位进入破产清算程序，使经营失败的企业有可能通过重整而得到复苏、振兴的机会。在重整过程中，用人单位可根据实际经营情况，进行经济性裁员。

（2）生产经营发生严重困难。市场经济中的企业无时无刻不面临着激烈竞争，一旦对市场需求判断失误或者决策偏差等，企业的生产经营可能就会发生困难。在用人单位的生产经营发生严重困难时，应允许用人单位通过各种方式进行自救，而不是进一步陷入破产、关闭的绝境。在用人单位的生产经营发生严重困难时，裁减人员、缩减员工规模是一项较有效的缓减措施，从全局看，对用人单位的劳动者群体是有利的，但涉及特定劳动者的权益，应慎重处理。因此，劳动合同法允许用人单位在生产经营发生困难时采取经济性裁员的措施，但同时要求用人单位要慎用该手段，"困难"两字前加了"严重"的限制，按《劳动法》的相关规定，这里的"严重"的标准，应是达到当地政府制定的困难企业标准。

（3）企业转产、重大技术革新或者经营方式调整，经变更劳动合同后，仍需裁减人员。在企业生产经营过程中，企业为了寻求生存和更大发展，必然要进行结构调整和整体功能优化，其方式包括企业转产、重大技术革新和经营方式调整。企业转产、重大技术革新或者经营方式调整并不必然导致用人单位进行经济性裁员，如企业转产的，从事原工作岗位的劳动者可以转到转产后的工作岗位。为了更好地保护劳动者的合法权益，同时引导用人单位尽量不使用经济性裁员，劳动合同法要求企业转产、重大技术革新或者经营方式调整，只有在变更劳动合同后，仍需要裁减人员，才可进行经济性裁员。

（4）其他因劳动合同订立时所依据的客观经济情况发生重大变化，致使劳动合同无法履行的。实践中，除了前文列举的三类情形外，还有一些客观经济情况发生变化需要经济性裁员的情形，如有些企业为了防治污染进行搬迁需要经济性裁员的，也应允许用人单位进行经济性裁员。

2. 程序性条件

为了尽量缓减经济性裁员对劳动者和整个社会的安定团结造成的冲击，劳动合同法要求用人单位进行经济性裁员时必须履行一套法定程序。

（1）提前30日向工会或者全体职工说明情况，并听取工会或者职工的意见。由于经济性裁员涉及较多劳动者的权益，为便于工会和劳动者了解裁减人员方案及裁减理由，获得工会和劳动者对经济性裁员行为的理解和认同，用人单位必须提前30日向工会或者全体职工说明情况，并听取工会或者职工的意见。有的企业已建立了工会，有的企业还没有建立工会。已建立工会的用人单位进行经济性裁员，可以选择向工会或者全体职工说明情况，并听取工会或者职工的意见。没有建立工会的用人单位进行经济性裁员，要向全体职工说明情况，听取职工的意见。

（2）裁减人员方案向劳动行政部门报告。用人单位经向工会或者全体职工说明情况，听取工会或者职工的意见，对原裁减人员方案进行必要修改后，形成正式的裁减人员方案。按照1994年劳动部《企业经济性裁减人员规定》（劳部发〔1994〕447号）第4条的规定，裁减人员方案的内容包括：被裁减人员名单，裁减时间及实施步骤，符合法律、法规规定和集体合同约定的被裁减人员经济补偿办法。该裁减人员方案需要向劳动行政部门报告，以使劳动行政部门了解裁减情况，必要时采取相应措施，防止出现意外情况，监督经济性裁员合法进行。这里的“报告”性质上属于事后告知，不是事前许可或者审批。当然，有的企业出于各种考虑，自愿提前与劳动行政部门报告协商，法律并不禁止。笔者建议，对于影响面较大的企业，在裁员前要与劳动部门沟通，以取得当地政府的大力支持。在实践中，特别是在一些沿海城市，向劳动行政部门报告后，会成立一个由劳动局、总工会等机构的相关人员组成的协调小组，协助企业处理裁员事宜，化解矛盾，并有效地防范突发事件的发生。

（二）裁员时人员筛选与优先留用

经济性裁员涉及裁减哪些劳动者的问题。经济性裁员不能只考虑用人单位的需求，还要考虑社会因素，优先保护对用人单位贡献较大、再就业能力较差的劳动者。《劳动合同法》规定，经济性裁员中优先留用人员时，主要从劳动合同期限和保护社会弱势群体角度出发，规定了三类优先留用人员。规定优先留用与本单位订立较长期限的固定期限劳动合同和订立无固定期限劳动合同的人员，主要是考虑劳动者对劳动合同有较长期限的预期，法律应对这种预期予以相应保护。规定优先留用家庭无其他就业人员，有需要抚养的老人或者未成年人的劳动者，主要是考虑这类劳动者对工作的依赖性非常强，一份工作关系到一个家庭的基本生活，不能将其随意推向社会，对这类社会弱势群体法律应给予相应保护。三类优先留用的劳动者之间并没有谁优先的顺序，用人单位可以根据实际需要予以留用。

（三）经济性裁员的具体操作程序

1. 计划阶段

（1）明确企业战略及目标，确定裁员的可行性和合法性。

（2）制订计划并进行合法性审查。

（3）为确保平稳裁员，制定公关和与员工、工会沟通策略。

（4）建立裁员管理协调联系小组。

（5）制定裁员时间表和进程节点安排图。

2. 裁员筛选阶段

（1）制定筛选标准，确定裁员对象。

（2）审查员工档案，确定裁员候选人。

（3）对名单进行合法性审查和人力资源评估。

（4）确定最后裁员名单。

3. 初步确定裁员方案

裁员方案包括裁员名单、裁员时间、经济补偿方案。

4. 实施阶段

（1）提前30日向工会或全体职工说明情况，并提供有关生产经营状况的资料。

（2）提出裁员方案。

（3）将裁员方案征求工会或者全体职工的意见，并对方案进行修改和完善。

（4）向当地劳动行政部门报告裁员方案以及工会或者全体职工的意见，并听取劳动行政部门的意见。

（5）由用人单位正式公布裁员方案，与被裁减人员办理解除劳动合同手续，按照有关规定向被裁减人员本人支付经济补偿金，并出具裁减人员证明书。

业务示例 4-10

裁员方案

××公司裁员方案（草案）

因公司依据《企业破产法》规定进入重整阶段，公司决定进行经济性裁员，具体裁员方案如下。

一、被裁减人员名单

（略）

二、裁减人员时间安排

（一）____年____月____日前为方案征求职工和工会意见时间，职工和工会可通过面谈和电子邮件的形式提出意见。邮件请发至caiyuan2018@163.com，面谈时间为8：00—16：00，面谈地点为人力资源部205室。

（二）根据职工和工会的意见，调整裁员方案，此项调整于____年____月____日前完成。

（三）将调整后的裁员方案向北京市________区劳动保障行政部门报告。

（四）召开被裁员工说明会，会议邀请劳动保障行政部门人员、公司法律顾问参加。

（五）____年____月____日正式公布裁员方案。

三、裁员补偿方案

（一）所有员工的经济补偿按N+1的原则补偿，N为员工在本公司的工作年限，补偿的具体数额为（N+1）×员工解除合同前12个月的平均工资。

（二）经济补偿金在员工办理完工作交接之日支付。

四、裁减人员的具体程序

（一）____年____月____日前向被裁减员工发出解除劳动合同通知书。

（二）解除劳动合同之日，公司为员工出具解除劳动合同证明。

（三）解除劳动合同15日内，公司为员工办理档案和社会保险关系转移手续。

××公司

____年____月____日

业务示例4-11

解除劳动合同通知书（适用于经济性裁员）

解除劳动合同通知书（一联，单位留存）

________先生/女士：

依据《劳动合同法》相关规定，××公司依法解除于____年____月____日与您签署的编号为____的劳动合同。与您解除劳动合同的理由为：经济性裁员。

您的劳动合同于____年____月____日解除。

您的薪资结算至____年____月____日，共计____元（人民币）。

您在本公司工作____年____月，公司需要支付给您相当于您解除劳动合同前12个月的平均工资____元/月____个月的经济补偿金，共____元（人民币），在办理工作交接时支付。

您需要在____年____月____日办理以下交接手续：

1. ____

2. ____

3. ____

××公司

____年____月____日

说明：本劳动合同解除通知书一式两联，一联单位留存，二联职工留存。

此通知书于员工签字之日送达本人。

员工签字：

____年____月____日

解除劳动合同通知书（二联，员工留存）

________先生/女士：

依据《劳动合同法》相关规定，××公司依法解除于____年____月____日与您签署的编号为________的劳动合同。与您解除劳动合同的理由为：经济性裁员。

您的劳动合同于____年____月____日解除。

您的薪资结算至____年____月____日，共计____元（人民币）。

您在本公司工作____年____月，公司需要支付给您相当于您解除劳动合同前12个月的平均工资____元/月____个月的经济补偿金，共____元（人民币），在办理工作交接时支付。

您需要在____年____月____日办理以下交接手续：

1. ______________________________

2. ______________________________

3. ______________________________

××公司

____年____月____日

说明：本劳动合同解除通知书一式两联，一联单位留存，二联职工留存。

二、实操演练

任务4-5

【背景材料】

某中外合资公司4月24日发生火灾，第四车间被烧毁，公司于5月2日召开了董事会，决定解除四车间35名职工的劳动合同，董事会后的5月3日，公司即向每名被解除劳动合同的员工发出了裁员通知书。

裁员通知书

本公司4月24日遭受特大火灾，四车间在相当长的时期内无法恢复生产。公司董事会于5月2日进行了讨论。经研究决定，根据本公司个人劳动合同第三章第五条的规定“企业因生产经营或者技术条件发生变化而人员有多余的，可以解除劳动合同。”现决定：解除四车间全体员工共35人的劳动合同。请您接到通知后，于本月25日，携带户口本、工作证、劳保卡、会员证等前来办理解除合同的手续。公司将统一发给35名员工相当于1个月工资的裁员补偿金，待保险公司理赔后，再发相当于1个月的工资补偿金。希望各位员工体谅公司的困难。祝您另行择业顺利。

此致

××公司人事部（章）

2020年5月3日

【具体任务】

1. 请依据《劳动法》的相关规定，指出该公司在裁员条件和程序上有哪些问题？
2. 该裁员通知书有哪些错误？

任务 4-6

【背景材料】

某网络公司因经营管理不善造成严重亏损，现已经进入破产整顿程序。为此，公司想解除 66 人的劳动合同。公司在裁员前未走漏任何消息。2019 年 3 月 18 日上午，66 名职工就接到了公司解除劳动合同的通知书，称公司已濒临破产，进入法定整顿期间，需裁员，并告知这 66 名职工，收拾东西，交接工作，3 小时后走人。这 66 人中，有 3 人正处于医疗期，有 1 名女职工怀孕 6 个月。职工对企业的做法提出了质疑，企业认为，企业濒临破产即时裁员是企业的权利，况且公司本身也有即时裁员的规定，职工必须服从公司的规定。而职工则认为，裁员应提前 30 日通知职工。双方为此发生争议，66 名职工将公司诉至劳动人事争议仲裁委员会。

【具体任务】

1. 请分析企业的裁员决定在程序上有哪些问题。
2. 本案中 66 名职工的劳动合同依法应如何处理？
3. 请为该网络公司制作一份裁员方案。
4. 请为该网络公司设计一个合理、合法的裁员程序。

工作任务五

对劳动者解雇保护的条件把握

一、业务技能与业务示例

法律在规定用人单位可以解除劳动合同的三种情形时，还对用人单位解除劳动合同进行了限制。这种限制是为了保护一些特定群体劳动者的合法权益，《劳动合同法》第 42 条规定，在 6 类法定情形下，用人单位不得根据《劳动合同法》第 40 条、第 41 条的规定单方解除劳动合同。具体如下：

（1）从事接触职业病危害作业的劳动者未进行离岗前职业健康检查，或者疑似职业病病人在诊断或者医学观察期间的。

受到职业病威胁的劳动者以及职业病人是社会弱势群体，非常需要国家的关怀和法律的保障，因此《职业病防治法》的一个重要特点是以保护劳动者的合法权益为基本出发点，给予劳动者法律保障。根据《职业病防治法》第 35 条的规定，对从事接触职业病危害的作业的劳动者，用人单位应当按照国务院卫生行政部门的规定组织上岗前、在岗期间和离岗时的职业健康检查，并将检查结果书面告知劳动者。对未进行离岗前职业健康检查的劳动者不得解除或者终止与其订立的劳动合同。第 56 条规定，用人单位在疑似职业病病人诊断或者医学观察期间，不得解除或者终止与其订立的劳动合同。

(2) 在本单位患职业病或者因工负伤并被确认丧失或者部分丧失劳动能力的。

根据《工伤保险条例》的规定，患职业病或者因工负伤并被确认丧失或部分丧失劳动能力的，是指伤残等级为1～10级的工伤或职业病职工。这里又分为两种情况：1）1～4级工伤。对于1～4级工伤职工，用人单位需要与其保留劳动关系，永久不能与其解除劳动关系，劳动者退出工作岗位，享受相应的工伤待遇。这种情况下，企业与工伤职工的劳动关系要保留到工伤职工退休。2）5～10级工伤。对于5～10级工伤职工，用人单位不得提出与工伤职工解除劳动关系，但是经工伤职工本人提出，企业可以与该职工解除劳动关系，由用人单位支付一次性伤残就业补助金。

(3) 患病或者非因工负伤，在规定的医疗期内的。

注意这里指的是患病或非因工负伤，在规定的医疗期内单位不得解除劳动合同。

(4) 女职工在孕期、产期、哺乳期的。

所谓孕期，是指妇女怀孕期间。产期，是指妇女生育期间，产假一般不少于98天。哺乳期，是指从婴儿出生到一周岁之间的期间。根据这项规定，妇女只要在孕期、产期、哺乳期的，用人单位就不得根据《劳动合同法》第40条、第41条的规定单方解除劳动合同。

(5) 在本单位连续工作满15年，且距法定退休年龄不足5年的。

考虑到老职工对企业的贡献较大，再就业能力较低，政府和社会都比较关注这部分弱势群体，因此《劳动合同法》加强了对老职工的保护，如果劳动者在该单位工作满15年，且距法定退休年龄不足5年，如果劳动者没有过错，单位不得解除劳动合同，单位要与劳动者保持劳动关系到劳动者退休。这里要注意，国家法定的企业职工退休年龄是男年满60周岁，女工人年满50周岁，女干部年满55周岁。从事井下、高温、高空、特别繁重体力劳动或其他有害身体健康工作的，退休年龄男年满55周岁，女年满45周岁，因病或非因工致残，由医院证明并经劳动鉴定委员会确认完全丧失劳动能力的，退休年龄为男年满50周岁，女年满45周岁。

(6) 法律、行政法规规定的其他情形。

考虑到有些法律、行政法规中也有不得解除劳动合同的规定，同时为了便于与以后颁布的法律相衔接，《劳动合同法》还规定了一个兜底条款，这有利于对劳动者的保护。

对用人单位不得解除劳动合同规定的理解需要注意以下两个方面：一是此种禁止专指用人单位单方解除劳动合同，并不禁止劳动者与用人单位协商一致解除劳动合同；二是此种禁止的前提是用人单位不得根据《劳动合同法》第40条、第41条的规定解除劳动合同，即非过失性解除和经济性裁员，若劳动者具备了第42条规定的6种情形之一，用人单位仍可以根据《劳动合同法》第39条的规定解除劳动合同。

业务示例4-12

"三期"女职工的劳动合同也可以解除

朱小曼于2019年1月2日入职A医药公司，从事销售工作。2019年8月，朱小曼怀孕并告知公司。怀孕后，朱小曼因身体不好，经常请病假。2019 年 10 月 20 日，公司注意到，朱小曼提交的病假条存在着连号情况，遂去医院核查后发现，朱小曼提交的病假条是虚假的。根据公司的规定，虚假病假属于严重违反公司规章制度的行为，公司有权解除劳动合同。A 公司遂解雇了朱小曼，朱小曼认为“三期”女职工法律有特殊保护，公司不得随意解雇，遂申请劳动仲裁，要求公司撤销解除劳动合同的决定，继续履行劳动合同。

【任务】为 A 公司设计答辩要点

【解析】

1. 虽然朱小曼是“三期”女职工，享有法律规定的解雇特殊保护，但该特殊保护仅限于单位不能进行非过失性解雇（《劳动合同法》第 40 条）和经济性裁员（《劳动合同法》第 41 条），除此之外，法律就不再进行解雇特殊保护了。故单位可以与“三期”女职工协商一致解除劳动合同（《劳动合同法》第 36 条），也可以对“三期”女职工予以过失性解雇（《劳动合同法》第 39 条）。

2. 本案中，因朱小曼存在虚假病假的行为，按公司规章制度的规定，属于严重违反公司规章制度，故公司解除朱小曼的劳动合同属于合法解除。

二、实操演练

任务 4-7

【背景材料】

李艳平于 2018 年 3 月 1 日入职 B 公司从事销售工作，与公司签订了为期 5 年的劳动合同。2019 年 3 月，李艳平怀孕并告知公司。因李艳平怀孕后不能劳累，所以减少了跑客户，导致其连续几个月均未能完成销售任务，公司遂对李艳平予以培训。培训后，李艳平仍不能完成销售任务。2019 年 9 月 20 日，B 公司以李艳平不胜任工作，经过培训后仍不胜任工作为由，解除了李艳平的劳动合同。

【具体任务】

请你分析 B 公司解除李艳平的劳动合同是否正确？

工作任务六

劳动者单方解除劳动合同的单位操作

一、业务技能与业务示例

根据《劳动合同法》的规定，劳动者单方提出解除劳动合同分为提前通知解除、即时通知解除、无须通知立即解除三种情况。用人单位特别要注意劳动者解除劳动合同，要按法定的程序进行。不同的情况下，解除劳动合同的程序是不一样的，一般包括以下各项：

（1）签署解除劳动合同确认书

按照《劳动合同法》的规定，劳动者在试用期内提出解除劳动合同的，应提前3日通知用人单位，对于劳动者的预告性解除，我国法律规定的提前通知期是30日。无论哪种情况，用人单位接到劳动者的解除通知书后，应及时为劳动者办理解除劳动合同的手续，首先就是要签署《解除劳动合同确认书》，让劳动者签字，以确认劳动合同的解除原因、解除日期等事宜，这项工作不能省，否则单位说不清与劳动者解除劳动合同的原因及具体日期。

（2）支付经济补偿金。

有些情况下，即使是劳动者提出解除劳动合同，用人单位也要支付经济补偿金。

（3）出具解除劳动合同证明。

劳动合同被解除后，用人单位应当为劳动者出具解除劳动合同的证明，以作为其求职、享受失业保险待遇和失业登记的凭证。证明书应写明劳动合同期限、解除的日期等。如果劳动者要求，用人单位可在证明中客观地说明解除劳动合同的原因。

（4）办理社会保险和档案关系的转移手续。

用人单位自与劳动者解除劳动关系之日起15日内，为劳动者办理档案和社会保险关系的转移手续，千万不要采取扣档不放的做法。

劳动者辞职不以用人单位同意为前提条件，无论用人单位是否同意，都应该给劳动者办理解除劳动合同的手续。

业务示例 4－13

解除劳动合同确认书
（适用于劳动者单方解除劳动合同）

解除劳动合同确认书（一联，单位留存）

________先生/女士：

因您于____年____月____日向公司提交了解除劳动合同通知书，您的劳动合同将于____年____月____日解除。

您需要结算以下薪资和补偿金事宜：

1. 您的薪资结算至____年____月____日，共计____元（人民币），请于____年____月____日前到公司财务部办理。

2. 此种情形下：

□公司不需要支付您经济补偿金

□您在本公司工作____年____月，公司需要支付给您相当于您解除劳动合同前12个月的平均工资____元/月____个月的经济补偿金，共____元（人民币），在办理工作交接时支付您需要在____年____月____日办理以下交接手续：

1. ________________________________

2. ________________________________

3. ________________________________

××公司（盖章）

____年____月____日

此确认书一式两联，一联单位留存，二联员工留存。

此确认书于员工签字之日送达员工本人。

员工签字：

____年____月____日

解除劳动合同确认书（二联，员工留存）

________先生/女士：

因您于____年____月____日向公司提交了解除劳动合同通知书，您的劳动合同将于____年____月____日解除。

您需要结算以下薪资和补偿金事宜：

1. 您的薪资结算至____年____月____日，共计____元（人民币），请于____年____月____日前到公司财务部办理。

2. 此种情形下：

□公司不需要支付您经济补偿金

□您在本公司工作____年____月，公司需要支付给您相当于您解除劳动合同前12个月的平均工资____元/月____个月的经济补偿金，共____元（人民币），在办理工作交接时支付

您需要在____年____月____日办理以下交接手续：

1. ________________________________

2. ________________________________

3. ________________________________

××公司（盖章）

员工签字：

____年____月____日

此确认书一式两联，二联员工留存。

二、实操演练

任务4-8

【背景材料】

张山与H公司于2020年1月5日签订了为期3年的劳动合同，但在2020年9月，

张山的哥哥成立了一家公司，力邀张山去其公司工作，于是，张山于2020年9月16日向公司递交了辞职报告，公司欲为其办理解除劳动合同的手续。

【具体任务】

假设你是H公司人力资源管理人员，请你为张山办理解除劳动合同的手续，并出具相应的文书。

工作任务七 终止、续订劳动合同操作

一、业务技能与业务示例

（一）劳动合同终止条件的把握

符合下列条件之一的，劳动合同终止。

1. 劳动合同期满

这是劳动合同终止的最常见的理由。操作时注意，劳动合同到期，并不等于劳动合同自动终止，如果要终止劳动合同，要办理终止手续。如果到期后未办理终止手续，劳动者在原单位继续工作的，即形成事实劳动关系。

劳动合同到期，用人单位是否有告知员工终止还是续订劳动合同的义务，这一点现行法律并没有明确规定，但在一些地方立法中有规定。如《北京市劳动合同规定》中规定：劳动合同期限届满前，用人单位应当提前30日将终止或续订劳动合同意向以书面形式通知劳动者。所以，提醒用人单位，在终止劳动合同时，无论当地地方立法是否对提前告知有明确规定，建议单位都要在劳动合同期满前一个月提前明确告知劳动者是续订劳动合同还是终止劳动合同，以规范劳动合同管理，避免劳动纠纷的发生。

2. 劳动者已经开始依法享受养老保险待遇的

劳动者已开始享受基本养老保险待遇的，其身份已经发生了根本的变化，即从劳动者的身份变成了养老者的身份，因此劳动合同终止。

如果劳动者达到了法定的退休年龄，但没有享受基本养老保险待遇，那么劳动合同能否终止呢？从理论上讲，法律上的劳动者，是指在法定劳动年龄内，具有劳动权利能力和劳动行为能力的自然人，劳动者达到了法定的退休年龄，已经不是法律上的劳动者了，已经不具有劳动法律关系主体的资格了，因此，用人单位也可以终止劳动合同。

3. 劳动者死亡或被宣告死亡、宣告失踪的

这主要是指劳动者死亡，或者被人民法院宣告死亡或者宣告失踪的。按《民法典》的有关规定，自然人下落不明满4年的，利害关系人可以向法院申请宣告该自然人死亡，

自然人下落不明满2年的，利害关系人可以向人民法院申请宣告该自然人为失踪人。无论是宣告失踪还是宣告死亡，都使劳动者无法履行劳动合同，所以，劳动合同终止。

4. 单位主体资格消灭

这主要是指用人单位被依法宣告破产、解散、被吊销营业执照或者被责令关闭的。这些情形都表明，作为用人单位的主体已经不存在了，单位已经无法按照劳动合同履行其权利和义务了，只能终止劳动合同。

5. 法律、行政法规规定的其他情形

有关劳动合同终止的情形，除了《劳动合同法》规定的五种情形外，可以由法律、行政法规作出规定。考虑到保持整个劳动合同终止制度的统一性和劳动合同终止并没有地方独特性等情况，《劳动合同法》并没有授权地方性法规创设劳动合同终止制度。

（二）劳动合同应当续延的情形

劳动合同的续延分为如下两类。

1. 一般情形下的续延

劳动合同到期后，由于存在特定的情形，劳动合同需要续延，需要等这些情形消失时才能终止。前已述及，《劳动合同法》第42条规定在几种情形下的劳动者，用人单位不得解除劳动合同。如果劳动者有《劳动合同法》第42条规定的几种情形的，劳动合同期满时，也不得终止，用人单位必须将劳动合同续延至相应情形消失时才能终止。

其中从事接触职业病危害作业的劳动者未进行离岗前职业健康检查，劳动合同期满的，必须等到进行了职业健康检查后，劳动合同才能终止。疑似职业病病人在诊断或者医学观察期间，劳动合同期满的，必须等到排除了职业病、确认了职业病或者医学观察期间结束，劳动合同才能终止。患病或者非因工负伤在医疗期内，劳动合同期满的，必须等到医疗期满后才能终止劳动合同。女职工孕期、产期、哺乳期满后，劳动合同才可以终止。在本单位连续工作满15年，且距法定退休年龄不足5年的，应延续至劳动者达到法定退休年龄时终止。

2. 工伤职工劳动合同到期后劳动关系的处理

《劳动合同法》对于患职业病或因工负伤并被确认部分丧失劳动能力的情形下续延劳动合同作了例外规定，在这种情形下，适用《工伤保险条例》的规定。《工伤保险条例》规定，职工因工致残被鉴定为1～4级伤残的，保留劳动关系，享受相应的工伤保险待遇。职工因工致残被鉴定为5级、6级伤残的，保留与用人单位的劳动关系，由用人单位安排适当工作。难以安排工作的，由用人单位按月发给伤残津贴，并由用人单位按照规定为其缴纳应缴纳的各项社会保险费。经工伤职工本人提出，该职工可以与用人单位解除或者终止劳动关系，由用人单位支付一次性伤残就业补助金。同时还规定，职工因工致残被鉴定为7～10级伤残的，劳动合同期满终止，或者职工本人提出解除劳动合同的，由用人单位支付一次性伤残就业补助金。因此，职工因工负伤并被鉴定为7～10级伤残的，劳动合同期满可以终止，但用人单位须支付一次性伤残就业补助金。1～10级工伤劳动合同到期的劳动关系处理具体如表4-1所示。

表 4-1　1～10 级工伤劳动合同到期的劳动关系处理一览表

工伤级别	劳动合同到期后劳动关系处理	备注
1～4 级	不得终止劳动关系	劳动关系保留到员工退休
5～6 级	一般单位不得主动终止，经员工提出可以终止	若员工不提出终止，劳动关系要保留到退休
7～10 级	可以终止	由单位支付一次性伤残就业补助金

（三）劳动合同终止的程序把握

劳动合同终止的程序如下。

1. 提前书面通知劳动者

前已述及，《劳动合同法》并未要求终止劳动合同要提前通知，但从人力资源的透明管理的角度，最好是提前通知，至于提前多少天通知，完全可以由企业的规章制度来规定。如果有地方性规定的，要按地方性规定来办理。有的企业担心提前通知后有的劳动者会“搞破坏”等，这时可以采取其他办法办理。如提前一个月通知后，可以给他一个月的择业期，即这一个月安排其休假，但工资照发，给他时间让他去找工作，这样既合乎情理，也考虑到了企业的利益，避免遭到恶意“报复性的破坏”。

2. 与劳动者办理工作交接，依法支付经济补偿金

要在通知中向劳动者表明办理工作交接的时间，如果属于应当支付经济补偿金的情况，用人单位应在劳动者办理工作交接时支付。

3. 为劳动者出具终止劳动合同证明

终止劳动合同证明应在终止时为劳动者出具，即终止和出具证明同时进行。

4. 办理档案和社会保险关系转移手续

在终止劳动合同后的 15 日内，用人单位要为劳动者办理档案和社会保险关系的转移手续。特别要注意，有时是劳动者不愿意续订劳动合同，而单位想续订劳动合同，有些单位就以不办理档案和社会保险关系转移手续为要挟的手段，这种做法是错误的。

（四）劳动合同续订的程序把握

劳动合同续订的程序如下。

1. 提前向劳动者发出续订劳动合同的书面意向

续订劳动合同要遵循自愿原则，单位有续订的意向，还要劳动者同意才可以续订，所以单位应在劳动合同到期前的一定时日内，向劳动者表明续订劳动合同的意向，征求劳动者的意见，并要求劳动者在劳动合同到期前的一定期限内予以答复。

2. 就续订劳动合同的有关事项与劳动者进行协商

续订劳动合同主要是在原劳动合同的基础之上，但也可将有些条款进行变更，所以要双方协商一致。

3. 签订劳动合同续订书

在与劳动者协商一致后，与劳动者签订劳动合同续订书。

业务示例 4-14

续订劳动合同意向书

续订劳动合同意向书

（一联）

________（先生/女士）：

本公司于____年____月____日与你签订的劳动合同将于____年____月____日到期，单位决定与你续订劳动合同，拟续订的合同期限为____年，请慎重考虑后，于____年____月____日前填好下面的回执，交公司人力资源部，并协商办理续订劳动合同事宜。逾期未将回执交回的，视为不同意续订劳动合同，公司将办理终止劳动合同事宜。

××公司

____年____月____日

此意向书于员工签字之日送达员工本人。

员工签字：

____年____月____日

此意向书一式两联，一联单位留存，二联职工留存。

续订劳动合同意向书

（二联）

________（先生/女士）：

本公司于____年____月____日与你签订的劳动合同将于____年____月____日到期，单位决定与你续订劳动合同，拟续订的合同期限为____年，请慎重考虑后，于____年____月____日前填好下面的回执，交公司人力资源部，并协商办理续订劳动合同事宜。逾期未将回执交回的，视为不同意续订劳动合同，公司将办理终止劳动合同事宜。

××公司

____年____月____日

此意向书一式两联，一联单位留存，二联职工留存。

续订劳动合同意向书回执

本人________（同意/不同意）续订劳动合同，续订的期限为____________。

员工签字：

____年____月____日

业务示例 4－15

终止劳动合同通知书

终止劳动合同通知书（一联，公司留存）

________（先生/女士）：

本公司于____年____月____日与你签订的劳动合同将于____年____月____日到期，单位决定与你终止劳动合同，现劳动合同履行至合同到期日止，您的薪资结算至____年____月____日，共计____元（人民币），请您于____年____月____日到财务部办理。

您在本公司工作____年____月，公司需要支付给您相当于您解除劳动合同前12个月的平均工资____元/月____个月工资的经济补偿金，共____元（人民币），在您办理工作交接时支付。

您需要在____年____月____日办理以下交接手续：

1. ________________________________
2. ________________________________
3. ________________________________

特此通知

××公司（盖章）

____年____月____日

此通知一式两联，一联公司留存，二联职工留存。

此通知于员工签字之日送达员工本人。

员工签字：

____年____月____日

终止劳动合同通知书（二联，员工留存）

________（先生/女士）：

本公司于____年____月____日与你签订的劳动合同将于____年____月____日到期，单位决定与你终止劳动合同，现劳动合同履行至合同到期日止，您的薪资结算至____年____月____日，共计____元（人民币），请您于____年____月____日到财务部办理。

您在本公司工作____年____月，公司需要支付给您相当于您解除劳动合同前12个月的平均工资____元/月____个月工资的经济补偿金，共____元（人民币），在您办理工作交接时支付。

您需要在____年____月____日办理以下交接手续：

1. ________________________________

2. ____
3. ____
特此通知

××公司（盖章）
____年____月____日

此通知一式两联，一联公司留存，二联职工留存。

业务示例 4－16

劳动合同续订书

SHY 公司劳动合同续订书

甲方：SHY 公司

乙方：________（员工工号________）

甲、乙双方在____年____月____日签订的劳动合同内容不变的基础上，经协商一致，同意按以下第____项续订：

1. 有固定期限的劳动合同，自____年____月____日起至____年____月____日止，合同期限为____年

2. 无固定期限的劳动合同，自____年____月____日开始

本续订书经甲、乙双方签字（盖章）并加盖甲方劳动合同专用章后生效。

本续订书一式两份，甲、乙双方各执一份。

甲方：SHY 公司　　　　　　　　　　　　乙方（签字）：

法定代表人或委托代理人：

年　　月　　日　　　　　　　　　　　　年　　月　　日

业务示例 4－17

终止劳动合同证明书

终止劳动合同证明书（一联，单位留存）

本公司与________（先生/女士）签订的劳动合同于____年____月____日终止，双方已经办妥一切与劳动关系有关的手续。该员工在本单位原工作岗位（职务）为____，在本单位的工作年限为______（大写）年______（大写）个月。其档案及社会保险关系于____年____月____日转移。

特此证明

单位盖章：

____年____月____日

本证明书一式三联，一联存留用人单位，二联本人持用，三联存入本人档案。

此证明于员工签字之日送达员工本人。

员工签字：

____年____月____日

终止劳动合同证明书（二联，职工留存）

本公司与________（先生/女士）签订的劳动合同于____年____月____日终止，双方已经办妥一切与劳动关系有关的手续。该员工在本单位原工作岗位（职务）为____，在本单位的工作年限为______（大写）年______（大写）个月。其档案及社会保险关系于____年____月____日转移。

特此证明

单位盖章：

____年____月____日

本证明书一式三联，一联存留用人单位，二联本人持用，三联存入本人档案。

终止劳动合同证明书（三联，存入职工档案）

本公司与________（先生/女士）签订的劳动合同于____年____月____日终止，双方已经办妥一切与劳动关系有关的手续。该员工在本单位原工作岗位（职务）为____，在本单位的工作年限为______（大写）年______（大写）个月。其档案及社会保险关系于____年____月____日转移。

特此证明

单位盖章：

____年____月____日

本证明书一式三联，一联存留用人单位，二联本人持用，三联存入本人档案。

业务示例 4-18

劳动合同顺延通知书

劳动合同顺延通知书（一联）

________先生/女士：

你____年____月____日与 TR 公司签订的期限为____年的编号为____的劳动合同即将于____年____月____日期满，但你存在下列第____项情形：

1. 患病或者负伤，在规定的医疗期内

2. 在孕期、产期、哺乳期内

3. 患职业病或者因工负伤并经劳动鉴定委员会鉴定为丧失或者部分丧失劳动能力

4. 在TR公司工作满15年，同时距法定退休年龄5年以内

5. 其他

根据有关规定，劳动合同期限顺延至____年____月____日（或____情形消失时）。

如同意顺延，请将一联所附的回执填好，于____年____月____日前将回执交回人力资源部，逾期不交回的视为不同意续延，公司将办理终止劳动合同手续。

特此通知

TR公司（盖章）

____年____月____日

此通知一式两联，一联公司留存，二联职工留存。

此通知于员工签字之日送达员工本人。

员工签字：

____年____月____日

劳动合同顺延通知书回执

TR公司：

贵公司于____年____月____日签发的劳动合同顺延通知书已收悉，本人同意顺延劳动合同。

员工签字：

____年____月____日

劳动合同顺延通知书（二联）

________先生/女士：

你____年____月____日与TR公司签订的期限为____年的编号为____的劳动合同即将于____年____月____日期满，但你存在下列第____项情形：

1. 患病或者负伤，在规定的医疗期内

2. 在孕期、产期、哺乳期内

3. 患职业病或者因工负伤并经劳动鉴定委员会鉴定为丧失或者部分丧失劳动能力

4. 在TR公司工作满15年，同时距法定退休年龄5年以内

5. 其他

根据有关规定，劳动合同期限顺延至____年____月____日（或____情形消失时）。

如同意顺延，请将一联所附的回执填好，于____年____月____日前将回执交回人力资源部，逾期不交回的视为不同意续延，公司将办理终止劳动合同手续。

特此通知

此通知一式两联，一联公司留存，二联职工留存。

TR公司

____年____月____日

二、实操演练

任务4－9

【背景材料】

刘东于2019年6月与青松公司签订了为期一年的劳动合同，2020年6月30日合同到期。现在公司不打算与刘东续订劳动合同。

【具体任务】

请你帮助公司为刘东办理终止劳动合同的手续，出具相关的文书。

任务4－10

【背景材料】

以“任务2－5”拟订的劳动合同为例，完成如下操作。

【具体任务】

有15人的劳动合同将于一个月后到期，有3人将被终止劳动合同，有10人将续订劳动合同，有2名女职工正处于哺乳期，请你为他们分别办理续订、终止及顺延劳动合同手续。

工作任务八

终止、解除劳动合同经济补偿金的核算

一、业务技能与业务示例

经济补偿金是指按照法律的规定，在法定情况下解除或终止劳动合同时，由用人单位依法支付给劳动者的经济上的补助，其一般以货币形式支付给劳动者，故称“经济补偿金”。

（一）用人单位应当支付经济补偿金的情形

按《劳动合同法》的规定，下列情形用人单位应支付劳动者经济补偿金：

（1）用人单位与劳动者协商一致，并由用人单位提出动议解除劳动合同的。

(2) 用人单位有过错，导致劳动者解除劳动合同的，具体情形是指：用人单位未按照劳动合同约定提供劳动保护或者劳动条件的；未及时足额支付劳动报酬的；未依法为劳动者缴纳社会保险费的；用人单位的规章制度违反法律、法规的规定，损害劳动者权益的；因《劳动合同法》第 26 条第 1 款规定的情形致使劳动合同无效的；法律、行政法规规定劳动者可以解除劳动合同的其他情形。

(3) 用人单位非过失性解除劳动者的劳动合同，有三种情形：劳动者患病或者非因工负伤，在规定的医疗期满后不能从事原工作，也不能从事由用人单位另行安排的工作的；劳动者不能胜任工作，经过培训或者调整工作岗位，仍不能胜任工作的；劳动合同订立时所依据的客观情况发生重大变化，致使劳动合同无法履行，经用人单位与劳动者协商，未能就变更劳动合同内容达成协议的。

(4) 用人单位进行经济性裁员的。

(5) 部分劳动合同终止的情形，包括：劳动合同期满，除用人单位维持或者提高劳动合同约定条件续订劳动合同，劳动者不同意续订的情形外；用人单位被依法宣告破产的；用人单位被吊销营业执照、责令关闭、撤销或者用人单位决定提前解散的。这些情形导致的劳动合同终止，用人单位都要支付劳动者经济补偿金。

(二) 用人单位支付经济补偿金的标准和给付时间

1. 支付标准

经济补偿按劳动者在本单位的工作年限，每满 1 年支付 1 个月工资的标准向劳动者支付。6 个月以上不满 1 年的，按 1 年计算；不满 6 个月的，向劳动者支付半个月工资的经济补偿。

如果用公式表示，可以表示为：经济补偿金总额（J）＝本单位的工作年数（N）×劳动者的工资基数（S），简化为：$J=N\times S$。

2. 支付限制

对于经济补偿金的支付限制，《劳动合同法》较之《劳动法》的重要变化就是一般劳动者不再有 12 个月的上限限制，而对高薪员工的经济补偿标准实施了双封顶限制。根据《劳动合同法》的规定，劳动者月工资高于用人单位所在直辖市、设区的市级人民政府公布的本地区上年度职工月平均工资 3 倍的，向其支付经济补偿的标准按职工月平均工资 3 倍的数额支付，向其支付经济补偿的年限最高不超过 12 年。即，这里的“高薪员工”是指月工资高于用人单位所在直辖市、设区的市级人民政府公布的本地区上年度职工月平均工资 3 倍的劳动者。如北京市 2018 年月平均工资是 10 592 元，那么其 3 倍就是 31 776 元，如果 2019 年解除劳动合同要支付员工经济补偿金的话，凡是月平均工资高于 31 776 元的，就属于《劳动合同法》中规定的高薪劳动者。

双封顶是指：一是计算经济补偿金的基数封顶，对高薪员工支付经济补偿金时，计算基数是上年度职工月平均工资的 3 倍，而不是劳动者的实际工资；二是向其支付经济补偿金的年限封顶，最高不超过 12 年，即使这名职工在这家单位连续工作了 20 年，支付经济补偿金也只支付 12 个月的。

3. 支付时间

《劳动合同法》规定，用人单位依照有关规定应当向劳动者支付经济补偿金的，在办结工作交接时支付。

这里需要注意的是：经济补偿金是在办结工作交接时支付，而不是解除或终止劳动合同时，这里为用人单位提供了一个约束劳动者及时办理工作交接的工具。如劳动者未办理工作交接，则用人单位可以暂不支付经济补偿金。

这里的月平均工资，是指劳动者在劳动合同解除或终止前 12 个月的平均工资。

4. 2008 年 1 月 1 日以前订立的劳动合同，在 2008 年 1 月 1 日以后解除或终止时经济补偿金的分段支付

《劳动合同法》第 97 条规定："本法施行之日存续的劳动合同在本法施行后解除或者终止，依照本法第四十六条规定应当支付经济补偿的，经济补偿年限自本法施行之日起计算；本法施行前按照当时有关规定，用人单位应当向劳动者支付经济补偿的，按照当时有关规定执行。"这条规定就确定了这种情况下经济补偿金的分段计算原则。什么是分段计算呢？解除和终止劳动合同的某些情形，按《劳动法》和《劳动合同法》的规定均要支付经济补偿金，但计算经济补偿金的标准和计算基数不一样。那么，2008 年 1 月 1 日之前的工作年限按照旧法（《劳动法》及相关法规、规章）规定计算经济补偿，2008 年 1 月 1 日之后的工作年限按照《劳动合同法》的规定计算经济补偿，分别计算，再合并相加。如果有些情形，比如终止劳动合同，按《劳动法》的规定是不需要支付经济补偿金的，而按《劳动合同法》的规定是要支付经济补偿金的，经济补偿年限自 2008 年 1 月 1 日起计算。

业务示例 4－19

经济补偿金的核算

2019 年 9 月，BZ 公司由于经营不善，依破产法进入重整期间，依法进行经济性裁员，老张和老王均在被裁之列。老张为 BZ 公司的司机，解除劳动合同前 12 个月的平均工资为 4 300 元，而老王为 BZ 公司的总工程师，解除劳动合同前 12 个月的平均工资为 21 300 元，当地 2018 年的社会平均工资为 6 308 元/月。老王和老张均在 BZ 公司工作了 20 年，现二人均因经济性裁员而被解除劳动合同。请核算一下公司应向二人支付多少经济补偿金？（不考虑分段计算问题）

【解析】

老张的经济补偿金：按《劳动合同法》的规定，经济性裁员应支付劳动者经济补偿金，按劳动者在公司的工作年限，每满 1 年支付相当于 1 个月工资的经济补偿金，支付经济补偿金的基数为劳动者解除劳动合同前 12 个月的平均工资。老张在公司工作 20 年，应支付其相当于 20 个月工资的经济补偿金。老张应得的经济补偿金＝4 300×20＝86 000 元。

老王的经济补偿金：按《劳动合同法》的规定，经济性裁员应支付劳动者经济补偿金，按劳动者在公司的工作年限，每满 1 年支付相当于 1 个月工资的经济补偿金。但是，老王的工资高于当地上一年的社会平均工资 3 倍，那么，支付年限最多是 12 年。支付补偿金的基数为当地社会平均工资的 3 倍，即 18 924 元，而不是 21 300 元。因此，老王最终获得的经济补偿金为＝18 924×12＝227 088 元。

业务示例 4-20

新法与旧法衔接经济补偿金的核算

李某2000年7月1日入职某公司，劳动合同每年一签，2007年7月1日，公司与李某又签订了一年期限的劳动合同，2008年6月30日，劳动合同期满，公司决定不再续订劳动合同。

问题一：2008年6月30日合同终止，公司如何支付经济补偿？

“固定期限劳动合同终止需支付经济补偿”是《劳动合同法》的最新规定，根据法不溯及既往原则，2008年1月1日之前的工作年限不适用该规定，按照之前的规定，合同终止，用人单位可不支付经济补偿金，因此，李某2000年7月1日至2007年12月31日之间的工作年限用人单位不予支付经济补偿金。李某的劳动合同于2008年6月30日期满终止，年限正好6个月，因此根据《劳动合同法》的规定，用人单位需支付一个月工资标准的经济补偿。补偿基数按照李某2007年7月1日至2008年6月30日12个月的月平均工资计算。

问题二：如果2008年5月30日公司因经济性裁员解除劳动合同，该如何支付经济补偿？

公司因经济性裁员解除劳动合同的，按照新法和旧法都应当支付经济补偿，所以，本案中如果李某不要求继续履行劳动合同的，公司应当按照李某2000年7月1日至2007年12月31日的工作年限（正好7年半）支付解除劳动合同的经济补偿金，金额为8个月×月工资（2007年度月平均工资）再加上2008年1月1日以后的经济补偿，即不满半年的，给半个月工资（月工资×0.5）。

二、实操演练

任务 4-11

【背景材料】

小王于2005年6月15日入职深圳某公司，与公司签订了为期五年的劳动合同，至2010年6月14日止，月薪人民币4 000元。2010年6月15日，公司与小王又签订了一个五年期限的劳动合同，合同期限自2010年6月15日至2015年6月14日。2015年6月14日，劳动合同期满，公司决定不再续订劳动合同，终止了与小王的劳动合同。

【具体任务】

1. 2015年6月14日双方劳动合同终止，公司是否需向小王支付经济补偿金？如何支付？

2. 如果2015年4月21日公司以小王不能胜任工作，经培训后还不能胜任工作为由解除了与小王的劳动合同，该如何支付经济补偿？

任务 4－12

【背景材料】

李晓和袁月均为 2011 年 1 月入职 B 公司的员工，李晓的职务为后勤部职员，袁月为公司的销售总监。2019 年 10 月，因公司生产经营发生严重困难，公司决定裁员，李晓和袁月均在被裁之列，已知李晓解除劳动合同前的月平均工资为 8 600 元，袁月的月平均工资为 48 000 元，本市统计局公布的 2018 年的法人单位从业人员平均工资为 10 592 元/月。

【具体任务】

请你为李晓和袁月分别核算经济补偿金。

项目五　劳务派遣与非全日制用工管理

相关知识链接

一、劳务派遣的含义

劳务派遣，也称劳动派遣、人才租赁等。其基本含义是指劳动力派遣机构与派遣员工签订派遣契约，在得到派遣员工同意后，使其在被派企业指挥监督下提供劳动。劳务派遣的最大特点是劳动力雇佣与劳动力使用相分离，派遣劳动者不与被派企业签订劳动合同，发生劳动关系，而是与派遣机构存在劳动关系，但却被派遣至被派企业劳动，形成“有关系没劳动，有劳动没关系”的特殊形态。

劳务派遣有如下特征：一是“雇佣”与“使用”相分离。这是劳务派遣最重要的特征。劳务派遣中存在派遣机构（用人单位）、派遣员工（劳动者）、受派机构（用工单位）三方关系。员工与派遣机构签订劳动合同，但不是为雇主工作，而是为雇主的客户工作。在实际工作中，员工不是受雇主的指挥监督，而是听从受派机构的指挥命令。这与传统雇佣关系有着明显的不同。二是劳务经济活动。即派遣机构以经营劳务派遣业务而获取经营收入。

劳务派遣不同于劳务中介，其根本区别在于劳务派遣组织要与劳动者签订劳动合同，建立劳动关系，而劳务中介组织主要是为单位和劳动者个人提供劳务信息服务，并收取一定的劳务中介费，劳动者与劳务中介组织不存在劳动关系，其相互关系不受《劳动法》的保护。

二、劳务派遣关系中三方的权利与义务

（一）劳务派遣单位的义务

（1）劳务派遣单位应当与被派遣劳动者订立两年以上的固定期限劳动合同，按月支付劳动报酬；被派遣劳动者在无工作期间，劳务派遣单位应当按照所在地人民政府

规定的最低工资标准，向其按月支付报酬。

（2）劳务派遣单位应当将劳务派遣协议的内容告知被派遣劳动者。

（3）劳务派遣单位不得克扣用工单位按照劳务派遣协议支付给被派遣劳动者的劳动报酬。

（4）劳务派遣单位不得向被派遣劳动者收取费用。

（5）劳务派遣单位违反法律规定，给被派遣劳动者造成损害的，与用工单位承担连带赔偿责任。

（二）用工单位的义务

（1）用工单位不得向被派遣劳动者收取费用。

（2）执行国家劳动标准，提供相应的劳动条件和劳动保护。

（3）告知被派遣劳动者的工作要求和劳动报酬。

（4）支付加班费、绩效奖金，提供与工作岗位相关的福利待遇。

（5）对在岗被派遣劳动者进行工作岗位所必需的培训。

（6）连续用工的，实行正常的工资调整机制。

（7）用工单位不得将被派遣劳动者再派遣到其他用人单位。

（三）劳动者的权利

（1）被派遣劳动者享有与用工单位的劳动者同工同酬的权利。用工单位无同类岗位劳动者的，参照用工单位所在地相同或者相近岗位劳动者的劳动报酬确定。

（2）被派遣劳动者有权在劳务派遣单位或者用工单位依法参加或者组织工会，维护自身的合法权益。

（3）被派遣劳动者可以依照《劳动合同法》第 36 条、第 38 条的规定与劳务派遣单位解除劳动合同。

（四）用工单位对劳务人员的退回权和派遣单位的劳动合同解除权

被派遣劳动者有《劳动合同法》第 39 条和第 40 条第 1 项、第 2 项规定情形的，用工单位可以将劳动者退回劳务派遣单位，劳务派遣单位依照该法有关规定，可以与劳动者解除劳动合同。第 39 条前已述及，是指劳动者有过失单位可以解除劳动合同的情形，第 40 条第 1 项和第 2 项是指劳动者患病或非因工负伤医疗期满后不能从事原工作和单位另行安排的工作而被解除劳动合同、劳动者不能胜任工作而被用人单位解除劳动合同的情形。

这里要注意，当被派遣的劳动者有相应的情形时，用工单位只能将其退回劳务派遣单位，而不能与其解除劳动合同，可以由劳务派遣单位与其解除劳动合同。

三、非全日制用工

（一）非全日制用工的概念

非全日制用工是指以小时计酬为主，劳动者在同一用人单位一般平均每日工作时间不超过 4 小时，每周工作时间累计不超过 24 小时的用工形式。非全日制用工是一类特殊的用工形式。在非全日制用工中，用人单位和劳动者之间形成的是劳动关系，而不是民事雇佣关系；双方达成的协议是劳动合同，而不是民事合同。

（二）非全日制用工与全日制用工的区别

非全日制用工是一种灵活的用工形式，与全日制用工的区别主要有以下几个方面：

（1）在同一单位的工作时间不同。标准的全日制用工实行每天工作不超过 8 小时，每周不超过 40 小时的标准工时的工时制度。非全日制用工的工作时间一般平均为每天 4 小时，每周工作时间累计不超过 24 小时。非全日制用工在 24 小时的总的工作时间内，具体工作安排由用人单位自主决定，可以每天工作 8 小时，每周工作 3 天，也可以每天工作 4 小时，每周工作 6 天，还可以是其他的工作方式，体现了其灵活就业的特点。对于用人单位安排劳动者工作超过工时限制及加班问题如何处理，《劳动合同法》没有明确规定，但从目前的一些地方性规定看，对于超过工时限制的，视为全日制用工。如《北京市劳动和社会保障局关于北京市非全日制就业管理若干问题的通知》规定："劳动者在同一用人单位每日工作时间超过 4 小时的视为全日制从业人员。"

（2）非全日制用工可以订立口头协议。全日制用工，按照《劳动合同法》的规定，用人单位与劳动者应当订立书面劳动合同。非全日制用工，依照《劳动合同法》的规定，用人单位与劳动者可不以书面形式订立劳动合同，职工的劳动权利以及用人单位对职工的要求，可以口头约定。

（3）非全日制用工的劳动关系可以随时终止且无须支付经济补偿金。按照《劳动合同法》的规定，全日制用工，劳动合同终止或解除的，除一些特别情况外，用人单位须向劳动者支付经济补偿金，而非全日制用工对此则没有明确的规定。

（4）非全日制用工一般只缴纳工伤保险。按目前有关法律法规的规定，全日制用工的用人单位必须缴纳各项社会保险费用。但是，作为非全日制用工，用人单位必须为其缴纳工伤保险，除工伤保险外的社会保险费，用人单位则不是必须为劳动者缴纳的。

（5）非全日制用工以小时计酬为主，结算支付周期最长不超过 15 日。按照《劳动法》和《劳动合同法》的规定，全日制用工应当按月以货币形式定时向劳动者支付工资。非全日制用工，用人单位也必须以货币形式向劳动者定时支付工资，但是，支付工资的周期比全日制用工短，即每半个月至少支付一次，而且以小时计酬为主。

工作任务一

劳务派遣用工管理

一、业务技能与业务示例

（一）使用劳务派遣工的岗位选择及用工比例

在实践中，用工单位使用劳务派遣工的岗位选择应遵循"三性"原则，即临时性、辅助性和可替代性。不得在长年稳定需求的工作岗位使用劳务派遣工，用工单位也不得实施“逆向派遣”。所谓逆向派遣，是指与本单位部分或大部分劳动者解除劳动合同后，让这些解除劳动合同的劳动者再与本单位指定的某一劳务派遣机构重新订立劳动合同，然后由该派遣机构将这些劳动者再派回本单位继续工作。《劳动合同法》第66条明确规定：“劳动合同用工是我国的企业基本用工形式。劳务派遣用工是补充形式，只能在临时性、辅助性或者替代性的工作岗位上实施。前款规定的临时性工作岗位是指存续时间不超过六个月的岗位；辅助性工作岗位是指为主营业务岗位提供服务的非主营业务岗位；替代性工作岗位是指用工单位的劳动者因脱产学习、休假等原因无法工作的一定期间内，可以由其他劳动者替代工作的岗位。”用工单位决定使用被派遣劳动者的辅助性岗位，应当经职工代表大会或者全体职工讨论，提出方案和意见，与工会或者职工代表平等协商确定，并在用工单位内公示。

用工单位应当严格控制劳务派遣用工数量，使用的被派遣劳动者数量不得超过其用工总量的10%。这里所称用工总量，是指用工单位订立劳动合同人数与使用的被派遣劳动者人数之和。计算劳务派遣用工比例的用工单位是指依照《劳动合同法》和《劳动合同法实施条例》可以与劳动者订立劳动合同的用人单位。

（二）用工单位使用劳务派遣工的注意事项

用工单位使用劳务派遣工时，应注意如下事项：

（1）注意审查劳务派遣公司的合法资格及《劳动法》的执行情况，因为按照《劳动合同法》的规定，派遣单位违反法律规定侵犯劳动者合法权益的，用工单位要承担连带责任。

（2）查验劳务派遣公司与劳动者的劳动合同，确保劳动者已经与派遣公司建立了劳动关系。

（3）要查验劳务派遣单位对于劳动者的工资发放、社会保险的缴纳情况，以避免将来承担连带责任。

（4）在派遣员工的招聘、劳动合同的解除、对派遣员工的处理等方面尽量不要以用工单位的名义，而要以派遣单位的名义，避免与劳动者形成事实劳动关系。

（5）向被派遣劳动者公示劳务派遣协议和本单位与被派遣劳动者相关的合法的规章制度。特别是在劳务派遣协议中要规定，如果两个单位的规章制度规定不一致时，劳动者适用哪个单位的规章制度。

业务示例5-1

劳务派遣关系中的派遣单位和用工单位的分工

劳务派遣关系中的派遣单位和用工单位的分工。具体见表5-1。

表5-1　派遣单位和用工单位的分工一览表

项目	派遣单位（用人单位）	受派遣单位（用工单位）
员工的招聘	发布消息、组织招聘	协助招聘
录用、调配和辞退	办理录用、辞退手续，负责调配富余员工	决定录用
劳动合同	签订合同	

续表

项目	派遣单位（用人单位）	受派遣单位（用工单位）
考勤、考核	协助和执行考勤、考核结果	负责考勤、考核
奖惩	落实奖惩	负责奖惩
福利待遇	负责发放或落实	负责福利待遇
劳动纪律	负责执行	负责规定、检查
劳动保护	协助监督员工执行	负责制定和执行
培训	公共培训、转岗培训	岗位技能培训
薪金	负责发放	承担费用
社会保险	负责缴纳	承担费用
暂住证	负责办理	
党组织关系	负责管理	
日常管理	劳动人事管理	生产管理

（三）劳务派遣关系中劳动合同的签订及特殊性

按照《劳动合同法》的规定，劳务派遣单位与劳动者签订劳动合同，劳务派遣单位与劳动者订立的劳动合同，除应当载明《劳动合同法》第17条规定的必备条款外，还应当载明被派遣劳动者的用工单位以及派遣期限、工作岗位等情况。还要注意，劳务派遣关系中的劳动合同，应至少签两年，并按月支付劳动报酬。被派遣劳动者在无工作期间，劳务派遣单位应当按照所在地人民政府规定的最低工资标准，按月向其支付报酬。

业务示例 5-2

劳务派遣工的劳动合同示范文本

2019年11月25日，人力资源和社会保障部发布了《劳动合同（劳务派遣）》示范文本，供劳务派遣单位和劳动者签订劳动合同时参考。以下是人力资源和社会保障部发布的《劳动合同（劳务派遣）》示范文本。

劳动合同

（劳务派遣）

甲方（劳务派遣单位）：________________

乙方（劳 动 者）：____________________

签 订 日 期：________年____月____日

甲方（劳务派遣单位）：
统一社会信用代码：
劳务派遣许可证编号：
法定代表人（主要负责人）或委托代理人：
注册地：
经营地：
联系电话：

乙方（劳动者）：
居民身份证号码：
（或其他有效证件名称：　　　　　证件号：　　　　　　　）
户籍地址：
经常居住地（通信地址）：
联系电话：

根据《中华人民共和国劳动法》《中华人民共和国劳动合同法》等法律法规政策规定，甲乙双方遵循合法、公平、平等自愿、协商一致、诚实信用的原则订立本合同。

一、劳动合同期限

第一条　甲乙双方约定按下列第____种方式确定劳动合同期限：

1. 二年以上固定期限合同：自____年____月____日起至____年____月____日止。其中，试用期从用工之日起至____年____月____日止。

2. 无固定期限的劳动合同：自____年____月____日起至依法解除或终止劳动合同止。其中，试用期从用工之日起至____年____月____日止。

试用期至多约定一次。

二、工作内容和工作地点

第二条　乙方同意由甲方派遣到________（用工单位名称）工作，用工单位注册地________，用工单位法定代表人或主要负责人________。派遣期限为________，从____年____月____日起至____年____月____日止。乙方的工作地点为____________。

第三条　乙方同意在用工单位____________岗位工作，属于临时性/辅助性/替代性工作岗位，岗位职责为____。

第四条　乙方同意服从甲方和用工单位的管理，遵守甲方和用工单位依法制定的劳动规章制度，按照用工单位安排的工作内容及要求履行劳动义务，按时完成规定的工作数量，达到相应的质量要求。

三、工作时间和休息休假

第五条　乙方同意根据用工单位工作岗位执行下列第____种工时制度：

1. 标准工时工作制，每日工作时间不超过 8 小时，平均每周工作时间不超过 40

小时，每周至少休息1天。

2. 依法实行以____为周期的综合计算工时工作制。

3. 依法实行不定时工作制。

第六条　甲方应当要求用工单位严格遵守关于工作时间的法律规定，保证乙方的休息权利与身心健康，确因工作需要安排乙方加班加点的，经依法协商后可以延长工作时间，并依法安排乙方补休或支付加班工资。

第七条　乙方依法享有法定节假日、带薪年休假、婚丧假、产假等假期。

四、劳动报酬和福利待遇

第八条　经甲方与用工单位商定，甲方采用以下第____种方式向乙方以货币形式支付工资，于每月____日前足额支付：

1. 月工资________元。

2. 计件工资。计件单价为____________________。

3. 基本工资和绩效工资相结合的工资分配办法，乙方月基本工资________元，绩效工资计发办法为____。

4. 约定的其他方式____。

第九条　乙方在试用期期间的工资计发标准为________或________元。

第十条　甲方不得克扣用工单位按照劳务派遣协议支付给被派遣劳动者的劳动报酬。乙方从甲方获得的工资依法承担的个人所得税由甲方从其工资中代扣代缴。

第十一条　甲方未能安排乙方工作或者被用工单位退回期间，甲方应按照不低于甲方所在地最低工资标准按月向乙方支付报酬。

第十二条　甲方应当要求用工单位对乙方实行与用工单位同类岗位的劳动者相同的劳动报酬分配办法，向乙方提供与工作岗位相关的福利待遇。用工单位无同类岗位劳动者的，参照用工单位所在地相同或者相近岗位劳动者的劳动报酬确定。

第十三条　甲方应当要求用工单位合理确定乙方的劳动定额。用工单位连续用工的，甲方应当要求用工单位对乙方实行正常的工资调整机制。

五、社会保险

第十四条　甲乙双方依法在用工单位所在地参加社会保险。甲方应当按月将缴纳社会保险费的情况告知乙方，并为乙方依法享受社会保险待遇提供帮助。

第十五条　如乙方发生工伤事故，甲方应当会同用工单位及时救治，并在规定时间内，向人力资源社会保障行政部门提出工伤认定申请，为乙方依法办理劳动能力鉴定，并为其享受工伤待遇履行必要的义务。甲方未按规定提出工伤认定申请的，乙方或者其近亲属、工会组织在事故伤害发生之日或者乙方被诊断、鉴定为职业病之日起1年内，可以直接向甲方所在地人力资源社会保障行政部门提请工伤认定申请。

六、职业培训和劳动保护

第十六条　甲方应当为乙方提供必需的职业能力培训，在乙方劳务派遣期间，督促用工单位对乙方进行工作岗位所必需的培训。乙方应主动学习，积极参加甲方和用工单位组织的培训，提高职业技能。

第十七条　甲方应当为乙方提供符合国家规定的劳动安全卫生条件和必要的劳动保护用品，落实国家有关女职工、未成年工的特殊保护规定，并在乙方劳务派遣期间督促用工单位执行国家劳动标准，提供相应的劳动条件和劳动保护。

第十八条　甲方如派遣乙方到可能产生职业危害的岗位，应当事先告知乙方。甲方应督促用工单位依法告知乙方工作过程中可能产生的职业病危害及其后果，对乙方进行劳动安全卫生教育和培训，提供必要的职业危害防护措施和待遇，预防劳动过程中的事故，减少职业危害，为劳动者建立职业健康监护档案，在乙方上岗前、派遣期间、离岗时对乙方进行职业健康检查。

第十九条　乙方应当严格遵守安全操作规程，不违章作业。乙方对用工单位管理人员违章指挥、强令冒险作业，有权拒绝执行。

七、劳动合同的变更、解除和终止

第二十条　甲乙双方应当依法变更劳动合同，并采取书面形式。

第二十一条　因乙方派遣期满或出现其他法定情形被用工单位退回甲方的，甲方可以对其重新派遣，对符合法律法规规定情形的，甲方可以依法与乙方解除劳动合同。乙方同意重新派遣的，双方应当协商派遣单位、派遣期限、工作地点、工作岗位、工作时间和劳动报酬等内容，并以书面形式变更合同相关内容；乙方不同意重新派遣的，依照法律法规有关规定执行。

第二十二条　甲乙双方解除或终止本合同，应当按照法律法规规定执行。甲方应在解除或者终止本合同时，为乙方出具解除或者终止劳动合同的证明，并在十五日内为乙方办理档案和社会保险关系转移手续。

第二十三条　甲乙双方解除终止本合同的，乙方应当配合甲方办理工作交接手续。甲方依法应向乙方支付经济补偿的，在办结工作交接时支付。

八、劳动争议处理

第二十四条　甲乙双方因本合同发生劳动争议时，可以按照法律法规的规定，进行协商、申请调解或仲裁。对仲裁裁决不服的，可以依法向有管辖权的人民法院提起诉讼。

第二十五条　用工单位给乙方造成损害的，甲方和用工单位承担连带赔偿责任。

九、其他

第二十六条　本合同中记载的乙方联系电话、通信地址为劳动合同期内通知相关事项和送达书面文书的联系方式、送达地址。如发生变化，乙方应当及时告知甲方。

第二十七条　双方确认：均已详细阅读并理解本合同内容，清楚各自的权利、义务。本合同未尽事宜，按照有关法律法规和政策规定执行。

第二十八条　本劳动合同一式（ ）份，双方至少各执一份，自签字（盖章）之日起生效，双方应严格遵照执行。

甲方（盖章）　　　　　　　　　　乙方（签字）

法定代表人（主要负责人）

或委托代理人（签字或盖章）

年　月　日　　　　　　　　　　年　月　日

（四）劳务派遣协议的签订

1. 劳务派遣协议的内容

劳务派遣单位与用工单位之间的关系为民事法律关系，签订的劳务派遣协议受民法的调整。在实践中，双方利益能否得到最大的保护，法律风险是否能降低到最小化，很大程度上取决于劳务派遣协议的制作水平，因此，无论是派遣单位还是用工单位，都应该高度重视劳务派遣协议的制作，按照《劳动合同法》的规定，用人单位和派遣单位应当签订劳务派遣协议，派遣协议应当约定派遣岗位和人员数量、派遣期限、劳动报酬和社会保险费的数额与支付方式以及违反协议的责任。人力资源和社会保障部发布的《劳务派遣暂行规定》第 7 条规定："劳务派遣协议应当载明下列内容：（一）派遣的工作岗位名称和岗位性质；（二）工作地点；（三）派遣人员数量和派遣期限；（四）按照同工同酬原则确定的劳动报酬数额和支付方式；（五）社会保险费的数额和支付方式；（六）工作时间和休息休假事项；（七）被派遣劳动者工伤、生育或者患病期间的相关待遇；（八）劳动安全卫生以及培训事项；（九）经济补偿等费用；（十）劳务派遣协议期限；（十一）劳务派遣服务费的支付方式和标准；（十二）违反劳务派遣协议的责任；（十三）法律、法规、规章规定应当纳入劳务派遣协议的其他事项。"因此，签订劳务派遣协议时，这些条款必须齐备。

2. 签订劳务派遣协议需注意的问题

签订劳务派遣协议时用工单位应注意，除了《劳动合同法》规定的这些条款外，为避免纠纷，双方在劳务派遣协议中还应就如下事项作出规定：

（1）工伤责任如何承担。虽然派遣单位已经为劳动者上了工伤保险，但在工伤保险机构承担的责任之外，单位还要承担一定的责任，因此，派遣单位和用工单位应将单位所承担责任的分担问题在合同中注明。

（2）约定用工单位退回劳务人员、两个单位处理职工的程序和流程等。因为处在劳务派遣关系中的劳动者，客观地说受两个单位的管理和指挥，因此，在劳动合同的解除、员工的处理等方面都有别于一般的员工，所以应在派遣协议中作出约定。特别是要明确用工单位将劳动者退回派遣单位的程序及条件。按照《劳动合同法》的相关规定，如果被派遣的劳动者符合一定的条件，用工单位是可以将其退回到派遣单位的，派遣单位可以与劳动者解除劳动合同。但是，派遣单位要解除劳动合同，要有时间的限制和程序的规定，所以，当用工单位将劳动者退回派遣单位时，也要规定相关流程和时限，以便于双方的操作。

（3）约定被派遣的劳务人员给用工单位造成损失时用工单位的追偿渠道、是否通过派遣单位追究等。

（4）被派遣的劳务人员在哪个单位参加工会等组织。因为按照《劳动合同法》的规定，被派遣劳动者有权在劳务派遣单位或者用工单位依法参加或组织工会。为了便于组织和管理，双方可以在劳务派遣协议中作出约定。

业务示例 5-3

劳务派遣协议

甲方（劳务派遣单位）____________

法定代表人____________

地址____________

开户行____________

乙方（实际用工单位）____________

法定代表人____________

地址____________

开户行____________

乙方因生产（工作）需要，根据《中华人民共和国劳动法》和《中华人民共和国劳动合同法》等有关劳动保障法律法规，委托甲方提供劳务派遣，现甲乙双方协商一致，订立如下协议：

第一条　劳务派遣合同期限

甲方按照乙方要求从____年____月____日起派遣____名劳务人员到乙方工作，乙方安排劳务人员的具体工作，并向甲方支付劳务费用。

派遣期至____年____月____日止，试用期____个月。

第二条　劳务人员的招录与变更

1. 乙方要求甲方派遣的劳动者必须符合以下条件：

（1）____

（2）____

（3）____

2. 甲方负责按照上述条件组织招录劳务人员，也可由乙方进行推荐，按照择优的原则确定派遣劳务人员。派遣的劳务人员一经确定，甲乙双方应拟订劳务派遣人员清单，并签字、盖章，作为本合同的附件。甲乙双方按照本合同约定对被派遣的劳务人员进行变更的，要相应修改劳务派遣人员清单，并须经双方签字、盖章认可。

3. 劳务人员有以下情形之一的，乙方可将劳务人员退回甲方，乙方退回被派遣劳动者应提前____日通知甲方，并有权要求甲方在____日内重新派遣符合条件的劳务人员：

（1）在试用期内不能胜任工作岗位要求。

（2）不服从乙方工作安排的。

（3）严重违反乙方劳动纪律、规章制度和工作定额任务管理的。

（4）工作失职，给乙方造成严重经济损失的。

（5）派遣期未满，被派遣劳务人员提出停止派遣或擅自离岗的。

(6) 同时与其他单位建立劳动关系，经乙方或甲方提出拒不改正的。

(7) 被依法追究刑事责任的。

(8) 患病或非因工负伤，医疗期满后不能从事原工作也不能从事由乙方另行安排的工作的。

(9) 不能胜任工作，经培训或调岗后仍不能胜任工作的。

(10) 乙方有《中华人民共和国劳动合同法》第40条第3项、第41条规定情形的。

(11) 乙方被依法宣告破产、吊销营业执照、责令关闭、撤销、决定提前解散或者经营期限届满不再继续经营的。

(12) 劳务派遣协议期满终止的。

因乙方退回劳务人员造成劳动合同终止或解除而引发的国家法律规定的经济补偿金由乙方承担。

第三条　劳务费用结算

1. 乙方向甲方支付的劳务费用：

(1) 应由甲方支付给劳务人员的基本工资；乙方应支付但由甲方代发的加班费、超时津贴、绩效奖金。

(2) 劳务人员的社会保险费用中依法应由用人单位承担的费用（以下简称“社会保险费用”)。

(3) 劳务派遣管理服务费用。

(4) 其他按照法律法规规定应当由乙方负担的费用。

2. 劳务费用各项标准：

(1) 劳务人员的基本工资具体标准由乙方按照实际需求和国家以及北京市的相关规定确定。甲方应按照乙方规定的具体标准及时向劳务人员支付劳动报酬。

(2) 劳务人员的加班费、绩效奖金等其他劳动报酬（以下简称“其他劳动报酬”）以由乙方提供的加盖公章的清单为准，由甲方向劳务人员支付。

(3) 劳务人员的社保费用根据相关法律规定确定后，乙方按月将用人单位应承担的社保费用拨付乙方，乙方应当及时为劳务人员缴纳社保费用和办理社会保险手续。

(4) 劳务派遣管理服务费用标准为____元/人/月。当月实际使用的劳务人员数以双方签字、盖章的《委托管理劳务人员明细表》的人数为准。

(5) 其他费用按照国家及北京市的相关规定执行。

3. 结算时间和方式：

乙方每月____日前将上述费用以银行转账方式一次性支付到甲方账户，并提供各项费用结算清单。

乙方支付给甲方的劳务费及相关费用，甲方必须开具正式劳务费发票。

第四条　甲方的责任、权利和义务

1. 甲方输出给乙方的劳务人员为甲方员工，由甲方与劳务人员签订劳动合同，发放工资，并办理各项社会保险。

2. 甲方每月____日前发放劳务派遣人员工资、缴纳社会保险费（个人承担部分从工资中代扣）。

3. 劳务派遣人员的工伤、生育事宜，由甲方负责向劳动保障部门申报。

4. 乙方依据本协议退回甲方的人员由甲方办理相关手续。

5. 甲方可以采取多种形式了解乙方使用劳务派遣人员的情况，乙方应予以配合；甲方应配合乙方做好劳务派遣人员的管理工作，协助乙方教育劳务派遣人员遵守国家法律、法规和乙方依法制定的规章制度。

6. 乙方如有违反本合同、拖欠各类应付资金以及违反劳动政策法规损害劳务派遣人员合法权益行为的，甲方可依法向乙方交涉，要求乙方继续履行义务并按实际损失的情况向乙方索赔。

第五条　乙方的责任、权利和义务

1. 乙方使用劳务派遣人员必须与其签订《上岗协议书》，明确劳务内容、要求和工资（劳务费用）标准、单位规章制度等。

2. 乙方应当履行下列义务：

（1）执行国家劳动标准，提供相应的劳动条件和劳动保护。

（2）告知被派遣劳动者的工作要求和劳动报酬。

（3）支付加班费、绩效奖金，提供与工作岗位相关的福利待遇。

（4）对在岗被派遣劳动者进行工作岗位所必需的培训，培训费用由乙方承担。

（5）连续用工的，实行正常的工资调整机制。

（6）乙方需按本合同规定及时足额向甲方支付劳务费用，不得拖欠。

3. 乙方有权按照规章制度对劳务派遣人员进行考核奖惩，劳务派遣人员经考核不合格的，终止上岗协议，并退回甲方，对乙方造成损失的，乙方有权要求其赔偿。

4. 乙方违反《中华人民共和国劳动合同法》及本协议规定退回被派遣劳动者导致的解除或者终止劳动合同的法律责任，由乙方承担。甲方违法解除被派遣的劳动者的劳动合同产生的法律责任，由甲方承担。

5. 乙方有权查询甲方发放劳务派遣人员的工资（劳务费）和缴纳社会保险费等情况，发现甲方未依法支付工资或未依法缴纳社会保险费的，乙方可以依法向甲方交涉要求纠正，因此造成乙方损失的，甲方应当给予乙方赔偿。

6. 乙方不得将被派遣劳动者再派遣到其他用人单位，否则，甲方有权解除合同并要求乙方赔偿损失。

第六条　劳务人员工伤事故处理

1. 乙方应遵守有关安全生产和职业病防治的法律法规，预防工伤事故的发生。

2. 劳务派遣人员在乙方工作期间发生工伤，乙方应积极组织抢救、保护现场，并且及时通知甲方。甲方应承担工伤认定申请和劳动能力鉴定申请以及协调工作，乙方应积极配合。工伤认定申请和劳动能力鉴定申请结束后，由乙方按照《工伤保险条例》的有关规定承担用人单位的义务，并按有关规定执行。

3. 因发生工伤而引起的费用，除社会保险机构按政策规定支付外，其他费用均由乙方支付，甲方负责配合办理。

4. 劳务派遣人员发生工伤，在接受治疗的停工留薪期，原工资福利待遇不变，由乙方按月支付。

5. 因工伤事故导致乙方岗位空缺，由甲方在____日内按照乙方岗位要求派遣劳动者。

6. 因劳务人员过错给乙方造成经济损失的，甲方应负责配合协助乙方追缴相关损失和追究其法律责任。

第七条　合同的变更、解除、终止和续订

1. 甲乙双方应共同遵守本合同的各项条款。在合同履行期间，未经对方同意，任何一方不得变更或解除；若一方因国家重大政策改变或不可抗力等因素不能履行合同，应及时通知对方，双方通过协商，对合同进行变更或解除。

2. 本合同期满即终止。合同终止后，甲方仍继续使用被派遣劳务人员，则视为续订同一期限的派遣协议，甲乙双方应当及时补办派遣协议手续。

第八条　规章制度冲突的处理

当甲乙双方关于劳务人员的管理规章制度条款发生冲突或不一致时，按照乙方的规章制度执行。

第九条　劳务人员参加工会的权利

为便于甲乙双方对劳务人员的管理，经征得劳务人员同意，被派遣的劳务人员在派遣单位（甲方）参加和组织工会。

第十条　其他事项

1. 本协议履行过程中，协议有关内容如与国家新颁布的法律、法规和劳动保障政策不一致的，按新的法律、法规、政策执行。

2. 本协议附件与正文具有同等效力，未尽事宜由甲乙双方协商一致后书面约定。

3. 本协议一式两份，甲乙双方各执一份，双方签字盖章后生效。

甲方（盖章）：　　　　　　　　　　乙方（盖章）：

代表人签字：　　　　　　　　　　代表人签字：

年　　月　　日　　　　　　　　　　年　　月　　日

合同附件：

附件 1：双方营业执照复印件、法定代表人身份证复印件等证明资料。

附件 2：劳务派遣人员清单。

附件 3：其他必要资料。

二、实操演练

任务 5-1

【背景材料】

ZD 公司的一批员工正负责某项工程，这批员工是通过劳务派遣的方式使用的，ZD 公司与 LT 劳务派遣公司签订了派遣协议。按照协议规定，ZD 公司在使用这批员工的时候，应该向他们支付的工资和社会保险，都要按月交给 LT 劳务派遣公司，由 LT 劳务派遣公司为这批员工支付工资和缴纳社会保险。这批员工在 ZD 公司工作期间，一名叫李×的员工发生了工伤。

【具体任务】

1. 面对这种情况，ZD 公司该怎么办呢？请为 ZD 公司拿出一种处理方案。

2. 李×需要停工治疗，停工治疗期间的工资由哪一方来承担呢，是用工单位 ZD 公司还是劳务派遣单位 LT 公司？

3. 此背景材料提示用工单位在与劳务派遣单位签订劳务派遣协议时要注意哪些问题？

工作任务二
非全日制用工管理

一、业务技能与业务示例

（一）非全日制用工的劳动合同

由于非全日制用工中的劳动者每天在单位的工作时间较短，双方权利义务相对简单，按《劳动合同法》的规定，可以不订立书面劳动合同，由用人单位和劳动者在协商一致的情形下订立口头协议。但建议用工单位最好与劳动者订立书面劳动合同，这样有利于明确当事人双方的权利义务，避免合同纠纷的产生，有利于劳动合同的履行和纠纷的解决。如订立书面劳动合同的，劳动合同内容由双方协调确定，应当包括工作时间和期限、工作内容、劳动报酬、劳动保护和劳动条件五项必备条款。

至于非全日制用工的劳动合同期限，由于非全日制用工的劳动合同双方都可以随时终止，因此，可以不约定具体的合同终止日期，只写生效日期即可。

在非全日制用工的劳动合同中，劳动报酬的约定不得低于当地政府发布的非全日制用工小时计酬标准，其劳动报酬结算支付周期最长不得超过 15 日。

（二）非全日制用工管理应注意的问题

对非全日制用工，在管理时应注意以下几点：

（1）劳动合同的形式。按照《劳动合同法》的规定，非全日制用工可以订立口头协议，但为防止纠纷发生，建议用人单位使用非全日制用工也签订书面劳动合同。

（2）劳动合同的试用期。一定要注意，非全日制用工的劳动合同不得约定试用期。

（3）劳动报酬的支付周期最长不得超过 15 日。非全日制用工小时计酬标准不得低于用人单位所在地人民政府规定的最低小时工资标准，支付周期最长不得超过 15 日。有些用人单位支付非全日制用工劳动者的工资与全日制用工的劳动者一样，按月支付，这样最后就有可能被认定为全日制用工。

（4）尽量避免非全日制用工的劳动者加班。非全日制用工的劳动者每天工作不得超过 4 个小时，每周不得超过 24 个小时。用人单位应该尽量避免超时，一旦经常超时，员工主张按照全日制用工时，对用人单位来说，麻烦就比较多。

业务示例 5－4

非全日制用工的劳动合同

示范文本

劳 动 合 同 书

（非全日制从业人员使用）

甲　　方：____________________

乙　　方：____________________

签订日期：____年____月____日

北京市劳动和社会保障局监制

根据《中华人民共和国劳动法》《中华人民共和国劳动合同法》和有关法律、法规，甲乙双方经平等自愿、协商一致签订本合同，共同遵守本合同所列条款。

第一条　甲方____________

法定代表人（主要负责人）或委托代理人____________

注册地址______________________

经营地址______________________

第二条　乙方______性别______

户籍类型（非农业、农业）____________

居民身份证号码______________________

或者其他有效证件名称__________证件号码__________

在甲方工作起始时间____年____月____日

家庭住址__________邮政编码__________

在京居住地址________________邮政编码__________

户口所在地______省（市）______区（县）______街道（乡镇）

第三条　本合同于____年____月____日生效。

第四条　乙方同意根据甲方工作需要，担任以下工作：

____

____

____

____。

第五条　乙方的工作时间为：____________________________________

____。

第六条　乙方完成本合同约定的工作内容后，甲方应当以货币形式向乙方支付劳动报酬，劳动报酬标准为每小时______元。甲方向乙方支付劳动报酬的周期不得超过15日。

支付劳动报酬的其他约定：______________________________________

____。

第七条　甲方应当按照北京市工伤保险的规定为乙方缴纳工伤保险费。

第八条　甲方根据生产岗位的需要，按照国家有关劳动安全、卫生的规定对乙方进行安全卫生教育和职业培训，并为乙方提供以下劳动条件：______________

____。

第九条　甲方应当建立、健全职业病防治责任制，加强对职业病防治的管理，提高职业病防治水平。

第十条　甲乙双方可以随时终止劳动合同。

第十一条　甲方违反本合同的约定支付劳动报酬或支付的小时工资低于北京市非全日制从业人员小时最低工资标准的，乙方有权向劳动保障监察部门举报。

第十二条　甲乙双方约定本合同增加以下内容：____________________

____

____。

第十三条　双方因履行本合同发生争议，当事人可以向甲方劳动人事争议调解委员会申请调解；调解不成的，可以向劳动人事争议仲裁委员会申请仲裁。

当事人一方也可以直接向劳动人事争议仲裁委员会申请仲裁。

第十四条　本合同的附件如下：____
____。

第十五条　本合同未尽事宜或与今后国家、北京市有关规定相悖的，按有关规定执行。

第十六条　本合同一式两份，甲乙双方各执一份。

甲方（公 章）　　　　　　　　　　　　乙方（签字或盖章）

法定代表人（主要负责人）或委托代理人

（签字或盖章）

签订日期：____年____月____日

二、实操演练

任务 5-2

【背景材料】

某民办大学 A 共有教职工 349 人，学校的机构设置和人员为：5 个教学系（208 人）、党办（3 人）、招生就业处（8 人）、教务处（8 人）、总务处（75 人，含食堂、绿化、保洁），保卫处（16 人，含保安 12 人）、培训部（6 人）、院办公室（5 人）、学生处（16 人），打字室（4 人）。在原来的法律环境下，所有员工均为全日制用工，随着《劳动合同法》的实施，学校准备调整用工方式，部分岗位将使用劳务派遣工，部分岗位使用非全日制用工。

【具体任务】

1. 请为 A 大学设计一个包含多种用工形式的用工方案《A 大学劳动用工方案》。
2. A 大学打算使用彩虹劳务派遣公司派遣的员工，请为这两家单位拟订一份劳务派遣协议。
3. 为 A 大学拟订一份《A 大学非全日制用工管理办法》。
4. 为 A 大学拟订一份《A 大学非全日制用工劳动合同》。

项目六　企业民主管理

相关知识链接

一、我国工会的性质和职能

（一）我国工会的性质

《中国工会章程》规定，中国工会是中国共产党领导的职工自愿结合的工人阶级群众组织，是党联系职工群众的桥梁和纽带，是国家政权的重要社会支柱，是会员和职工利益的代表。我国《工会法》和《劳动合同法》等法律赋予了工会很多职能和权利，同时也要求工会承担相应的责任和义务，工会在劳动关系中具有重要的地位和作用。

（二）我国工会的职能

1. 参与职能

工会代表和组织职工参与国家和社会事务管理，参与企业、事业单位民主管理，实施民主监督，是工会代表职工权益，依法维护职工利益的重要渠道、途径和形式。在社会主义市场经济体制下，工会履行参与职能更具有迫切性和必要性。

2. 维护职能

维护职工合法权益是工会的基本职责。由于劳动关系主体存在隶属性，劳动者隶属于用人单位，在劳动者和用人单位这对矛盾中劳动者是弱者，是需要保护的对象。劳动者为了取得平衡，应该依法组建工会，加入工会，在工会的组织下为自己的合法权益而进行抗争，这是非常现实而有效的途径之一。工会维护了职工的合法权益，就是维护了党与群众的血肉联系，就是维护了稳定的大局，就是维护了执政党的执政地位和执政基础。

3. 建设职能

在我国，社会的主要矛盾是人民日益增长的物质文化需要同落后的社会生产之间的矛盾。解决这个矛盾的根本出路在于通过改革开放，解放和发展社会生产力。工会代表和维护的职工具体利益的最终实现也在于促进经济的发展和生产力的提高。所以，工会必须从工人阶级的长远利益出发，引导广大职工群众参加建设和改革，努力完成经济和社会发展任务，积极推动社会经济效益和生产力的提高。

4. 教育职能

工会教育职能包括思想政治教育和文化技术教育。在新时期，劳动者已成为独立、自主、自由的劳动者，劳动者要自我决策、自我负责、自我发展。在劳动力市场中，劳动者的地位、利益完全取决于个人的素质，劳动者要在激烈的市场竞争中取胜，要有效地维护自己的合法权益，就必须有较高的素质，这就需要学习，接受教育。因此，工会为了更好地维护职工合法权益，就必须履行好教育这一职能。

二、职工代表大会制度

职工代表大会（或职工大会，下同）是职工行使民主管理权力的机构，是企业民主管理的基本形式。职工代表大会是企业实行企业民主的最基本形式，是员工行使民主管理的机构，它由民主选举的员工代表组成。我国《全民所有制工业企业职工代表大会条例》中规定，企业在实行厂长负责制的同时，必须建立和健全职工代表大会制度和其他民主管理制度，保障与发挥工会组织和职工代表在审议企业重大决策、监督行政领导、维护职工合法权益等方面的权利和作用。职工代表大会制度对保障员工权益，充分发挥员工的积极性和主动性，提高劳动生产率，建立和谐的劳动关系，稳定社会秩序具有重大意义。

职工代表大会制度，是用人单位员工参与民主选举、民主决策、民主管理、民主监督，维护员工权益，协调用人单位内部劳动关系的一项机制。

职工代表大会的工作机构是企业工会，具有审议权、同意或否决权、决定权、监督权、选举权等职权，具体包括：对用人单位的重大决策提出意见和建议；审议并决定用人单位的劳动纪律和规章制度；审议并通过工资调整方案、奖金分配方案以及其他有关职工生活福利的重大事项；评议、监督用人单位领导干部等。

三、厂务公开制度

企业应当建立和实行厂务公开制度，通过职工代表大会和其他形式，将企业生产经营管理的重大事项、涉及职工切身利益的规章制度和经营管理人员廉洁从业相关情况，按照一定程序向职工公开，听取职工意见，接受职工监督。

厂务公开的“厂”，并非专指工厂，而是泛指企业。厂务公开的内容以关系企业发展的重大问题和群众普遍关心的热点问题，以及涉及职工切身利益的问题为重点。除国家法律规定不宜公开和涉及商业、技术机密的问题以外，都要逐项实行公开。

企业主要负责人是实行厂务公开的责任人。企业应当建立相应机构或者确定专人负责厂务公开工作。企业实行厂务公开应当遵循合法、及时、真实、有利于职工权益维护和企业发展的原则。

四、职工董事和职工监事制度

职工董事、职工监事制度，是依照法律规定，通过职工（代表）大会或者其他形式，民主选举一定数量的职工代表进入董事会、监事会，代表职工行使参与企业决策权利、发挥监督作用的制度。董事会、监事会中的职工代表称为职工董事、职工监事。

公司董事会中，应有一名职工董事。监事会中，应有一名职工监事。董事会中职工董事与监事会中职工监事的人数和比例应当在公司章程中作出明确规定。

职工董事、职工监事享有与公司董事、监事同等的权利，承担相应的义务。职工董事、职工监事应当经常或者定期深入到职工中听取意见和建议；在董事会、监事会研究决定公司重大问题时，应当认真履行职责，代表职工行使权利，充分发表意见。职工董事在董事会讨论决定涉及有关工资、奖金、福利、劳动安全卫生、社会保险、变更劳动关系、裁员等涉及职工切身利益的重大问题和事项时，要如实反映职工的合理要求，代表和维护职工的合法权益；在董事会研究确定公司高级管理人员的聘任、解聘时，要如实反映职工（代表）大会民主评议公司管理人员的情况。职工监事要定期监督检查职工各项保险基金、工会经费的提取、缴纳情况和职工工资、劳动保护、社会保险、福利等制度的执行情况；应当参与检查公司对涉及职工切身利益的法律法规和公司规章制度的贯彻执行情况。

工作任务一

企业组建工会

一、业务技能与业务示例

工会各级组织按照民主集中制原则建立，组建工会时应注意以下几点：

（1）在中国境内的企业（事业单位、机关也如此）中以工资收入为主要生活来源的体力劳动者和脑力劳动者，不分民族、种族、性别、职业、宗教信仰、教育程度，都有依法参加和组织工会的权利。任何组织和个人不得阻挠和限制。

（2）企业（事业单位、机关也如此）有会员 25 人以上的，应当建立基层工会委员会；不足 25 人的，可以单独建立基层工会委员会，也可以由两个以上单位的会员联合建立基层工会委员会，也可以选举组织员一人，组织会员开展活动。

（3）基层工会的设立需要上一级工会的批准。

（4）工会委员会由会员或者会员代表大会民主选举产生，非经民主程序，不得罢免。职工 200 人以上的用人单位的工会，可以设专职工会主席。

（5）外籍工作人员不宜担任工会委员会委员。

业务示例 6-1

建立工会组织的程序

【背景资料】

某公司有职工 500 余人，一直没有工会。随着职工法律意识的增强，大家纷纷要求建立自己的维权组织——工会。公司领导也十分重视这个问题，提出要尽快建立工会。但是，如何来建立工会组织，大家有些茫然，提出了一系列的问题：

(1) 组建企业工会是否需要上级工会批准？

(2) 组建工会前要不要先成立一个筹备组？

(3) 筹备组由多少人组成？

(4) 怎样发展工会会员？

(5) 工会委员怎样产生？工会主席怎样产生？

(6) 要不要建立女工委员会？

(7) 怎样召开工会会员（代表）大会？

【解析】

根据《工会法》和《劳动法》的有关规定，建立工会组织的一般法律程序为：

(1) 向上一级工会以书面形式提出建立工会组织以及工会筹备组成员的请示报告。在报告中，应说明以下内容：本单位的基本情况，包括成立日期、性质、职工人数、地址、资金状况、生产经营项目、单位领导班子及主管单位等情况。职工对组建工会的意愿，要召开本单位职工参加的讨论组建工会的座谈会，广泛征求意见。组建工会应征求单位领导班子对本单位组建工会的意见，领导班子应当予以支持。由 3～5 名人员组成工会筹备组，具体负责筹备期间的工作，在工会委员会选举产生前暂时代行工会委员会的职责。

(2) 发展工会会员，建立工会小组。在发展工会会员时，要注意广泛宣传工会组织的性质、作用、任务以及会员的权利、义务，使新会员对工会组织有初步认识。在此基础上，由职工填写《中国工会会员申请表》，经审批后成为工会会员，以及接转工会会员组织关系。在会员发展后，可根据单位会员人数的多少，成立工会小组，民主选举工会小组长。

(3) 选举工会代表和组织酝酿工会委员会和工会经费审查委员会（以下简称"两委"）委员候选人。印发《关于召开工会代表大会的通知》（内容大致包括：党委和上级工会的意见、开会时间、大会任务、规模及代表的构成、条件和分配原则、新一届"两委"的组成、具体工作安排和要求以及本届工会任期等），并附大会代表名额分配表。做好选举工会代表的工作，工会代表要求在各工会小组中分别推选产生，产生的代表人数占会员的比例，各单位根据自己的实际情况和有关规定，分别选择 5%～25%。审查代表选举程序和代表资格，工会"两委"委员的候选人应推选为代表。协商产生工会"两委"委员会候选人。要向上一级工会和主管组织人事部门协商工会正、副主席候选人。"两委"委员候选人名单，经民主推荐，同级党委同意后，工会要以书面形式并附“两委”委员候选人情况简介表报上级工会审批；审查批复后，公布候选人名单。

(4) 召开第一次工会会员（代表）大会，成立工会组织；可邀请董事长、厂长、经理、党组织、团组织等作为特邀代表和上级工会领导参加工会成立大会。大会的任务是：由组建工会筹备组组长报告筹备组组建工会的工作情况。大会选举产生第一届工会委员会和工会经费审查委员会；若选举结果与候选人名单不一致，应以选举结果为准。大会结束后，要及时向同级党委和上级工会书面报告大会选举结果情况。

(5) 建立女工委员会或女工小组，并同时建立劳动保护监督检查委员会、劳动争议调解委员会等。

(6) 办理确认基层工会社会团体法人资格；基层工会具有《中华人民共和国民法典》规定的法人条件的，依法取得社会团体法人资格，其工会主席为法定代表人。

二、实操演练

任务 6-1

【背景资料】

申桥公司是一家出租汽车公司，有职工 100 余人，其中绝大部分是司机。司机们认为，自己整天在外面跑，和同事联系也不紧密，希望成立一个维护其合法权益的组织。为了保证成立的这个组织的合法性，大家选出代表，专门来负责这件事。

代表向民政部门提出申请，希望按照国家有关成立社会团体的规定依法注册登记。民政部门的工作人员指出：“你们的组织实际上是工会性质的，我们民政部门不负责注册登记。”代表称：“我们成立的组织不是工会，我们也并不想成立工会，就想成立一个自己的组织，是社会团体性质的民间组织。我们的目的就是希望通过这个组织和公司进行平等的对话，以保证我们的权益不受侵害，因为组织的力量肯定比我们个人的力量强大。我们这个组织有自己的名称、办公地址和经费支持。”但是民政部门还是拒绝登记。

公司领导知道了这件事情后非常生气，认为职工是要聚众闹事，对职工进行了严厉的批评。

职工对公司的态度也非常愤慨，经过多方了解，职工明白了他们想要成立的组织其实就是工会性质的，于是向公司提出要成立工会。公司领导认为，成立工会是一件十分严肃的事情，需要公司的统一安排而不能擅自成立，并威胁职工，谁要擅自成立非法组织就开除他。

针对公司领导的这种态度，职工决定向法院起诉，维护自己结社的权利。法院并未受理这个案件，理由为：“公民有结社的权利，但是，你们成立工会这个问题确实是严肃的事情，并且没有受到实际的阻挠和危害，即没有任何组织和个人对你们的权利产生事实上的危害。”

【具体任务】谈一谈你对此案的认识，并指出组建合法工会的正确途径。

工作任务二

选举职工代表大会的职工代表

一、业务技能与业务示例

（一）选举职工代表的要求

职工代表大会由职工代表组成，职工代表必须通过民主选举的方式产生。与企业签订劳动合同建立劳动关系以及与企业存在事实劳动关系的职工，有选举和被选举为职工代表大会代表的权利。依法终止或者解除劳动关系的职工代表，其代表资格自行终止。

职工代表人数按照不少于全体职工人数的5%确定，最少不少于30人。职工代表人数超过100人的，超出的代表人数可以由企业与工会协商确定。职工代表大会的代表由工人、技术人员、管理人员、企业领导人员和其他方面的职工组成。其中，企业中层以上管理人员和领导人员一般不得超过职工代表总人数的20%。有女职工和劳务派遣职工的企业，职工代表中应当有适当比例的女职工和劳务派遣职工代表。

职工代表应当以班组、工段、车间、科室等为基本选举单位，由职工直接选举产生。规模较大、管理层次较多的企业的职工代表，可以由下一级职工代表选举产生。

选举、罢免职工代表，应当召开选举单位全体职工会议，会议应有2/3以上职工参加。选举、罢免职工代表的决定，应经全体职工的过半数通过方为有效。职工代表实行常任制，职工代表任期与职工代表大会届期一致，可以连选连任。职工代表出现缺额时，原选举单位应按规定的条件和程序及时补选。

（二）职工代表的选举流程

1. 制定选举方案

选举方案应包括代表的分配意见、选举产生办法等。其中分配意见中应包括单位（部门、区域）代表数、代表的类别安排（综合考虑一线员工、管理与技术人员、性别、民族等多种因素）、有关领导的参与区域选举的安排等。

2. 推荐职工代表候选人

推荐职工代表候选人可以采用组织推荐和自荐相结合的方式。推荐的名额通常应当多于应选名额。推荐的代表候选人既要有代表性，又要有参政议政的能力，还要体现职工的意志。

3. 选举职工代表

选举职工代表作为关键环节，应当严格按照选举方案，坚持公开、公平、公正的原则，既要体现民主，又要把握原则，坚持“自下而上”和“全员参与”，确保程序公正。

4. 职工代表资格审查

职工代表资格审查委员会对代表资格进行审查，主要审查选出的职工代表是否符合条件，选举过程是否严格按照职工代表的选举程序进行等。

（三）选举职工代表的注意事项

1. 对职工民主选举和民主管理权利给予充分尊重

随着基层民主政治建设的发展和人们物质生活水平的提高，人们对精神生活的追求，对基层民主政治生活参与的愿望会越来越强烈。人们对自己的民主权利是否得到应有的尊重，会变得越来越敏感，企业对此应该有足够的重视。

2. 注意各方面的平衡

平衡是各方面健康发展的重要因素，也是社会和谐的基石。落实《全民所有制工业企业职工代表大会条例》的规定，要防止职工代表中领导干部特别是行政领导干部过多，单位的行政领导在职工代表中的比例不能超过代表总数的1/5，主席团中的一线职工、管理和技术人员代表要超过半数。与此同时，还要注意女职工代表、少数民族代表、青年代表、不同岗位代表的比例平衡。

3. 关注冲突身份及多重身份人员的问题

有的职工既是行政领导，又有工程师的职称；有的职工同时是一线职工、青年、女职工、少数民族。后者的问题不大，有些统计是互相独立的。应该规定或者约定的是，既是企业领导又有技术职称的，应该以领导的身份进行统计。

4. 选区的划分

划分选区时，可以以子公司、分公司、分厂、车间为单位进行，也可以以职工人数为基础，把规模小、人数少的单位或部门合并在一起进行。

业务示例 6-2

制定职工代表选举产生办法

【背景资料】

CK公司职工代表大会进行换届，将要选举新的职工代表，需要制定《职工代表选举产生办法》。

【解析】

CK公司职工代表选举产生办法

为充分发扬民主，把具有广泛代表性、综合素质高、参政议政能力强、能积极反映职工群众的意见和要求的职工选为职工代表，特制定本办法。

1. 职工代表的条件

公司在职正式职工，具有两年以上工龄；具有较高的政治思想觉悟、岗位技术业务水平和一定的管理水平；密切联系群众，有参政议政能力，办事公道，能如实反映职工群众的意见和要求，在职工群众中有一定的威信；遵守国家法律法规和各项规章制度，立足岗位做好本职工作。

2. 职工代表的产生

各部门要根据本办法的要求和所分配的代表名额构成比例，具体安排和组织职工代表选举工作。

职工代表候选人数按代表数增加10%左右确定，各部门可以根据具体情况，将候选人名额进一步分配到小组。在此基础上，采用无记名投票方式或举手表决方式推荐本部门职工代表候选人，然后再进行差额选举，最终确定职工代表。

各部门职工代表中要有一线生产人员、技术人员、管理干部、工会专兼职干部。其中一线生产人员的比例不得少于70%。职工代表中要有一定数量的女职工代表和青年职工代表。

3. 代表资格审查

代表资格审查的内容包括：是否享有政治权利；是否按照民主流程选举产生；是否存在不正当的竞选行为等。

附件：CK公司职工代表名额分配表（略）

业务示例6-3

职工代表任职资格的确定

【背景资料】

某企业的职工代表大会代表李某已经达到法定退休年龄，但其担任的职工代表任期并未届满。李某提出，自己不能退休，因为劳动合同应当顺延到职工代表任期届满为止。企业总经理告诉李某，他不能再参加职工代表大会的活动了，并决定由张某接替李某担任职工代表，因为张某刚入职，比较年轻，业务能力强，有干劲，是职工代表的理想人选。此时企业工会主席提出，张某不能担任职工代表，因为他刚入职，还没有加入工会，不是工会会员，自然就没有成为职工代表的资格。

李某提出劳动合同顺延的要求是否能得到法律的支持？企业总经理是否有权决定张某接替李某担任职工代表？企业工会主席认为张某不能担任职工代表的理由是否正确？

【解析】

李某的要求不能得到法律的支持。依法终止劳动关系的劳动者，其职工代表的资格自行终止。企业总经理不能决定职工代表的人选，职工代表应该经过民主选举产生。工会主席的理由不正确，依法与企业建立劳动关系的员工，就有被选举为职工代表的资格，而成为工会会员不是当选为职工代表的必要条件。

二、实操演练

任务 6-2

【背景资料】

CK 公司新一届职工代表在履行代表职责的过程中出现了下列情形：个别代表无故不参加职代会活动，严重失职，需要撤换；个别代表因主动提出解除劳动合同而离职，需要补选；公司新增加了一个部门，需要进行职工代表增补。

【具体任务】

请根据上述不同情形设计 CK 公司职工代表撤换、补选、增补的流程。

工作任务三

召开职工代表大会

一、业务技能与业务示例

（一）职工代表大会的组织制度

职工代表大会每届任期为 3～5 年，具体任期由职工代表大会根据本单位的实际情况确定。职工代表大会因故需要提前或者延期换届的，应当由职工代表大会或者其授权的机构决定。

职工代表大会根据需要，可以设立若干专门委员会（小组），负责办理职工代表大会交办的事项。专门委员会（小组）成员人选必须经职工代表大会审议通过。职工代表按照基层选举单位组成代表团（组），并推选团（组）长。可以设立职工代表大会团（组）长和专门委员会（小组）负责人联席会议，根据职工代表大会授权，在职工代表大会闭会期间负责处理临时需要解决的重要问题，并提请下一次职工代表大会确认。联席会议由企业工会负责召集，联席会议可以根据会议内容邀请企业领导人员或其他有关人员参加。

（二）职工代表大会的工作制度

职工代表大会每年至少召开一次。职工代表大会全体会议必须有 2/3 以上的职工代表出席。职工代表大会议题和议案应当由企业工会听取职工意见后与企业协商确定，并在会议召开 7 日前以书面形式送达职工代表。

职工代表大会可以设主席团主持会议。主席团成员由企业工会与职工代表大会各团（组）协商提出候选人名单，经职工代表大会预备会议表决通过。其中，工人、技术人员、管理人员不少于 50%。职工代表大会选举和表决相关事项，必须按照少数服从多数的原则，经全体职工代表的过半数通过。对重要事项的表决，应当采用无记名投票的方式分项表决。

职工代表大会在其职权范围内依法审议通过的决议和事项具有约束力，非经职工代表大会同意不得变更或撤销。企业应当提请职工代表大会审议、通过、决定的事项须按照法定程序审议、通过或者决定，否则无效。

企业工会委员会是职工代表大会的工作机构，负责职工代表大会的日常工作。

业务示例 6-4

职工代表大会召开流程

【背景资料】

某国有企业将召开职工代表大会，届时将有来自不同岗位的247名职工代表汇聚一堂，共商企业改革发展大计。请拟定职工代表大会正式会议的程序。

【解析】

会议程序示例：

(1) 执行主席核实出席大会的职工代表人数。

(2) 听取企业负责人做工作报告。

(3) 相关负责人做专门议案的报告。

(4) 工会主席及职工代表大会专门小组负责人就上一次职代会会议落实情况、职工代表提案处理情况、集体合同执行情况等内容向大会做报告。

(5) 工会主席就上一次职代会闭会期间，职工代表团（组）长和专门小组负责人联席会议所决定的职工代表大会职权范围内的问题，向大会进行说明，提请大会确认。

(6) 以职工代表团（组）为单位，就以上报告、议案分组进行讨论，同时对大会的各项决议草案和须经大会选举的候选人进行酝酿。大会主席团成员分别参加本代表团（组）的讨论。

(7) 各代表团（组）长向主席团汇报讨论意见。

(8) 大会发言。

(9) 选举。

(10) 讨论通过大会决议。

(11) 大会闭幕。

业务示例 6-5

工会对违反职工代表大会制度的行为进行纠正

【背景资料】

银湖公司近年来经营状况良好。年初，上级主管部门给公司任命了一位新的总经理。这位总经理上任后，对公司进行了大刀阔斧的改革。公司首先推出了新的工资方案，新方案并没有让职工享受到企业效益增长的成果，反而仅仅满足了少数管理者的利益，很多职工对此表示了不满。不久以后，有超过1/3的职工代表共同提议，要求召开临时职工代表大会，讨论新的工资方案。总经理听闻此事，认为："工资分配权是法律赋予用人单位的，职工代表大会根本管不着。"并威胁谁要再提召开职工代表大会，就给予纪律处分。

就在总经理认为此事已经解决时，却收到了工会发来的一份书面文件。该文件指出，总经理的行为违反了职工代表大会制度，同时该文件还义正词严地要求总经理尽快纠正错误行为，从而保障职工依法行使民主管理的权利。

问题：银湖公司总经理的行为是否违反了职工代表大会制度？工会是否有权对该行为进行纠正？

【解析】

首先，总经理的行为违反了职工代表大会制度。虽然国家的法律、法规对职工代表大会的权利作了明确规定，规定了哪些事项应当提交职工代表大会审议，哪些事项应当提交职工代表大会表决，但仍有少数单位的领导无视法律法规的规定，肆意践踏职工的民主权利。本案中，总经理推出的新的工资方案，本应经过职工代表大会的审查同意，但总经理却以用人单位有工资分配权为由，剥夺了职工依法行使民主管理的权利。

其次，工会有权对违反职工代表大会制度的行为进行纠正。《工会法》第19条规定："企业、事业单位违反职工代表大会制度和其他民主管理制度，工会有权要求纠正，保障职工依法行使民主管理的权利。法律、法规规定应当提交职工大会或者职工代表大会审议、通过、决定的事项，企业、事业单位应当依法办理。"这一规定表明，对国有企业违反职工代表大会制度或其他民主管理制度的问题，工会有权提出意见，要求纠正。本案中的工会正是基于上述《工会法》的规定，向总经理发出了要求其尽快纠正违反职工代表大会制度行为的书面文件，很显然，工会的做法是有法律依据的，是十分正确的，起到了工会保障职工依法行使民主管理权利的维权职责。

二、实操演练

任务6-3

【背景资料】

某企业召开职工代表大会，拟选举职工代表120名，这些名额按比例分配到了各职能部门和生产车间。其中，企业总经理所在的部门在选举职工代表时，有人提出，总经理需要在职工代表大会上做企业行政的工作报告，并由职工代表进行审议，因此，总经理无须经过选举，直接可以成为企业职工代表大会的代表。该企业最终确定的120名职工代表中，有40名代表的职务为企业高级管理人员和中层管理人员。该企业召开职工代表大会时，实际到会代表98名。在本次职工代表大会上，主持人宣读了《职工公寓分配方案》的内容，然后请代表们举手表决。与会代表均表示，在职工代表大会上才第一次知悉《职工公寓分配方案》的内容。投票时，有57名职工代表投了赞成票。本次职工代表大会的另一项议程是罢免了一位严重违纪的职工监事。

【具体任务】

(1)“总经理无须经过选举，直接可以成为职工代表大会的代表”这一观点正确吗？请说明理由。

(2) 企业本次职工代表大会的召开有哪些地方不符合法律规定，请具体说明。

(3) 57名职工代表赞成，《职工公寓分配方案》是否获得审议通过？请说明理由。

(4) 罢免职工监事作为职工代表大会议程是否合理？请说明理由。

工作任务四

实施厂务公开

一、业务技能与业务示例

(一) 厂务公开的主要内容

1. 企业重大决策问题

这主要包括企业中长期发展规划，投资和生产经营重大决策方案，企业改革、改制方案，兼并、破产方案，重大技术改造方案，职工裁员、分流、安置方案等重大事项。

2. 企业生产经营管理方面的重要问题

这主要包括年度生产经营目标及完成情况，财务预决算，企业担保，大额资金使用，工程建设项目的招投标，大宗物资采购、供应，产品销售和盈亏情况，承包租赁合同执行情况，企业内部经济责任制落实情况，重要规章制度的制定等。

3. 涉及职工切身利益方面的问题

这主要包括劳动法律法规的执行情况，集体合同、劳动合同的签订和履行，职工提薪晋级、工资奖金分配、奖罚与福利，职工养老、医疗、工伤、失业、生育等社会保障基金缴纳情况，职工招聘，专业技术职称的评聘，评优选先的条件、数量和结果，职工购房、售房的政策，住房公积金管理以及企业公积金和公益金的使用方案，安全生产和劳动保护措施，职工培训计划等。

4. 与企业领导班子建设和党风廉政建设密切相关的问题

这主要包括民主评议企业领导人员情况，企业中层领导人员、重要岗位人员的选聘和任用情况，干部廉洁自律规定执行情况，企业业务招待费使用情况，企业领导人员工资（年薪）、奖金、兼职、补贴、住房、用车、通信工具使用情况，以及出国出境费用支出情况等。

（二）厂务公开的实现形式

厂务公开的主要载体是职工代表大会。企业要按照有关规定，认真落实职代会的各项职权。要通过实行厂务公开，进一步完善职代会民主评议企业领导人员制度，坚持集体合同草案提交职代会讨论通过，企业业务招待费使用情况、企业领导人员廉洁自律情况、集体合同履行情况等企业重要事项向职代会报告制度，国有及国有控股的公司制企业由职代会选举职工董事、职工监事制度等，不断充实和丰富职代会的内容，提高职代会的质量和实效，落实好职工群众的知情权、审议权、通过权、决定权和评议监督权，建立符合现代企业制度要求的民主管理制度。

厂务公开的日常形式还应包括厂务公开栏、厂情发布会、党政工联席会和企业内部信息网络、广播、电视、厂报、墙报等，并可根据实际情况不断创新。同时，在厂务公开后，应注意通过意见箱、接待日、职工座谈会、举报电话等形式，了解职工的反映，不断改进工作。

（三）厂务公开的组织领导

各级党委、政府及有关部门和工会组织要充分认识实行厂务公开的重要意义，切实把这项工作摆上重要议事日程，明确目标，落实责任，有组织、有计划、有步骤地推动厂务公开工作深入、健康发展。各级纪检监察机关要加强对推行厂务公开工作的监督检查，对在厂务公开中暴露出来的违法违纪问题要严肃查处。各级党委组织部门要把推行厂务公开作为企业党建工作的重要内容，将实施情况作为考核企业领导班子和领导人员的重要依据，并与奖惩任免挂钩。各级地方工会要积极主动地承担起推行厂务公开的日常工作，并以此促进企业民主管理和工会工作。

企业实行厂务公开要在企业党委领导下进行。企业行政是实行厂务公开的主体。企业要建立由党委、行政、纪委、工会负责人组成的厂务公开领导小组，负责制定厂务公开的实施意见，审定重大公开事项，指导协调有关部门研究解决实施中的问题，做好督导考核工作，建立责任制和责任追究制度。企业工会是厂务公开领导小组的工作机构，负责日常工作。

企业应成立由纪检、工会有关人员和职工代表组成的监督小组，负责监督检查厂务公开内容是否真实、全面，公开是否及时，程序是否符合规定，职工反映的意见是否得到落实，并组织职工对厂务公开工作进行评议和监督。要制定厂务公开的监督检查办法，形成制约和激励机制。国有、集体及其控股企业以外的其他企业，可依照法律规定，采取与本单位相适应的形式实行厂务公开，推进民主管理工作。

业务示例 6－6

制定厂务公开执行明细表

TY 公司为推进职工民主管理工作，特制定《TY 公司厂务公开实施办法》，规定厂务公开的内容、形式和范围，并将具体事项制作成《厂务公开执行明细表》（部分内容见表6-1）。

表6-1 TY公司厂务公开执行明细表（节选）

序号	类别	厂务公开内容	公开形式	公开范围
1	经营管理和改革发展	年度经营目标、中长期发展规划、生产经营重大决策方案、承包租赁合同执行情况	列入职代会行政工作报告内容，经营重大决策方案及时交职代会审议	职代会和全体职工
2	经营管理和改革发展	财务预决算	列入职代会财务工作报告内容	职代会
3	经营管理和改革发展	改制方案；资产重组、兼并方案；职工裁员分流安置方案	方案交职代会审议，形成决策后的文件交由地方媒体公布	全体职工
4	经营管理和改革发展	集体合同履行情况	列入职代会工会工作报告内容	职代会
5	职工切身利益	提升晋级、奖金分配方案，补偿养老保险方案	方案交职代会审议，通过后在厂务公开栏公布	职代会和全体职工
6	职工切身利益	专业技术职称、工人技师评聘情况	在厂务公开栏公布	全体职工
7	党风廉政建设	职代会民主评议领导干部情况	由职代会民主评议干部委员会提交评议结果	职代会

二、实操演练

任务6-4

【背景资料】

江城第一焦化厂把厂务公开纳入依靠职工办企业的体制机制中，不少企业干部实现了从“要我公开”到“我要公开”的思想转变，积极参与和支持厂务公开。针对企业面临重组、职工情绪不稳定的状况，企业及时开展了“企业要发展，我们怎么办”的大讨论。在实现部门事务公开的同时，进一步落实班组事务公开。

【具体任务】

针对上述企业实施厂务公开的具体措施，设计一个考核方案，对其厂务公开质量进行考评。

工作任务五

选举职工董事和职工监事

一、业务技能与业务示例

（一）担任职工董事和职工监事的条件

职工董事和职工监事应当来源于本公司职工，具有较好的群众基础，能够代表和反映职工的意见和要求，遵守法律、行政法规和公司章程；熟悉公司经营管理情况，具有相关知识和工作经验，具有较强的协调沟通、参与经营决策和财务监督的能力。另外，公司高级管理人员、《公司法》中规定的不能担任或兼任董事、监事的人员，不得担任职工董事、职工监事。工会主席可以参加职工董事和职工监事的选举。

（二）职工董事和职工监事的选举、补选和罢免程序

职工董事、职工监事的候选人应当由公司工会提名，公司党支部审核确定。职工董事、职工监事必须依照《公司法》的规定，由本公司职工代表大会以无记名投票方式，获得应当参加会议人员的过半数同意选举产生。职工董事、职工监事选举产生后，应当报上级工会、有关部门和机构备案。

职工董事、职工监事因辞职等原因出缺应当及时进行补选，从出缺至完成补选的时间不得超过 3 个月。在新补选职工董事、职工监事就任前，若情况允许，原职工董事、职工监事仍应当依照法律、法规和公司章程的规定，履行其职务。

职工董事、职工监事不履行职责或者有严重过错的，经 1/3 以上的职工（代表）提议，可以依法通过职工（代表）大会或者其他形式进行罢免。职工董事、职工监事的补选和罢免要经应当参加会议人员的过半数通过。

（三）职工董事、职工监事任期

职工董事、职工监事的任期与公司其他董事和监事的任期相同，任期届满，连选可以连任。职工董事、职工监事在任期内调离公司的或者其他原因长期不在岗的，其任职资格自行终止。

业务示例 6-7

职工董事和职工监事选举办法

【背景资料】

JS 公司根据《公司法》和《JS 公司章程》，拟选举职工董事一名和职工监事一名，请制定相应的选举办法。

【解析】

JS公司职工董事和职工监事选举办法

(1) 职工董事、职工监事的候选人由公司工会提名，公司党委审核，并报上级工会。职工董事、职工监事候选人中应当有公司工会负责人。

(2) 职工董事、职工监事由本公司职工代表大会以无记名投票、等额选举方式产生。参加选举的职工代表必须超过应到会职工代表人数的2/3，方可进行选举。候选人必须获得全体会议代表过半数选票方可当选。

(3) 对选票上的候选人，投票人可以表示同意、不同意或者弃权。同意的画√，不同意的画×，不划任何符号的视为弃权。每张选票只能有一个画票符号，符号辨认不清、多划的为废票。收回的选票等于或少于发出的选票，选举有效；收回的选票多于发出的选票，选举无效，应重新进行选举。

(4) 职工董事、职工监事选举为人工计票，设总监票人1名，监票人2名，计票人4名，负责选举的监督和选票统计工作。会场设票箱一个，投票结束后当场打开票箱进行验票，并由总监票人将实际投票张数报告大会主席团，由会议主持人宣布选举是否有效，

(5) 确定选举有效后，由计票人进行统计。计票完毕，总监票人向大会主席团报告选举结果。

二、实操演练

任务6-5

【背景资料】

JS公司经职工代表大会选举出的职工董事和职工监事，将与公司股东大会选举产生的其他董事、监事共同组成公司董事会和监事会，任期3年。

【具体任务】

为了使职工董事、职工监事规范有效地开展工作，请设计职工董事、职工监事工作制度。

项目七　集体协商与集体合同管理

相关知识链接

一、集体协商概述

（一）集体协商的概念

集体协商在很多市场经济国家被称为集体谈判或劳资谈判。1981 年，国际劳工组织颁布的《关于集体谈判的公约》（154 号）对集体谈判进行了总括性的解释和界定。根据该公约，集体谈判是指适用于一名雇主或多名雇主、一个或多个雇主组织为一方，同一个或数个工人组织为一方，就以下目的所进行的所有谈判：确定就业条件；调整雇主与工人之间的关系；调整雇主组织与工人组织之间的关系。

在我国，为了减轻集体谈判语义中所包含的强烈对抗性，把集体谈判称为集体协商。集体协商是指职工一方的代表与企业方面的代表，就签订集体合同或专项集体合同或其他劳动关系的事项，依法进行商谈的行为。目前，集体协商可分为用人单位层级集体协商、行业性集体协商和区域性集体协商三种主要类型，集体合同也分为用人单位层级集体合同、行业性集体合同和区域性集体合同。

（二）集体协商的作用

集体协商区别于雇主与单个劳动者之间的个别协商。前者的目的是签订集体协议，规范双方的权利义务关系，解决工作场所中共同关注的问题。

通过集体协商签订集体合同，可以弥补劳动立法的不足。劳动法规定的关于劳动者权益的标准属于最低标准，按此标准对劳动者进行保护只是法律所要求的最低水平，而立法者并不希望对劳动者利益的保护只停留在最低水平上，但对劳动者能否获得高于法定最低标准的利益，劳动立法却力不能及。通过集体协商签订集体合同，可以对劳动者利益作出高于法定最低标准的约定，从而使对劳动者利益保护的水平能够实际高于法定最低标准。同时，劳动法关于劳动者利益和劳动关系协调规则的规定有许多是粗线条、原则性的规定，并且相对于生活中丰富、复杂的劳动关系而言难免有所疏漏。通过集体协商签订的集体合同，可以在一定范围内就劳动利益和劳动关系协调的共性问题作出约定，从而更具体地规范劳动关系。

通过集体协商签订集体合同，可以弥补劳动合同的不足。在签订劳动合同时，单个的劳动者因是相对弱者而不足以同用人单位抗衡，难免不情愿地接受用人单位提出的不合理条件，劳动者之间也会因实力不同而待遇存在差异。通过集体协商签订集体合同，可以改善单个劳动者在劳动关系中的地位，并且确保在一定范围内全体劳动者的权利义务实现平等。同时，由集体合同对劳动关系的主要内容作出具体约定后，劳动合同就只需就单个劳动者的特殊情况作出约定即可，这样可以简化劳动合同的内容，降低建立劳动关系的成本。

二、集体合同概述

（一）集体合同概念

集体合同又称集体协议、团体协约、劳资合约、集体约定、联合工作合同等，是工会代表员工与雇主或雇主团体之间签订的关于劳动条件、劳动标准及劳动关系问题的书面协议。我国颁布的《集体合同规定》将集体合同定义为："集体合同是用人单位与本单位职工根据法律、法规、规章的规定，就劳动报酬、工作时间、休息休假、劳动安全卫生、职业培训、保险福利等事项，通过集体协商签订的书面协议。"

集体协商与集体合同有着密切的联系，二者是同一件事情的两个部分。集体谈判是签订集体合同的前提和过程，没有集体谈判也就不会有集体合同的签订；集体合同是集体谈判的一种结果，签订集体合同是进行集体谈判所要实现的目的，集体协商的水平直接影响着集体合同的质量及其可行性，二者是不可分离的。

集体合同是一种特殊的合同，具体表现在以下三个方面：

（1）合同主体的特定性。集体合同的主体只限于劳资关系双方，并且雇主一方可以是单个雇主，也可以是多个雇主组成的组织，但雇员一方则必须是团体。

（2）合同内容的特殊性。集体合同的内容是关于劳动关系中特定的权利义务，必须符合劳动基准法关于劳动标准的规定，即集体合同所规定的劳动标准不得低于劳动基准法的劳动标准。如果低于这一标准，即使双方达成一致，该条款也无效。

（3）集体合同是特殊的双务合同。关于合同的违约责任双方稍有不同，如果雇主或雇主团体一方违背了合同义务，要负法律责任；但如果是工会一方违背了合同义务，则采用一种有条件的免责。

签订集体合同是为了确保劳动关系双方在规定的时间内保持某种和睦稳定的状态。集体合同一经签订，员工的工资、福利、就业期限和条件就得到了保证，即使雇主方面遇到困难，也不能改变。而雇主方可以通过集体合同的有关规定使劳动力成本具有较强的稳定性和可预测性，从而达成一种和谐的劳动关系。这对于提高劳动生产率和企业经济效益，促进经济发展和社会繁荣稳定都具有积极的意义。

（二）集体合同与劳动合同的区别

劳动合同是工会或职工代表代表职工一方与用人单位或其团体确立劳动关系、明确双方权利和义务的协议。集体合同是指用人单位与本单位职工根据法律、法规、规章的规定，就劳动报酬、工作时间、休息休假、劳动安全卫生、职业培训、保险福利等事项，通过集体协商签订的书面协议。集体合同与劳动合同主要有如下区别。

1. 当事人不同

劳动合同当事人为单个劳动者和用人单位；集体合同当事人为劳动者团体（即工会代表全体劳动者）和用人单位或其团体，故又称团体协约或团体合同。

2. 目的不同

订立劳动合同的主要目的是确立劳动关系；订立集体合同的主要目的是为确立劳动关系设定具体标准，即在其效力范围内规范劳动关系。

3. 内容不同

集体合同与劳动合同相比，更加强调职工一方的权利和用人单位一方的义务。劳动合同以单个劳动者的权利和义务为内容，一般包括劳动关系的各个方面；集体合同以集体劳动关系中全体劳动者的共同权利和义务为内容，可能涉及劳动关系的各个方面，也可能只涉及劳动关系的某个方面。

4. 形式不同

劳动合同在有的国家为要式合同，在有的国家则要式合同与非要式合同并存；集体合同一般为要式合同。

5. 效力不同

劳动合同对单个用人单位和劳动者有法律效力；集体合同对签订合同的单个用人单位或用人单位团体所代表的全体用人单位，以及工会所代表的全体劳动者，都有法律效力。集体合同的效力高于劳动合同的效力。

此外，集体合同与劳动合同在订立程序等方面也有所不同。

（三）我国集体合同的分类

1. 基层集体合同和行业性、区域性集体合同

我国《劳动法》只规定了企业集体合同，后来实践中一些地方开始出现行业性集体合同和区域性集体合同。《劳动合同法》首次以法律形式规定了行业性集体合同和区域性集体合同，规定在县级以下的区域内，建筑业、采矿业、餐饮服务业等行业可以由工会或者企业方面代表签订行业性集体合同，或者订立区域性集体合同。该法还规定，行业性、区域性集体合同对本行业、本区域的用人单位和劳动者具有约束力。

2. 专项集体合同与综合性集体合同

专项集体合同是指用人单位与劳动者根据法律、法规、规章的规定，就集体协商的某项内容签订的专项书面协议。常见的专项集体合同有：劳动安全卫生专项集体合同、女职工权益保护专项集体合同和工资调整机制专项集体合同。综合性集体合同是指劳动者与用人单位就劳动报酬、工作时间、休息休假、劳动安全卫生、保险福利等事项，通过平等协商达成的书面协议。综合性集体合同的内容比专项集体合同全面。

工作任务一

确定集体协商代表

一、业务技能与业务示例

集体协商双方的代表人数应对等，每方不得少于 3 人，并各确定 1 名首席代表。

（一）职工方集体协商代表的确定

职工一方的协商代表由本单位工会选派。未建立工会的，由本单位职工民主推荐，并经本单位半数以上职工同意。职工一方的首席代表由本单位的工会主席担任，未建立工会的，职工一方的首席代表从协商代表中民主推举产生。

（二）用人单位方集体协商代表的确定

用人单位一方的协商代表，由用人单位法定代表人指派，首席代表由单位的法定代表人或由其书面委托的其他管理人员担任。

（三）其他事项

协商代表履行职责的期限由被代表方确定。

集体协商双方首席代表可以书面委托本单位以外的专业人员作为本方协商代表。委托人数不得超过本方代表的 1/3。

首席代表不得由非本用人单位人员代理。

用人单位协商代表与职工协商代表不得相互兼任。

女职工较多的，职工方协商代表中应当有女代表。工会女职工委员会负责人应当是协商代表。

业务示例 7－1

集体协商代表的任职资格

【背景资料】

王某来到宏兴纺织公司工作一年后，被选举为该公司工会主席。宏兴纺织公司工会与管理方计划就工资增长问题开展集体协商。王某与另外两名职工被选为职工方协商代表，王某还担任了职工方的首席代表。在与公司方协商代表进行协商的时候，双方就工资增长幅度产生了巨大分歧。王某代表职工方提出，综合考虑企业效益、物价水平以及行业平均工资水平等因素，职工的年工资增长增幅不能低于 12%；而公司方的协商代表认为，以公司的承受能力，只能支持每年不超过 4%的工资增幅。双方不肯让步，集体协商陷入僵局。

王某是否有资格担任纺织公司的集体协商职工方的首席代表？职工方代表人数是否符合法律规定？

【解析】

王某有资格担任纺织公司的集体协商职工方的首席代表。他是公司职工推选出来的协商代表，又是工会主席，符合担任首席代表的资格。职工方代表人数符合法律规定，集体协商代表人数每方不少于3人，因此王某和另外两名职工担任职工方代表，人数符合法律规定。

二、实操演练

任务7-1

【背景资料】

文某是甲公司的一名中层管理人员。甲公司开展集体协商，职工民主选举文某为职工方集体协商代表，甲公司法定代表人又指定文某为用人单位一方集体协商代表。甲公司召开第一次集体协商会议时，甲公司工会主席因病无法出席，于是委托了一名公司外部人员担任职工一方首席代表。参与集体协商的职工一方代表除文某外还有5人；参与集体协商的用人单位方代表除文某外，还有6人，这6人中有3人是用人单位聘请的外部专家。

【具体任务】

甲公司确定集体协商代表的过程中有哪些违法之处？

工作任务二

集体协商准备

一、业务技能与业务示例

（一）熟悉有关法律法规

在开展集体协商前，集体协商代表应当认真学习、了解与集体协商有关的法律、法规、规章和制度，如《劳动法》《工会法》《劳动合同法》《集体合同规定》《工资集体协商试行办法》等。通过掌握法律和依据政策，为集体协商提供有力支撑。

（二）了解与集体协商有关的情况，收集与集体协商有关的资料

进行集体协商需要用事实和数据说话，因此应当了解与集体协商有关的情况，收集与集体协商有关的资料，一般分为企业外部和企业内部两部分。

企业外部的信息资料包括：（1）国家和地方有关经济社会发展的目标、措施，劳动和社会保障方面的政策规定，企业改制的政策规定和要求，劳动就业和工资报酬。（2）安全生产和社会保险等涉及协商内容的各项劳动标准和劳动条件。（3）国家和地方有关物价指数、最低工资标准、劳动力市场价格和当地的职工生活消费价格指数等信息资料。（4）地区和行业的职工平均工资、工资增长水平和其他劳动标准、劳动条件、劳动力市场的供求状况。

企业内部的信息资料包括：（1）本企业生产经营及财务状况，包括上一年度状况和本年度预测水平。（2）近年来本企业劳动条件和劳动标准状况。（3）本企业的人工成本状况。（4）企业现行规章制度，特别是涉及职工民主权利和经济利益方面的规定。

（三）拟订集体协商议题

通过召开工会小组会、座谈会、问卷调查等形式，广泛了解职工群众在各个方面的意愿和要求，在将职工和用人单位的意见归纳整理后，结合现行政策和企业情况进行分析研究，提出协商议题。对于协商议题的拟订，需要注意以下几点：首先，要注意协商的民主性，即代表不等于代替，要积极收集职工真正关心的议题和建议；其次，要注意有关议题信息来源的科学性；最后，要注意拟订议题的合理性。

在集体协商的不同发展阶段，开展集体协商会面临不同的阶段性任务，集体协商议题也应该有所不同，一般分以下几种情况考虑和选择集体协商议题：

（1）在集体协商起步阶段谈基础性议题，重在推进建立机制。集体协商处于起步阶段时，企业经营者和职工对集体协商工作都是比较陌生的。在这一阶段，启动开展集体协商主要是建立机制，让劳动关系双方更多地熟悉了解集体协商的意义、目的、程序、方法等基础性内容，培养劳动关系双方的集体协商意识，为今后开展集体协商奠定良好基础。这时，确定集体协商议题可以从浅层次的、相对比较容易解决且又为大多数职工所关注的问题开始。

（2）在集体协商相对成熟阶段，在广度和深度上拓展集体协商议题。随着集体协商的持续深入开展，集体协商主体会更加健全，集体协商程序将更加规范，集体协商的影响会越来越大，集体协商能够逐步进入相对成熟阶段。在这一阶段，职工方在推动确定集体协商议题时要在广度和深度上尽量拓展。

业务示例 7－2

集体协商议题的确定

深圳某公司在2009年初次开展集体协商时，企业方最初的反应很冷淡，甚至以种种理由予以拒绝。在这种情况下，工会方同意只就最低工资标准、工资支付办法等相对简单的议题进行协商。首次协商虽然成果不多，只解决了几个相对容易谈成的问题，但是该公司的集体协商制度却初步建立起来了。在2010年第二次开展集体协商时，工会方要求在原来议题的基础上，增加工资增长比例、加班工资的计算基数等议题，得到了企业方的认同，并最终达成一致意见。这种在集体协商起步阶段以浅层次的、相对比较容易解决的问题为议题的做法，坚持了循序渐进、因地制宜的原则，在实践中的运用效果很好。

河北某工厂于2005年开始工资集体协商，当时主要是强调落实法定最低工资标准；随着劳资双方对工资集体协商的接受度和认知度不断提升、协商经验逐步积累，协商议题日渐增多，除了年度职工工资增长问题，还根据企业经济效益变化和经营管理中的新问题增设议题。例如，为满足企业对吸引和留住技术工人的需要，2009年度集体协商中劳资双方就增设技师、高级技师津贴进行了协商；2011年围绕企业搬迁，双方协商了工厂搬迁新园区后的补贴问题；2014年针对企业出现经营困难的情况，双方商定暂不普遍增加职工工资。目前，该企业工资集体协商的内容已经覆盖奖金、福利、津贴、社会保险，以及职工参与超额利润的分配等议题。职工体检、劳动用品发放、安全生产、教育投入、干部任免等重大事项也纳入了集体协商议题。

二、实操演练

任务7-2

【背景资料】

企业开展集体协商，在选择集体协商议题环节时，容易出现两种情况：一是直接照搬其他企业的协商议题，或者依照本地区集体合同示范文本确定本企业的协商议题，议题不能反映本企业行政方或职工方最关注的问题和最迫切的需要；二是协商议题的选择超越本企业的发展阶段或承受能力，如在濒临亏损的企业提出增加职工福利项目或提高福利水平等议题。

【具体任务】

根据确定集体协商议题时要注意的事项，谈谈避免出现上述情况的思路。

工作任务三

召开集体协商会议

一、业务技能与业务示例

（一）集体协商会议的流程

集体协商会议由双方首席代表轮流主持，并按下列程序进行：

（1）宣布议程和会议纪律。

（2）一方首席代表提出协商的具体内容和要求，另一方首席代表就对方的要求作出回应。

（3）协商双方就商谈事项发表各自意见，展开充分讨论。

（4）双方首席代表归纳意见，达成一致的，应当形成集体合同草案或专项集体合同草案，由双方首席代表签字。

集体协商过程中的临时提议取得对方同意后，可以列入协商程序。

（二）集体协商的结果

集体协商达成一致的集体合同草案或专项集体合同草案，应当提交职工代表大会或者全体职工讨论。

集体协商未达成一致意见或出现事先未预料的问题时，经双方协商，可以中止协商。中止期限及下次协商时间、地点、内容由双方商定。中止期限最长不宜超过30天。

因签订集体合同发生争议，当事人协商解决不成的，当地人民政府劳动部门可以组织有关各方协商处理，上级工会应当积极代表职工参与争议的处理，也可请有关专家参与争议的处理。

（三）集体协商策略

1. 事先准备集体协商工作方案

无论职工方还是企业方，最好事先准备好集体协商工作方案，好的集体协商工作方案可以保障集体协商代表开展协商时明确协商工作的努力方向，打有准备之仗。集体协商方案对协商各阶段的议程（如进度、目标、议题等）作出尽可能周密的设计，对协商进程中出现的变化进行预测并制定应变策略，能灵活应对协商局势。对于工资报酬等内容的协商，事先要做更多的准备工作。协商前不仅要准备相关的法律法规，还要准备相关各种数据，多设计几种方案，以备协商中谈不下去时有备选方案。

2. 积极沟通、灵活使用谈判策略

在协商之前和协商进行期间，双方都要积极沟通，寻求最大共识。出现重大分歧，甚至协商陷入僵局时，要理性分析僵局产生的原因，深入研究，细心甄别，找到分歧的根源所在。可以暂时休会，重新调整协商目标。让步是使协商继续进行并取得协商成功的常用策略。让步涉及众多因素，用什么方式让步、什么时候让步、以什么来让步等，需要进行缜密考虑；一次让步的幅度不宜过大，让步的节奏也不宜太快；不做无谓的让步，每次让步都应当是为了换取对方在某些问题上的让步或优惠条件，体现出对己方有利的宗旨；让步要让得恰到好处，从而求得较大的回报，等等。

3. 适当借助外力和内援

协商过程中，双方可以讨价还价，任何的协商都可能因为双方的利益分歧达不成一致，不一致时可以调整协商方案，甚至可以暂时中止协商。为打破僵局或使棘手问题取得突破，协商的任何一方都可以请政府部门和上级工会以适当的方式出面做工作。协商代表或工会也可以组织员工出板报、挂横幅的方式或召开职工代表大会让职工把要求、心声和协商的决心表达出来，促使企业再回到谈判桌前。但在协商过程中，工会或协商代表不得倡导和组织破坏劳动生产秩序的行动，这是协商应遵循的基本规则。

业务示例 7－3

合理确定协商目标

【背景资料】

金星厂是一家来料加工企业。根据该厂的工时制度，职工每天工作的时间是9小时，但是其中的1小时被厂方认为是“工间休息”，拒绝付薪。职工曾多次向管理方表达了对工时制度的不满，但均没有得到回复。于是职工开始采取消极怠工行动，厂方也强硬地表示要辞退参与消极怠工的职工。

这种僵持的状态持续不久，双方都有意打破僵局，于是开始准备进行集体协商，以确定新的工时制度。首先，双方举行了预备会议，对参与协商的代表人数及构成、旁听人员资格、中止机制、第三方参与、协商时间、会场纪律等方面都做了规定。

第一轮协商于两天后举行，协商过程中，职工方与厂方争议最大的问题是“每天1小时工间休息是否算作工作时间”，双方未能达成一致。

又过了两天，第二轮协商开始进行，协商持续了5个半小时，最后厂方经全盘考虑，同意实行新的工时制度，并且向职工支付一笔“和解金”，用以补偿过去五年里每天1小时的延长工作时间报酬，但考虑到企业的承受能力，最后只能支付计算数额的70%，并且需要在一年内分期支付。此方案最终得到了职工方的认可。

协商达成一致后，职工们迅速恢复正常生产，劳动生产率比起以前提高了很多。老板甚至认为，应当感谢职工，于是在协商后的第十天请所有的职工吃饭。

此次事件中，职工方和企业方的态度发生了哪些转变？为什么会有这些转变？

【解析】

厂方最初的态度是对抗的，比如完全拒绝职工的要求，后来，厂方态度变得很积极，积极与职工协商，并在协商过程中对职工的要求作出巨大的让步。职工方最初的态度是用消极怠工来回应厂方，随后积极响应协商，并在协商谈判中据理力争，争取的利益实现后，积极恢复正常生产，提高劳动生产率。

导致厂方态度和策略变化的原因，是由于消极怠工造成巨大经济损失带来的压力；协商达成一致后，厂方看到了劳资双方关系改善带来的更大经济效益，又进一步转变了对职工的态度。导致职工方态度和策略变化的原因，是由于职工们认识到消极怠工虽然对厂方的威慑力足够强大，但也只能通过谈判沟通才能解决问题。协商达成一致后，职工和企业形成了利益共同体，因此积极恢复生产，努力提高生产效率。

二、实操演练

任务 7－3

【背景资料】

甲公司工会根据30余名员工的联名要求，作出与公司进行工资集体协商的决定。

经过精心准备，职工方向公司方发出了集体协商要约。尽管职工方态度积极，公司方的反应却十分冷淡，不仅在工会发出要约后两个多月还没有正式回复，反而向职工集体协商代表施加压力，希望他们放弃协商要求。职工知道，公司通常以安排职工超时加班的方式来提高设备的利用率，从而提高公司利润。于是职工开始联合起来拒绝加班，迫使公司方接受集体协商的要约，集体协商程序得以继续进行。

在集体协商会议上，职工方代表直接提出了大幅度增长工资的要求。公司方的协商代表却表示，这个问题需要董事会来决策，在座的公司方协商代表都没有权限对这个要求进行回应。职工方代表指出，只要坐到谈判桌前，就需要进行决策，而不是简单地来听一听意见，作为是公司方代表，就应该能够代表公司。公司方代表指出，大幅度涨薪必须由董事会来决定，这是公司章程的规定，谁也不能违反，如果一定要让公司方马上作出回应，就根本不叫协商。双方的协商一度陷入僵局。

【具体任务】

请分析职工方代表在准备协商过程中还有哪些需要改进之处，以及可以采取哪些措施打破协商的僵局。

工作任务四

集体合同的订立与报送审查

一、业务技能与业务示例

（一）集体合同的订立

经双方协商代表协商一致的集体合同草案或专项集体合同草案，应当提交职工代表大会或者全体职工讨论。

职工代表大会或者全体职工讨论集体合同草案或专项集体合同草案，应当有2/3以上职工代表或者职工出席，且须经全体职工代表半数以上或者全体职工半数以上同意，集体合同草案或专项集体合同草案方获通过。

集体合同草案或专项集体合同草案经职工代表大会或者职工大会通过后，由集体协商双方首席代表签字。

集体合同或专项集体合同期限一般为1～3年，期满或双方约定的终止条件出现，即行终止。

集体合同或专项集体合同期满前3个月内，任何一方均可向对方提出重新签订或续订的要求。

（二）集体合同的报送审查

通过集体协商签订的集体合同，必须报送当地行政主管部门审查方可生效。

企业签订的集体合同，按企业法人营业执照注册地，报所在区或县行政主管部门审核。

报送集体合同所需材料如下：

（1）企业参加《社会保险登记证》复印件。

（2）企业涉及协商工资增长比例的，应报《协商工资基本数据表》和《企业人工成本状况表》（报送的集体合同中未包括该项内容的，不需报送上述两表）。

（3）《集体合同》或《集体合同变更、解除审核表》一式三份，其中行政主管部门存一份，退集体合同当事人双方各一份。

（4）集体合同的说明一份。

（5）职工代表大会或全体职工大会审议通过集体合同草案的决议一份。

（6）双方首席代表、协商代表或委托人姓名、性别、年龄、职务、居民身份证号码。

（7）授权委托书一份。企业法定代表人为该方首席代表、工会主席为职工方首席代表的，不需授权委托书。

（8）企业法人营业执照（副本复印件一份）。

（9）工会社团法人证明材料。该材料指企业上级工会批准成立工会的文件，含原件和复印件。原件审核后退回企业，复印件审批部门留存。

（10）职工一方协商代表劳动合同复印件。

（11）企业地址、人数。

业务示例 7－4

签订工资专项集体合同

滨海市长虹纺织用品公司是一家私营企业，现有职工 1 000 多人，2008 年设立工会后，职工入会率达到 98%以上。近几年公司年销售收入平均每年增加 10%以上。职工认为，公司现有的薪酬制度和薪酬水平都不能很好地和市场接轨，因此希望和公司开展工资集体协商，签订工资协议。双方遂开展了以下工作。

1. 确定工资集体协商代表。双方代表各 5 名，职工一方由工会代表担任；公司的代表由公司的法定代表人和法定代表人指定的其他人员担任。协商双方各确定一名首席代表。职工首席代表由工会主席担任，公司首席代表由法定代表人担任。

2. 职工一方向公司一方提出了书面的协商意向书，意向书的内容包括：

（1）确定工资增长率。对公司上一年度的经济发展状况进行分析，以销售收入作为基点，核算全年发放工资，确定工资增长率为 5%。

（2）确定职工最低工资的标准为在当地政府公布的最低工资标准基础上增加 500 元，发放工资的时间由原来的每月 15 日提前到 5 日。

（3）确定生产销售与工资挂钩的分配方案，多劳多得，上不封顶。

（4）确定公司内部不同人员的不同分配形式。

3. 公司一方收到意向书后，与职工一方代表共同进行了工资集体协商。

4. 双方通过集体协商，签订了工资协议。

5. 经公司职工代表大会审议，工资协议得到通过。

6. 在报劳动行政部门审查后，工资协议开始实施。

通过协商签订工资协议，使职工看到了工资增长的明确目标，充分调动了职工的积极性；在协商过程中，同时也注意合理控制人工成本，增强了公司产品的竞争力，确保了公司的健康发展。该公司当年完成销售收入 3 000 万元，职工平均工资有了大幅度提高。可见，进行集体协商签订集体合同，对于维护劳动者的合法权益，稳定用人单位与劳动者的劳动关系，促进企业的健康发展，都有着积极的作用。

二、实操演练

任务 7-4

【背景材料】

光明厂的第三车间有 20 名工人，都是该厂工会的会员。厂里的集体合同生效后，该车间的车间主任和工会小组长召集大家开会，讨论在第三车间单独签订集体合同的问题。

原来，第三车间是一个比较特殊的车间，工人需要经常加班，而厂里的集体合同规定每周工作 40 小时，不符合车间的实际情况。因此，工会小组长建议，本车间的工作时间改为每周 50 小时，同时工资和福利都进行相应的调整。经过充分的讨论，在车间主任和工会小组长的协调下，终于拟订了本车间的集体合同，车间主任和工会小组长签了字，全体工人鼓掌通过。

【具体任务】

请分析这份集体合同的法律效力如何。

任务 7-5

【背景资料】

迪尔公司是新成立的一家私营企业，有职工 200 多人。有些职工听说了集体合同的重大意义，想要在本公司也签订集体合同。双方确定集体协商代表后，职工方协商代表于 1 月 3 日向公司提交了书面材料，要求就工资标准、工资支付方法、工时制度、劳动定额标准、休息休假、劳动条件、安全技术措施及各项保险、福利等内容进行集体协商。

公司方面 3 月 12 日书面答复同意进行集体协商，双方代表于 3 月 16 日召开了集体协商会议。作为企业方首席代表的总经理因外出开会而未到场，导致企业方协商代表比职工方协商代表少一人。经过认真的讨论，双方就协商内容基本达成一致意见。徐某作为职工一方的首席代表在集体合同草案上签字，人力资源部经理受总经理委托作为企业一方代表在集体合同草案上签字。

会议结束后，职工方协商代表将集体合同草案的内容进行了公布，但有些职工表示刚知道此事，对参加集体协商代表的资格产生了质疑。

公司对于这些职工的质疑毫不理会，称只要总经理回来，审查了集体合同草案，觉得没有什么问题，签字批准后，集体合同就生效了。

【具体任务】

请分析迪尔公司签订集体合同的程序是否有违法的地方。

工作任务五

开展行业性、区域性集体协商

一、业务技能与业务示例

（一）行业性、区域性集体协商的主体

职工一方的协商代表由区域内的工会组织或行业工会组织选派，首席代表由工会主席担任。行业性、区域性协商职工方代表产生的办法是：经行业职工代表大会讨论通过，如果没有建立行业职工代表大会制度，可以通过社会公示协商代表名单的做法确定其法律地位，同时尽可能广泛地征求行业内职工意见，接受职工监督。比如武汉餐饮行业、大连软件行业等层级较高的行业集体协商，一般都是通过在报刊、网络等媒体平台上向社会进行公示的形式，广泛征求职工意见。

企业一方的协商代表由区域内的企业联合会（企业家协会）或其他企业组织、行业协会（如工商联、商会、私营企业或外资企业协会等）选派，也可以由上级企业联合会（企业家协会）组织区域内的企业主经民主推选或授权委托等方式产生，首席代表由企业方代表民主推选产生。集体协商双方的代表人数应当对等，双方首席代表可以书面委托专家学者、律师等专业人员作为本方的协商代表，但委托人数不得超过本方代表的 1/3。行业性、区域性协商代表的组成，还要考虑行业内企业规模的代表性，要尽量满足行业内大、中、小企业的代表性。

（二）行业性、区域性集体协商的议题

行业性、区域性集体协商可以围绕劳动报酬、劳动定额、工作时间、休息休假、劳动安全卫生、保险福利、女职工和未成年工特殊劳动保护等问题进行。其中，职工工资水平、工作时间以及与此直接相关的劳动定额、计件单价等劳动标准是行业性、区域性集体协商的重点。

通常情况下，行业性、区域性集体协商议题的选择，要综合考虑不同的内外部因素，根据行业、区域实际，从迫切需要解决的突出问题入手，先易后难，循序渐进，注重实效。一是侧重于协商同行业内、区域内企业的整体工资水平问题，使职工的工资收入水平与行业、区域内企业经济效益和劳动生产率的发展水平相适应，共享行业、

区域内企业发展的成果。二是区域协商要把实行区域内最低工资标准、基本劳动条件等底线标准与区域发展水平相适应；行业协商要侧重于本行业内劳动定额标准和工时工价等支付的基准。三是侧重于解决本行业、本区域内共同适用的劳动条件或劳动标准，避免恶性竞争和人员流失。

业务示例 7-5

北京汽车零部件行业工资集体协商

2013年12月16日，北京汽车零部件行业工资集体协商首批六家企业签约仪式在北汽集团国际会议中心举行，标志着北京工会探索行业工资集体协商工作又迈出了实质性一步。

2012年9月以来，北京汽车零部件行业工会联合会经过多次调研、协商、沟通，根据汽车零部件行业的实际情况，探索研究并确定了“集中协商、二次确认、分别通过、属地备案”的实现途径，由企业工会联合会与行业龙头企业北京海纳川汽车部件股份有限公司就工资分配制度、工资标准、职工工资水平等一系列问题集中进行协商，广泛征求意见后形成了《北京汽车零部件行业工资集体协议（草案）》，并在企业上级工会的指导下，由企业工会与企业法定代表人就草案拟订的内容协商沟通，经过审议或二次协商，在各企业分别组织召开本企业职代会或全体职工大会，通过认可书，并报企业注册地人力社保部门备案。在完成上述协商程序，并经北京市大兴区人力社保局审核通过的基础上，北京海纳川汽车部件股份有限公司等六家企业作为首批签约企业完成了行业工资集体协商合同的签订。

全国总工会集体合同部部长张建国在签约仪式上对该项工作给予了高度评价：“像北京这样在整个省级行政区域开展行业工资集体协商并签订集体合同的，在国内还是首次。”张建国认为，北京汽车零部件行业工资集体协商合同的签订，具有里程碑的意义。

北京汽车零部件企业工会联合会副主席王涛在签约仪式上表示，下一步，工会联合会将充分利用本次签约所带来的影响，加快完成所属企业的工资集体协商工作，实现工资集体协商的全覆盖，并对协商内容进一步深化。

行业性工资集体协商，是指在同行业企业相对集中的区域，由行业工会组织代表职工与同级企业代表或企业代表组织，就行业内企业职工工资水平、劳动定额标准、最低工资标准等事项，开展集体协商、签订行业工资专项集体合同的行为。探索行业工资集体协商机制，可以实现规范行业工资标准的“二次保障”。

开展行业性工资集体协商工作，有利于推动建立企业职工工资共决机制、正常增长机制和支付保障机制，构建职工对工资分配的民主参与和监督机制；有利于完善劳动用工管理，促进建立统一、规范、有序的劳动力市场，为企业持续健康发展创造良好环境，促进建立规范有序、公正合理、互利共赢、和谐稳定的社会主义新型劳动关系。

二、实操演练

任务 7-6

【背景资料】

江苏A县拥有从事眼镜行业及相关配套的制造和贸易企业接近2 000家，光学玻璃及树脂镜片产量占全国生产总量的80%、世界总量的40%，这些企业在制定劳动定额、计件工资或计时工资标准等用工问题上有共同的需求。湖北B县餐饮行业经营主体数量众多，非公经济和小微型企业占到90%以上，员工经常跳槽，平均在职时间仅为半年左右，造成该行业员工年流失率超过30%。

【具体任务】

江苏A县的制造业和湖北B县的餐饮业在劳动关系管理中最突出的问题分别是什么？如果A县制造业和B县餐饮业都打算开展集体协商，签订行业性、区域性集体合同，请对集体协商的议题分别提出建议。

任务 7-7

【背景资料】

浙江省宁波市江北区洪塘街道位于宁波市西北部，是宁波市中心城区的重要组成部分、宁波市八大副商业中心之一。洪塘街道每年工业总产值超过40亿元，刀片行业是这里的主要产业之一，也是街道重要经济增长点，共有26家企业，近2 000名职工，年产值近2亿元。洪塘的刀片产量占了全国的1/3，是著名的“刀片之乡”。刀片行业属于劳动密集型的低利润行业，技术含量不高，企业规模偏小，基层工会力量较弱。洪塘街道的26家刀片企业中，只有6家企业单独成立了工会，其他20家都是与村、社区联建工会。洪塘街道将刀片行业作为突破口，组织开展行业工资集体协商。在刀片行业，员工一般是按生产定额计算报酬的，也就是俗称的“计件工资”。在工资协商中，如果把计件工资基数提高，而企业主也相应提高生产定额，这样工人实际就等于没有增加工资。因此，本次工资集体协商的重点是行业计件工资的定额标准。

【具体任务】

行业性工资集体协商与企业工资集体协商相比有什么优势？如何确定本次行业工资集体协商的主体？为了对行业计件工资的定额标准进行协商，应提前做哪些准备工作？

项目八　劳动规章制度管理

相关知识链接

一、劳动规章制度的内容

劳动规章制度是员工在劳动过程中必须遵守的工作秩序和劳动规则。任何一个用人单位都必须有自己的规章制度，才能规范其管理活动，约束员工行为，确保组织目标的实现。

劳动规章制度与用人单位的行业性质、生产经营规模等因素密切相关，各单位不可能千篇一律。总的来说，劳动规章制度大致可以包括以下内容：

（1）员工招聘、录用、考核的有关规定。

（2）劳动合同管理制度。

（3）工作时间和休息休假制度。

（4）工资制度。

（5）员工社会保险和福利制度。

（6）劳动保护制度。

（7）职业培训制度。

（8）员工行为规范。

（9）员工奖惩制度。

（10）劳动争议处理制度等。

二、劳动规章制度的效力

劳动规章制度并不是法律，并不当然地产生约束力，其效力来源于法律的赋予。《中华人民共和国宪法》（以下简称《宪法》）第53条规定："中华人民共和国公民必须遵守宪法和法律，保守国家秘密，爱护公共财产，遵守劳动纪律，遵守公共秩序，尊重社会公德。”《劳动法》第 4 条规定：“用人单位应当建立和完善规章制度，保障劳动者享有劳动权利和履行劳动义务。”

当然，并不是所有的劳动规章制度都会产生法律上的约束力，《劳动合同法》对于劳动规章制度的制定主体、制定程序、生效要件都做了明确的规定。

（1）劳动规章制度的制定要经过民主程序。《劳动合同法》第 4 条第 2 款规定：“用人单位在制定、修改或者决定劳动报酬、工作时间、休息休假、劳动安全卫生、保险福利、职工培训、劳动纪律以及劳动定额管理等直接涉及切身利益的规章制度或者重大事项时，应当经职工代表大会或者全体职工讨论，提出方案和意见，与工会或者职工代表平等协商确定。”

（2）工会和职工有监督权。《劳动合同法》第 4 条第 3 款规定：“在规章制度和重大事项决定实施过程中，工会或者职工认为不适当的，有权向用人单位提出，通过协商予以修改完善。”

（3）劳动规章制度必须向职工公示。《劳动合同法》第 4 条第 4 款规定：“用人单位应当将直接涉及劳动者切身利益的规章制度和重大事项决定公示，或者告知劳动者。”

三、员工奖惩

奖励和惩戒是劳动规章制度管理不可缺少的方法。奖励是一种积极的手段，对职工的某项工作成果进行肯定，旨在利用职工的上进心和荣誉感，激发其工作潜能。惩戒则是一种消极的手段，其目的是利用职工的畏惧感，促使其遵纪守法，不敢实施违法行为。有效的奖励或惩戒措施，都不应随便使用，而应符合预先设定的规则，并且按照规定的程序进行。管理者应该明确奖惩的原因、奖惩依据、奖惩程度、奖惩的具体形式，对事不对人。奖惩如果使用不当，无论对职工还是对管理者都是不利的，会影响劳动生产率的提高和员工关系的改善。需要特别说明的是，惩戒手段的使用容易增加职工的怨恨和反抗，甚至引发劳动争议，因此，与奖励相比，惩戒应该更为谨慎地使用。

奖励一般可以分为精神奖励和物质奖励，除了非正式的口头赞许外，正式的奖励措施还包括了嘉奖、记功、记大功、奖金、奖状、奖牌、奖章、晋级加薪、升职、培训深造、表扬等措施。惩戒也可以分为精神层面和物质层面，除了非正式的责备外，正式的惩戒措施还包括申诫、记过、记大过、降级、降职、停职、免职、追究法律责任等。

工作任务一

制定劳动规章制度

一、业务技能与业务示例

（一）劳动规章制度制定的法律要求

《劳动合同法》第 4 条规定：用人单位应当依法建立和完善劳动规章制度，保障劳动者享有劳动权利、履行劳动义务。用人单位在制定、修改或者决定有关劳动报酬、工作时间、休息休假、劳动安全卫生、保险福利、职工培训、劳动纪律以及劳动定额管理等直接涉及劳动者切身利益的规章制度或者重大事项时，应当经职工代表大会或者全体职工讨论，提出方案和意见，与工会或者职工代表平等协商确定。在规章制度和重大事项决定实施过程中，工会或者职工认为不适当的，有权向用人单位提出，通过协商予以修改完善。用人单位应当将直接涉及劳动者切身利益的规章制度和重大事项决定公示，或者告知劳动者。规章制度的法律要求体现在如下几个方面。

1. 规章制度的制定主体要合法

《劳动法》第 4 条和《劳动合同法》第 4 条都规定，用人单位应当依法建立和完善规章制度。因此，规章制度的制定主体应该是用人单位。有权以用人单位名义制定规章制度的，应当是该单位有权对单位的各个组成部分和全体劳动者进行全面和统一管理的机构，用人单位的内部职能部门如车间、班组、党组织，或者直接负责拟订规章制度的人力资源管理部门，都不能直接制定规章制度，如果是用人单位的某个部门制定的规章制度，一旦发生劳动争议，就无法产生预期的效力。在实践中，企业制定规章制度时，一般授权或委托人力资源管理部门或者是行政部门制定，但是规章制度在发布时，一定要经过用人单位审批并以用人单位名义发布。即使是仅适用于某个部门员工的规章制度，发布的主体也应是用人单位，而不是该部门。

2. 规章制度的内容要合法

用人单位规章制度体现的是用人单位管理者的意志，但这种意志，仍然受国家法律法规的制约。用人单位应当依照国家的法律法规规定制定规章制度，这是法律赋予用人单位的权利，也是为其规定的义务。因此，规章制度的内容应该是法律法规的细化和具体实施办法，应有上位法根据，不能与法律相抵触，更不能违法，损害劳动者的合法权益。合法就是符合我国现行的法律法规。换句话说，用人单位的规章制度必须在现行法律的框架下加以制定。要提醒大家注意的是，这里的合法应该是广义的理解，即要符合所有的法律、法规、规章，不仅是劳动法律法规。在实践中，有的用人单位制定的规章制度在工时休假方面违反了国家规定的基本标准，甚至规定劳动者在劳动合同期间不能结婚生育、上下班要搜身检查等，这些都是违反法律法规的规定，依法应确认无效。

3. 规章制度的内容应当合理

合法不只是形式上符合法律法规的规定，而且要符合法理、符合法律的精神，要尊重人的道德主体地位。对一些有弹性内容的规章制度，必须做出合理性解释。有关规章制度的“合理性”的认定，往往是劳动关系双方在履行劳动合同过程中最容易发生纠纷的地方。

规章制度的合理性，不可能有什么统一的“国家标准”或“地方标准”，因为任何合理都是相对的，要结合用人单位的生产性质进行界定。如某化工企业规定生产岗位绝对不允许吸烟，某高科技企业规定保密室岗位不允许值班人员离开一分钟时间，这样的规定应当是合理的，因为一旦有人违反，就可能产生无法挽回的重大后果。

规章制度的合理性，还要结合劳动者的身心特点进行界定。如对职工上厕所的次数和时间等都作规定，不仅很难执行，损害劳动纪律的严肃性，而且违反了自然规律、无视劳动者的身心特点，显然是不合理的。

4. 用人单位规章制度的制定程序合法

我国相关司法解释和《劳动合同法》对用人单位制定规章制度的程序进行了严格的规制，用人单位规章制度必须经过法定程序制定，才具有法律效力。《劳动合同法》第 4 条第 2 款规定：用人单位在制定、修改或者决定有关劳动报酬、工作时间、休息休假、劳动安全卫生、保险福利、职工培训、劳动纪律以及劳动定额管理等直接涉及劳动者切身利益的规章制度或者重大事项时，应当经职工代表大会或者全体职工讨论，提出方案和意见，与工会或者职工代表平等协商确定。因此，规章制度必须经过民主协商程序制定。

（二）制定劳动规章制度的程序

根据我国法律规定，用人单位的劳动规章制度要产生法律上的约束力，必须具备三个条件：第一是劳动规章制度的内容必须合法；第二是劳动规章制度要经过民主程序制定；第三是劳动规章制度必须向员工公示。根据此规定，劳动规章制度为了满足上述条件，可以通过以下几个步骤制定：

（1）劳动规章制度草案的拟订。

（2）劳动规章制度草案的修改讨论。

（3）劳动规章制度的通过。

（4）劳动规章制度的备案。

（5）劳动规章制度的公布。

（三）制定劳动规章制度的注意事项

制定劳动规章制度时，应注意以下事项。

1. 符合格式

虽然目前国家并没有强制规定劳动规章制度的格式和标准，但是劳动规章制度作为一种有约束力的文件，应该符合规范性文件的格式要求，一般由标题、正文、落款三部分组成。

完整的标题可以分为三部分：单位名称＋劳动规章制度内容＋文本名称。例如：××公司考勤管理办法。标题也可以采用简略的写法，即只包括后两部分的内容。至于文本的名称，企业常用的有如下几种：

章程——是某个单位或组织的宗旨、机构和组成人员活动的规则。

条例——是指导某方面长期性工作和活动的比较系统的条文。

规定——是对某项具体工作或活动的要求和规范程序。

办法——是为贯彻法律、法规或实施某项工作而提出的具体方法和措施。

细则——是贯彻、执行、实施“条例”或“规定”中某一项或几项条款的详细准则。

至于单位的劳动规章制度选用哪一种文本名称，要根据具体情况而定。

正文部分主要规定劳动规章制度的主要内容。规章制度的正文结构一般有两种形式：

（1）章条式。即把规章制度的内容分成若干章，每章又分若干条。第一章是总则，中间各章称分则，最后一章称附则。总则一般写原则性、普遍性、共同性的内容，包括制定规章制度的目的、意义、依据、指导思想和适用原则、范围等。分则是规章制度的具体内容，通常按事物间的逻辑顺序，或按各部分内容的联系，或按工作活动以及惯例分条列项，集中编排。附则是对规范内容的补充说明，包括用语的解释和解释权、修改权、公布实施的时间等。

（2）条款式。就是只分条目不分章节，适用于内容比较简单的规章制度。这类规章制度一般在开头说明缘由、目的、要求等，主体部分则分条列出规章制度的具体内容。其中第一条相当于章条式的总则，最后一条相当于章条式的附则。

落款部分写上制发单位名称、具体时间。

2. 内容齐全

劳动规章制度是调整劳动关系的重要依据，是实施劳动管理的重要制度，因此，其内容应当覆盖劳动关系的方方面面。劳动规章制度虽然不能包罗万象，但是也应当尽可能地完整。

同时，用人单位在制定劳动规章制度时，要有系统性、逻辑性，内容不能松散凌乱，不能东拼西凑。

3. 文字表述应当朴实庄重

劳动规章制度是以文字的形式表现出来的，因此在文字表述上应当具有一般文字材料的共同的特征，但是文风应当朴实，对于职工行为规范应当准确描述，不能描绘、比喻、夸张。同时，文字表述应当庄重，使用规范的书面语言，排斥口语、白话、方言，以充分体现出其特有的规范作用。劳动规章制度中所涉及的专业术语要准确使用，语句力求完整规范。

业务示例 8－1

制定员工日常行为规范

【背景资料】

信安公司是一家房地产经纪公司，专门从事房产中介业务。请给该公司制定一份简要的劳动纪律，主要规范员工的日常行为。

【解析】

信安公司员工日常行为规范

一、着装

1. 上班时间须穿着得体、整齐干净。

2. 男性员工应着西服或单色衬衫，系领带；女性员工应着职业套装、衬衫、裙子。

3. 不得穿牛仔装、运动服或过于暴露的衣服。

二、仪表、仪容、礼仪

1. 保持衣服、头发整洁。

2. 上班前不得饮酒，不得吃有异味的食物，保持口腔卫生。

3. 注重礼仪，文明礼貌，自觉维护公司的集体荣誉和对外形象。

4. 对待客户或同事要态度和蔼，不得有不文明的举止。

5. 有为客户让座、倒茶的义务。

三、行为准则

1. 工作时间应坚守岗位，不得擅离职守或者聊天。

2. 工作时间不得接待亲友、处理私事，未经批准不得带亲友进入工作场所。

3. 要保持办公桌面干净、整洁，各类文件要码放整齐，不得随意摆放。

4. 电话铃响要尽快接、转。

5. 严禁在办公室留宿。

6. 爱护公共财产，不得盗用或非法挪用公司财产。

7. 未经公司书面批准，不得在外兼职。

8. 严守公司商业秘密、维护集体利益，不得随意透露公司经营情况，不得越权签署文件、合同。

9. 团结协作，维护良好的人际关系，管理人员必须以身作则，关心下属。

四、安全

1. 提高安全意识，确保工作场所的安全。

2. 最后离开办公场所的员工要关窗、关闭电源、锁门。

3. 未经相关部门领导批准，不得将办公室财物带出办公场所。

4. 办公室不得存放大量现金和贵重物品。

五、处罚

1. 有下列行为之一的，将受到警告处分：

（1）着装不整洁。

（2）工作时间精神倦怠、吃东西、吸烟。

（3）擅离工作岗位。

（4）工作时间处理私人事务。

（5）在工作场所大声喧哗、吵闹。

2. 有下列行为之一的，将受到严重警告处分：

（1）两次警告处分仍不改正的。

（2）上班时间睡觉的。

（3）工作疏忽造成轻度不良后果的。

（4）破坏同事团结的。

（5）管理人员对下属违纪行为放任不管的。

3. 有下列行为之一的，将予以解除劳动合同：

（1）利用职务之便，从事不当行为，或者利用公司名义招摇撞骗的。

（2）管理人员因失职造成管理混乱的。

(3) 因失职给公司利益造成重大损失的。
(4) 贪污、挪用公司款项或虚支滥报费用的。
(5) 故意损坏公物的。
(6) 有刑事犯罪行为的。

业务示例 8-2

制定会议纪律

【背景资料】

前进汽车修理厂是一家拥有100多名职工的小型企业。该企业日常管理中有党委会、厂长办公会、中层干部（含支部书记）会、全体职工大会以及各类专项会议。请为该厂制定会议纪律。

【解析】

关于会议纪律的若干规定

为进一步加强会议管理，严肃会议纪律，提高会议质量，改进工作作风，现将有关会议纪律规定如下。

一、适用范围

本规定适用于党委会、厂长办公会、中层干部（含支部书记）会、全体职工大会以及其他各类专项会议。

二、会议考勤

1. 会议考勤由各主办部门负责。

2. 考勤情况由考勤员和部门一把手及主管厂长签字后报人事部备案，考勤结果将作为年终考核的依据之一。

三、会议纪律

1. 应参加会议人员不得迟到、早退或无故缺席。

2. 开会时应保持安静，非讨论时间不得随意讨论。

3. 会议开始前应关闭移动通信设备或调至静音（振动），开会时不得接打电话。

4. 开会过程中有建议或意见的，应举手示意，依次发言。

四、请假制度

1. 原则上应参会人员均须到会，因故确实无法到会的，应严格遵守请假制度。

2. 不能到会者应按照逐级请假的原则提前向上级领导请假，原则上各部门员工向所在部门一把手请假，并报主管厂长批准；中层一把手向主管厂长请假，并报厂长批准；主管厂长向厂长请假（党委工作会向党委书记请假）。

五、有关要求和规定

1. 无故迟到、早退或不遵守现场纪律的，给予“训诫”一次，扣绩效工资50元。

2. 开会时接打电话的，扣绩效工资50元。

3. 未经批准无故缺席会议的，给予“警告”一次，扣绩效工资200元。

六、附则

上述规定从发布之日起执行，由厂办公室、人事部负责解释。

前进汽车修理厂

××××年××月××日

业务示例8-3

制定员工保密守则

【背景资料】

尚有公司是一家软件开发企业，请为其制定员工保密守则。

【解析】

尚有公司员工保密守则

一、总则

公司秘密是指关系公司权益，不为公众所知悉，具有实用性并经公司采取保密措施的技术信息和经营信息（包括但不限于本守则“二、保密范围”内的所有条款）。

公司全体员工都负有保守公司秘密的义务。

二、保密范围

1. 经营信息。

（1）公司重大决策中的秘密事项。

（2）公司尚未付诸实践的经营战略、经营方向、经营规划、经营项目及经营决策。

（3）公司内部掌握的合同、协议、意向书及可行性报告、主要会议记录。

（4）供销情报及客户档案。

（5）公司财务预决算报告及各类财务报表、统计报表。

（6）公司所掌握的尚未进入市场或尚未公开的各类信息。

（7）公司员工人事档案、工资、劳务性收入及资料。

（8）公司内部管理制度。

2. 技术信息。

（1）公司开发资料、调研报告、开发工具、开发环境等。

（2）公司开发软件的源程序、相关分析、设计资料、图像、照片、动画、音乐、附加程序及相关使用资料、宣传资料等。

（3）公司开发的各类产品。

（4）员工在工作时间完成的技术成果及职务作品。

3. 其他经公司确定应当保密的事项。

除上述经营信息和技术信息外，其他一些关系公司权益，不为公众所知悉，具有实用性并经公司采取保密措施的事项，也属于保密的范围。

三、密级的确定

1. 公司经营发展中，直接影响公司权益的重要决策文件及技术信息资料为绝密级。

2. 公司的规划、财务报表、统计资料、重要会议记录、客户资料、经营状况、管理制度等为机密级。

3. 公司人事档案、合同、协议、员工工资、尚未进入市场或尚未公开的各类信息为秘密级。

4. 公司员工如果拥有上述文件或资料，应主动向主管部门上报，由主管部门确定文档密级并备案。

四、保密措施

1. 属于公司秘密的文件、资料和其他物品的制作、收发、传递、使用、复制、摘抄、保存和销毁，由专人执行。

2. 对于秘密的文件、资料和其他物品，必须采取以下保密措施：

(1) 非经指定负责人批准，不得复制和摘抄。

(2) 由指定人员收发、传递和外出携带，并采取必要的安全措施。

(3) 在设备完善的保险装置中保存。

3. 属于公司秘密的资料或产品的研制、使用、保存、销毁由指定负责人执行，并采用相应的保密措施。

4. 在对外的交往与合作中需要提供公司秘密事项的，应当事先由指定负责人批准。

5. 不得在公共场所谈论公司秘密，不得通过各种方式泄露公司秘密。

6. 公司员工发现公司秘密已经泄露或者可能泄露时，应当立即采取补救措施并及时报告主管负责人。

五、责任与处罚

1. 出现下列情况之一的，给予警告处分，并扣发奖金：

(1) 泄露公司秘密，尚未造成后果或经济损失的。

(2) 泄露公司秘密但及时采取了有效补救措施，所造成的后果轻微的。

(3) 违反公司关于密级确定的有关规则，尚未造成后果的。

(4) 违反公司关于保密措施的有关规则，尚未造成后果的。

2. 出现下列情形之一的，将予以解除劳动合同，并追究其法律责任：

(1) 以盗窃、利诱、胁迫或其他不正当手段获取公司秘密的。

(2) 披露、使用或者允许他人使用以前项手段获取的公司秘密的。

(3) 违反公司关于密级确定的有关规则，造成严重后果的。

(4) 违反公司关于保密措施的有关规则，造成严重后果的。

(5) 其他严重违反员工保密义务的行为。

二、实操演练

任务 8-1

【背景材料】

大明公司是一家大型民营企业，主要业务涉及房地产开发、建筑安装工程等领域，有员工 1 000 余人。李启明是员工关系主管。这天是星期一，李启明早早地来到了办公室，简单整理了一下需要完成的工作任务，开始逐件处理。

近年来迎来了一个生育高峰，目前仅在公司总部的办公楼里，就已经有二十几位女职工怀孕了。于是，工会的女工委员会提出，为了体现人文关怀，公司应当为怀孕、产假、哺乳期的女职工提供适当的福利。主管此项工作的副总也是女性，对工会的这个提案非常赞成，责成员工关系主管负责拟订一个方案，为“三期”的女员工提供一些适当的福利。女员工们对此也非常关心，三天两头到人力资源部来打听情况，这个工作也必须尽快完成。

【具体任务】

请为李启明拟订一个《大明公司“三期”女员工福利管理办法》。

工作任务二

员工奖惩管理

一、业务技能与业务示例

（一）奖励管理

奖励是用人单位对员工某项工作成果的肯定和积极鼓励，利用员工的上进心和荣誉感，促使其尽职尽责，发挥其更大潜能。

对员工进行奖励，应遵循一定的程序和步骤：

（1）有明确的奖励依据，即用人单位首先需要建立绩效考核等规章制度，其内容应当合法、公正、具体、明确，具有可操作性。

（2）符合民主程序。

（3）向员工公示。

（二）惩戒管理

惩戒是对员工某项行为或者工作成果的否定，利用人们的畏惧感，促使员工遵纪守法，不再实施违法行为。

对员工进行惩戒，应遵循一定的程序和步骤：

（1）有明确的惩戒依据。如果依据本单位的劳动纪律，那么此劳动纪律应当符合法律规定、通过民主程序制定并向员工公布。

（2）符合民主程序，即应直接或间接征求工会或员工的意见，某些惩戒措施还必须经过法定的民主程序。

（3）将处罚结果送达员工。

（4）给被惩戒员工申诉的机会，必要时用人单位需要调查取证，避免草率地处罚。

业务示例 8－4

给违纪员工发过失单

【背景资料】

杨波是丽景商贸公司的仓库保管员。某日，杨波上班期间，在工作岗位吸烟，被主管尚立明发现并制止。公司《库房管理规定》第 9 条规定：“严禁在库房区域吸烟。”杨波的行为已经达到“过失”的程度，应给予“书面警告”处分。

请根据上述内容，制作员工过失单。

【解析】

具体解决方案见表 8－1。

表 8－1　丽景商贸公司员工过失单

<table>
<tr><td>姓名</td><td>杨波</td><td>部门</td><td>总务部</td><td>职位</td><td>库房管理</td></tr>
<tr><td>违规过失时间</td><td>××××年×月×日</td><td>地点</td><td>库房</td><td>见证人（签名）</td><td>李清</td></tr>
<tr><td colspan="3">违规过失事件描述：××××年×月×日，杨波违反公司《库房管理规定》，在库房吸烟，被主管及时发现并制止。</td><td colspan="3" rowspan="2">直接经理建议：
□ 口头警告
■ 书面警告
□ 调整至____任____职
□ 由____职等降为____职等
□ 降薪____元
□ 赔偿损失____元
□ 予以经济处罚____元
□解除劳动关系
□ 其他处理意见：____

签名：尚立明
日期：××××年×月×日</td></tr>
<tr><td colspan="3">处分依据：
违反丽景公司《库房管理规定》第 9 条。
规定条款原文：严禁在库房区域吸烟。

失职程度：□轻微过失　■过失　□重大过失

过失人签名：杨波
或要求员工签署但遭到拒绝情况下上级签名：
日期：××××年×月×日</td></tr>
<tr><td colspan="3">行政经理审核：同意。
签名：赵祥
日期：××××年×月×日</td><td colspan="3">总经理核准：同意。
签名：陈光正
日期：××××年×月×日</td></tr>
<tr><td colspan="6">员工确认：上述情况属实，本人愿意承担相应处分。
签名：杨波
日期：××××年×月×日</td></tr>
</table>

业务示例 8－5

处理违纪员工的程序

【背景资料】

某贸易公司制定了严格的劳动纪律，将违纪行为做了如下分类（见表 8－2）。

表 8－2　××公司违纪行为分类及处理

违纪行为种类	处理结果	累计处理	处理程序
一般违纪	口头警告	1. 两次一般违纪视为较重违纪 2. 两次较重违纪视为严重违纪	1. 调查违纪事实 2. 评估违纪程度 3. 填写违纪报告 4. 经理审批 5. 发出处罚通知
较重违纪	书面警告		
严重违纪	辞退		

雷润是该公司一名员工，自入职以来，大错不犯，小错不断，先后违纪多次，每次都很好地承认了错误，表示痛改前非，但不久又故态复萌。雷润一共受到公司一次口头警告和一次书面警告。某日，雷润在工作场所和同事发生争吵，影响很坏，公司决定严肃处理。不久，公司告知雷润，其连续违反劳动纪律，受到一次口头警告、一次书面警告后仍不知悔改，再次违纪，公司将与其解除劳动合同。

雷润认为，自己和同事发生争吵，不属于严重违纪行为，因此公司不能直接解除劳动合同。自己以前虽然犯过错误，但是都已改正，不能累计。至于公司所称的口头警告和书面警告，自己也没有收到什么通知。

公司认为，雷润和同事发生争吵属于较重违纪行为，但因其以前也发生过较重违纪行为，根据公司的劳动纪律，两次较重违纪行为可以累计为一次严重违纪行为。公司以前对雷润的处罚已经采用布告的方式公布，并且还扣发了雷润的部分奖金，雷润自己也很清楚。同时，公司还出具了雷润以前写的多份检讨书。

雷润不服，提起劳动争议仲裁。劳动人事争议仲裁委员会认为，雷润违纪事实清楚，公司可以按照劳动纪律进行处罚，但是公司并没有将违纪处罚结果送达劳动者本人，因此不能以此为由解除劳动合同，公司败诉。

从此案来看，公司有哪些方面做得不到位导致败诉？在今后的管理工作中如何改进？

【解析】

本案中，公司制定了严格的劳动纪律，但是在执行的过程中出现了偏差，导致劳动纪律变成一纸空文。

尽管公司可以证明员工出现了违纪事实，但是并不能证明公司及时地进行了相应的处罚，也无法证明员工本人知道处罚的内容。员工的检讨书也只承认了违纪事实的存在，并没有载明处罚结果。根据本案情况，公司可以从以下两个方面进行完善：

第一，完善签收送达制度。公司对员工的处罚决定或者其他重要的涉及员工利益的文件，应当让员工本人签收。如果员工拒绝签收，应保留相关证据，必要的时候还可以提交公证机关。

第二，完善单位的配套规章。本案中，公司对违纪员工进行了扣发部分奖金的处理，但是并不能证明扣发奖金就是对违纪行为的处罚。因此，有必要明确不同违纪行为扣发奖金的数额，并在发放工资的清单中载明扣发奖金的原因。

业务示例 8-6

禁止单位滥用管理权

【背景资料】

某公司为了吸引人才，制订了一个“住房援助计划”，规定员工购买商品房，可向公司无息借款，员工分十年偿还本金，无须支付任何利息。此计划推出后，该公司不少员工购买了商品房，并向公司申请了无息借款。

该计划实施一段时间后，公司发现存在极大的风险。如果借款员工不按时还款并且离开公司，公司没有任何制约对方的办法。于是公司决定，要求借款员工将房产证统一交由公司保管，以避免员工恶意违约的行为。

孙先生也通过申请无息借款购买了一套商品房，但他认为，自己借款时并没有和公司约定要将房产证交公司保管，因此公司没有理由收取自己的房产证，于是拒绝上交房产证。公司多次催交房产证未果，便停发了孙先生的工资。孙先生一怒之下，提出了解除劳动合同。

此案中，公司做法有哪些不当之处？会有哪些不利后果？

【解析】

公司向员工提供无息借款本是一件好事，但是公司确实没有考虑到借款风险问题，没有事先采取规避风险的措施。

公司收取员工的房产证，并没有法律上的依据，除非员工自愿，公司无权强制员工上交房产证。

员工不上交房产证，并没有违反劳动纪律，公司也无权进行扣发工资的处罚。

根据《劳动合同法》的规定，公司如果“未及时足额支付劳动报酬的”，劳动者可以解除劳动合同，并且还有权要求公司支付相应的经济补偿。因此，孙先生辞职，公司不但会失去一名员工，还要对其进行赔偿。

由此可见，扣发工资虽然是用人单位实施的管理权之一，但并不能随处使用。公司和员工之间的借款关系属于民事上的债权债务关系，公司不能凭借其管理上的优势地位，把员工民事权利义务的纠纷当做员工违反劳动纪律的行为加以处罚。

二、实操演练

任务 8－2

【背景材料】

小叶是大明公司刚招聘的前台接待，还处在试用期。据反映，小叶上班工作态度很不好，没有责任心，上班时间打私人电话聊天被主管发现过两次，因对客户态度差还被客户投诉过一次。公司决定解除与小叶的劳动合同。

【具体任务】

请根据小叶的表现填写小叶的试用期情况反馈表（见表 8－3）。

表 8－3　员工试用期情况反馈表

<table>
<tr><td colspan="2">姓名：　　　　　　入职日期：　　　　　　直接经理：
跟进评估日期：　　记录人：</td></tr>
<tr><td>直接主管评价</td><td>工作能力：

工作态度：

发展潜力：

签字/日期：</td></tr>
<tr><td>部门经理意见</td><td>□ 试用期符合录用条件，继续履行劳动合同
□ 试用期不符合录用条件，解除劳动合同
□ 其他意见

签字/日期：</td></tr>
</table>

任务 8－3

【背景材料】

赵某是某公交公司售票员。有一天，两名公交公司的票务稽查员检查时发现，有 5 名一起出行的乘客却只出示了 4 张面额为 1.5 元的车票。通过检查赵某的票箱发现，赵某票款不符，证明赵某收了 7.5 元的车票款，却只撕了 6 元的车票。

公交公司认为，赵某侵吞票款，已经严重违反劳动纪律，按照公司的规定，要和赵某解除劳动合同。

赵某却认为，因乘客较多，工作出现失误，漏撕了一张票，钱仍然放在票箱，并不能认为自己侵吞票款。况且自己曾经拾到装有 500 元现金的钱包，并予以上交，更不会贪图这 1.5 元钱。

公交公司认为，赵某工作时间较长，业务技能熟练，不可能出现差错，况且票款是公交公司主要收入，如果对售票员侵吞票款的行为不严格管理，就会威胁到公交公司的生存，因此公交公司制定了严格的《售票员工作规范》，一旦发现售票员有侵吞票款的行为，无论数额多少，都要解除劳动合同。

【具体任务】

1. 公交公司制定《售票员工作规范》需要经过哪些步骤？

2. 假如《售票员工作规范》合法有效，赵某确实少撕了一张票，能够直接解除赵某的劳动合同吗？

3. 通过这个案例，你觉得公交公司在纪律管理方面还有哪些地方需要改进？

项目九　劳动争议处理

相关知识链接

一、劳动争议的概念

劳动争议，又称劳动纠纷、劳资纠纷、劳资争议，是指劳动者与用人单位之间基于劳动关系，因实现劳动权利和履行劳动义务而发生的纠纷。

根据劳动法的规定，劳动者享有平等就业和选择职业的权利、取得劳动报酬的权利、休息休假的权利、获得劳动安全卫生保护的权利、接受职业技能培训的权利、享受社会保险和福利的权利、提请劳动争议处理的权利以及法律规定的其他劳动权利。同时，劳动者负有完成劳动任务、提高职业技能、执行劳动安全卫生规程、遵守劳动纪律和职业道德等义务。由于用人单位与劳动者在资本市场上的追求截然不同，用人单位追求利润最大化，劳动者追求工资最大化，因此，成本与利润的矛盾决定了用人单位与劳动者之间的对立性。如果这种矛盾处理不好，就会由对立转化为对抗，由此产生劳动争议。

在我国，“人事争议”是与“劳动争议”并行的概念，有时并称为“劳动人事争议”。人事争议，是指人事关系双方因权利、义务发生分歧而产生的争议。其中，人事关系包括我国实施公务员法的机关和聘任制公务员之间、事业单位与编制内工作人员之间、社团组织与工作人员之间以及军队文职人员聘用单位与文职人员之间的关系。

我国曾经运行不同的劳动争议处理制度和人事争议处理制度，随着社会的发展，劳动争议和人事争议处理制度走向一体化，但是，实践中的劳动争议案件的数量远远高于人事争议案件。在某些劳动人事争议仲裁机构，人事争议案件的数量仅占劳动人事争议案件总量的千分之一，可见实践中劳动争议的数量占绝对主导地位。因此，本章主要围绕劳动争议的处理实务展开讨论。

二、劳动争议的范围

在劳动关系领域发生的所有争议并不能全部归属劳动争议的范畴。目前，我国对于劳动争议范围的主要依据是《中华人民共和国劳动争议调解仲裁法》（以下简称《劳动争议调解仲裁法》）第2条的规定，具体包括下列内容。

（一）因确认劳动关系发生的争议

因确认劳动关系发生的争议是指用人单位和劳动者之间针对双方是否存在劳动关系而发生的争议。劳动者在与用人单位建立劳动关系时，应当要求尽快签订书面的劳动合同。若双方未签订书面的劳动合同，在认定双方存在劳动关系时可参考以下凭证：(1) 工资支付凭证或记录（职工工资发放花名册）、缴纳各项社会保险的记录；(2) 用人单位向劳动者发放的“工作证”“服务证”等能够证明身份的证件；(3) 劳动者填写的用人单位招工招聘“登记表”“报名表”等招用记录；(4) 考勤记录；(5) 其他劳动者的证言等。

（二）因订立、履行、变更、解除和终止劳动合同发生的争议

劳动合同是指劳动者与用人单位确立劳动关系、明确双方权利和义务的协议。用人单位与劳动者之间的劳动关系，涉及订立、履行、变更、解除和终止劳动合同的全过程。这一过程中任何一个环节发生的争议，都属于劳动争议仲裁的受案范围。根据相关法律的规定，劳动合同的订立是指用人单位与劳动者经过平等协商，就双方的权利和义务达成合意，并签订劳动合同予以确定的法律行为。劳动合同的履行是指劳动合同当事人双方履行劳动合同所规定的义务，实现合同内容的法律行为。劳动合同的变更，是指劳动关系双方当事人就已订立的劳动合同的部分条款达成修改、补充或者废止协定的法律行为。劳动合同的解除是指劳动合同订立后、尚未全部履行之前，由于某种原因导致劳动合同一方或双方当事人提前消灭劳动关系的法律行为。劳动合同的终止是指劳动合同依法生效后，因出现法定情形而导致劳动合同的效力消灭，当事人之间的权利义务终止的法律行为。

（三）因除名、辞退和辞职、离职发生的争议

这类劳动争议是指由于解除和终止劳动关系而引发的争议。所谓除名，是指职工无正当理由经常旷工，经批评教育无效，连续旷工时间超过15天，或者一年内累计旷工超过30天的，用人单位有权予以除名。所谓辞退，是指用人单位依照法律规定的条件和程序，与劳动者解除劳动关系。所谓辞职，是指劳动者根据本人意愿，主动解除与用人单位的劳动关系的行为。所谓离职，是指劳动者离开现有的用人单位，可能是因为劳动合同解除，也可能是因为劳动合同终止。需要注意的是，除名，辞退，辞职和离职都是用人单位在劳动关系管理活动中经常使用的概念，然而在《劳动合同法》中，这些概念并没有出现。在劳动合同制度中，这些概念指向的事实都是解除或终止劳动合同，因此这些行为引发的争议都属于劳动争议的范围。

（四）因工作时间、休息休假、社会保险、福利、培训以及劳动保护发生的争议

因工作时间、休息休假发生的争议主要涉及用人单位规定的工作时间是否符合有关法律的规定、劳动者是否能够享受到国家的法定节假日和带薪休假的权利。目前我国实行劳动者每日工作不超过8小时、平均每周工作时间不超过40小时的工作制度；

劳动法规规定的休息休假时间包括公休日、法定节假日以及年休假、探亲假、婚丧假、生育假、病假等。

因社会保险发生的劳动争议，主要涉及用人单位是否依照有关法律、法规的规定为劳动者缴纳养老、工伤、医疗、失业、生育等社会保险费用而引起的争议；因福利、培训发生的劳动争议，主要涉及用人单位与劳动者在订立的劳动合同中规定的有关福利待遇、培训等约定事项的履行而产生的争议；因劳动保护发生的劳动争议，主要涉及用人单位是否为劳动者提供符合法律规定的劳动安全卫生条件等标准而产生的争议。

（五）因劳动报酬、工伤医疗费、经济补偿或赔偿金等发生的争议

劳动报酬即劳动者按照自己提供的劳动数量和质量应当取得的工资收入。我国《劳动法》对工资支付原则和支付方式都有着明确的规定：工资分配应当遵守按劳分配的原则，实行同工同酬；工资应当以货币的形式按月支付给劳动者本人，不得克扣或者无故拖欠劳动者工资。

工伤医疗费是指职工因工负伤或患职业病而花费治疗的费用。用人单位依法参加工伤保险的，工伤保险费由工伤保险基金和单位按规定分别支付；用人单位未依法参加工伤保险的，工伤保险费用由单位支付。

经济补偿是指用人单位根据国家规定或者劳动合同的约定，在与劳动者解除或终止劳动合同时以货币形式直接支付的补偿费用。经济补偿的应用范围、条件、标准等均由法律强制性条款规定。赔偿金是指劳动关系的一方当事人因自己的违法行为而向另一方依法支付的赔偿费用。赔偿金一般带有惩罚性质。《劳动合同法》对经济补偿金和赔偿金的支付范围、条件和标准都作了明确的规定，这里不一一赘述。

（六）法律、法规规定的其他劳动争议。

法律、法规规定的其他劳动争议，包括因损害赔偿发生的争议，因违约金发生的争议，因女工权益保护或患病、受伤的医疗和生活费用而发生的劳动争议等。

三、处理劳动争议的方式

（一）协商程序

劳动争议发生后，争议双方当事人可以直接就争议事项在平等自愿的基础上进行协商，争取达成一致意见，避免事态扩大。此程序适用于争议开始之初双方矛盾还未激化时，而且一定要在双方自愿的基础上才能进行，并非解决劳动争议的必经程序。

（二）调解程序

调解程序是指基层调解组织对当事人自愿申请调解的劳动争议，在查明事实、分清是非的基础上，依据法规、政策的规定和劳动合同、集体合同，通过说服、教育和劝导，促使当事人双方在平等协商、互谅互让的基础上自愿达成解决劳动争议协议的活动。在劳动争议处理体制中，这是一种普遍适用的基本程序，不过，这也并非解决劳动争议的必经程序。

需要注意的是，劳动争议的基层调解属于民间调解，与劳动人事争议仲裁委员会和法院的调解有所区别：首先，劳动争议调解委员会是民间组织而不是国家机关；其次，调解劳动争议形成的调解书是合同性质，不可以到法院直接申请强制执行。

（三）仲裁程序

劳动争议仲裁是指劳动争议仲裁机构对当事人请求解决的劳动争议依法进行居中公断的行为，包括对劳动争议依法审理并进行调解、裁决的一系列活动。在我国的劳动争议处理体制中，它作为诉讼前必经的法定程序，是处理劳动争议的一种主要方式。

（四）诉讼程序

诉讼程序是解决劳动争议的最后一道程序，诉讼程序的开始必须以仲裁程序为前提条件。人民法院审理劳动争议的机构是民事审判庭，按照《中华人民共和国民事诉讼法》（以下简称《民事诉讼法》）的有关规定进行。

工作任务一
协商解决劳动争议

一、业务技能与业务示例

劳动争议的协商，是指劳动者与用人单位为解决劳动争议，通过平等自愿、互谅互让的沟通商谈，在认清事实、明辨是非的情况下，化解矛盾、达成共识的过程。双方当事人这种自主化解决争议的方式，是当事人解决争议的首要途径，并贯穿于争议处理的全过程。

《劳动争议调解仲裁法》第 4 条规定，发生劳动争议，劳动者可以与用人单位协商，也可以请工会或者第三方共同与用人单位协商，达成和解协议。同时，该法第 41 条还规定，当事人申请劳动争议仲裁后，可以自行和解。达成和解协议的，可以撤回仲裁申请。可见，协商可以贯穿于劳动争议处理的各个环节，是一种灵活便利的解决劳动争议的方式。

（一）协商和解前的准备

1. 查明争议事实

劳动争议发生后，负责协商的人员应及时查明争议的产生原因、规模、性质等，并对争议可能带来的后果做出判断。针对不同原因、不同性质的劳动争议，应采取不同的应对措施和手段。

在我国，目前将劳动者一方人数 10 人及 10 人以上的劳动争议确立为集体争议。集体争议若解决不好，可能直接影响企业的正常生产经营秩序，甚至影响社会的和谐稳定；根据劳动争议产生的原因，一些争议是由于员工的切身利益甚至基本生存权利受到了侵害，例如，劳动报酬、工伤医疗费、赔偿争议等，负责协商和解的人员应引起足够重视并正确估计事态后果，另一些争议是由于企业无法满足员工职业发展的需要，例如培训、福利、升职等，这类争议矛盾冲突相对较小，比较容易通过协商和解的方式解决。

2. 熟悉相关法律法规

我国颁布并实施的与劳动争议相关的法律、法规有很多，如《劳动法》《劳动合同法》《劳动争议调解仲裁法》《劳动人事争议仲裁办案规则》《企业劳动争议协商调解规定》等。发生劳动争议的双方应充分学习、了解相关的法律法规，才能在协商过程中做到有理、有据、有节。也能在更有效地维护自身合法权益的同时考虑到对方的利益，这样更有利于双方通过协商的方式解决劳动争议。

3. 选择协商人员

在个别劳动争议中，劳动者一方一般为发生劳动争议的当事人本人，企业一方一般为选择的协商人员。企业选择协商人员时，通常应考虑以下三点要求：尽量与该劳动争议无利害关系；具备相应法律知识、经验；在企业和员工中具有一定声望。在集体争议中，劳动者一方通常选择能够代表员工利益并且沟通能力、应变能力较强的劳动者作为代表。《劳动争议调解仲裁法》第 7 条规定：发生劳动争议的劳动者一方在 10 人以上，并有共同请求的，可以推举代表参加调解、仲裁或者诉讼活动。

4. 确立协商的目标

在对劳动争议事件有了一定了解后，准备进入协商和解过程的双方当事人应初步确立其预期或期望达成的目标。我们可以将劳动争议协商和解的目标划分为三个层次，分别是：一是必须达成的目标，是协商不成也不能放弃的目标，即进行协商和解可以接受的底线；二是预期达成的目标，是在迫不得已的情况下可以选择放弃的；三是期望达成的目标，是在必要时可以放弃的。

（二）协商的实施过程

劳动争议协商的过程就是劳动争议的双方当事人表明各自观点、交换意见以达成共识的过程，可以看作是双方当事人参与协调劳动关系的过程。同其他三种争议处理程序相比，协商和解目前还没有特别严格的程序和时间的规定或要求。《企业劳动争议协商调解规定》只是作了一个简单的规定，在实践中，协商和解往往是一个反复的过程，需要多次协商才可能达成最终的协议。

1. 协商的方式

《企业劳动争议协商调解规定》第 8 条规定，发生劳动争议，一方当事人可以通过与另一方当事人约见、面谈等方式协商解决。

2. 协商参加人

在劳动争议的双方当事人中，通常情况下劳动者一方的力量较弱，因此《企业劳动争议协商调解规定》仅仅为劳动者一方的协商参与人进行了规定。以个别劳动争议为例，劳动者一方可以采用以下几种方式进行协商：

（1）劳动者本人独自参加协商。

（2）劳动者要求所在基层工会参与或者协助其参与协商。

（3）基层工会主动参与协商处理。

（4）劳动者可以委托其他组织或者个人作为其代表进行协商。

3. 协商的过程

根据《企业劳动争议协商调解规定》，一方当事人提出协商要求后，另一方当事人应当积极作出口头或者书面回应。5 日内不作出回应的，视为不愿协商。协商的期限由当事人书面约定，在约定的期限内没有达成一致的，视为协商不成。当事人可以书面约定延长期限。

本着快速、方便解决问题的原则，在协商的过程中，参与协商的当事人都应当本着实事求是、相互照顾的精神，通过相互之间摆事实、讲道理，力求通过协商达成和解协议。一般来说，争议双方当事人可以首先阐述己方的要求或意见，然后提出可行的具体方案，双方本着诚实善意的原则，将自己的理由和困难如实陈述，以求获得对方的谅解，赢得对方的尊重。需要注意的是，当事人在坚定自己的立场和目标的同时，应当冷静分析，避免不顾一切且于事无补的大吵大闹。

4. 协商的结果

一般来说，协商和解的结果有三种，第一种为协商过程失败，双方未能达成有效的协议；第二种为双方达成和解协议，但和解协议未能被有效地执行；第三种为双方达成和解协议，并且和解协议得到双方的积极履行。

值得注意的是，协商成功的双方当事人通过合意达成和解协议并不意味着和解获得了成功，因为只有当和解协议得到积极有效的履行后，才能代表和解协商获得成功。具体来说，如果在协商的过程中，双方当事人发现分歧较大无法达成和解协议的，则协商和解结果为失败；如果已经达成了和解协议，但在规定期限内不履行的，则协商和解结果也为失败。这是因为，双方达成的和解协议并不具有法定效力，一方不能申请强制执行和解协议的内容，即协商和解协议不履行，也同样意味着协商失败。

（三）签订和解协议

劳动争议中签订的协商和解协议，通常是指发生劳动争议的双方当事人在平等自愿的基础上，通过自行协商，或请工会或第三方与用人单位进行的为解决劳动争议达成的协议。

和解协议对劳动争议双方当事人具有约束力，当事人应当履行。但是，和解协议并非是在特别正式的情形下达成的，没有权威机构的参与，法律上更没有强制执行的效力。当事人如果反悔，不履行调解协议，该劳动争议即没有解决，还得需要通过其他方式继续解决。当事人可以申请调解，还可以直接申请仲裁。

《企业劳动争议协商调解规定》第 11 条第 2 款规定，在劳动争议仲裁阶段，经仲裁庭审查，和解协议程序和内容合法有效的，仲裁庭可以将其作为证据使用。但是，当事人为达成和解的目的作出妥协所涉及的对争议事实的认可，不得在其后的仲裁中作为对其不利的证据。

业务示例 9-1

协商目标的确定

【背景资料】

某学校应届毕业生小王在毕业学年的 4 月份到 A 公司实习，双方约定待小王正式毕业后签订劳动合同。6 月底，小王正式毕业，向 A 公司提出签订正式的劳动合同，

A 公司未予以回应，小王也就未再理会，继续在 A 公司上班并领取劳动报酬。同年 10 月中旬，小王未履行请假手续就离开了公司。11 月 5 日，A 公司以小王无故旷工为由，作出了解除小王劳动关系的决定。12 月初，小王回到 A 公司，提出如下要求：

（1）A 公司支付当年 10 月、11 月的工资。

（2）A 公司未签订劳动合同，支付当年 7～11 月的双倍工资。

（3）A 公司违法解除劳动关系，应支付一个月工资作为赔偿金。

如果小王与 A 公司进行协商，双方应如何确定各自的协商目标？

【解析】

本案比较明确的事项有：A 公司已经实施用工行为，但未与小王签订劳动合同，这是 A 公司的责任；小王未履行请假手续就离开 A 公司，这是小王的责任。

本案还需要进一步明确的事项有：当小王未履行请假手续离开 A 公司时，A 公司是否采取过敦促其上班的措施；A 公司以无故旷工为由，是否有相关的劳动规章制度作为支持；小王离开 A 公司时，领取劳动报酬的截止日期等。

协商不是裁判，不一定完全按照仲裁或诉讼的预期结果来确定协商目标。不过，厘清事实、找出争议发生的原因，更有利于确定合理的协商目标。

业务示例 9-2

劳动争议协商过程

【背景资料】

陈某与某公司签订了 3 年期的劳动合同，合同约定陈某从事秘书岗位工作，工作时间为法定标准工作时间。陈某入职后，工作勤勉，对于当天未完成的任务，通常主动加班完成。陈某经常通过邮件向主管汇报工作完成进度，并对需要加班完成的工作予以说明。

一年后，陈某主动提出解除劳动合同，但要求公司支付一年的加班费，并出具了一年的上下班打卡记录以及涉及加班的相关工作汇报。

公司表示，公司有具体的加班管理制度，陈某加班是个人自愿行为，不是公司安排的。因此，公司拒绝了陈某要求支付加班工资的请求，并对此表示十分遗憾。

本案争议的焦点是陈某个人自愿加班是否可以要求公司支付加班工资。

公司派出人力资源经理代表公司与陈某进行协商，陈某邀请了一名公司外部人员作为顾问，参与到协商中。

【协商经过】

人力资源经理首先表示：陈某工作确实很努力，工作未完成的，主动留下来完成后再离开；但是公司不鼓励劳动者加班，通常安排的工作任务都是在标准工作时间内能够完成的，如果员工确实需要加班，根据公司的劳动规章制度，需要履行审批手续，经公司同意批准后的加班，公司才能支付加班工资。

陈某认为：自己经常超时工作，有据可查，已经构成加班事实，如果公司以没有经过审批为由拒绝支付加班工资，对自己来说很不公平。

顾问向人力资源经理询问具体的劳动规章制度，人力资源经理出示了《加班管理办法》，该文件规定了加班审批流程，并明确规定没有经过审批的加班行为，公司可以拒绝支付加班工资。

顾问询问陈某是否了解这个《加班管理办法》。陈某表示：入职时接受过劳动规章制度的培训，下发的培训资料里有这个文件，但自己并没有太重视。

人力资源经理表示：组织新员工进行劳动规章制度培训后，每位新员工都签字确认，表示知悉公司劳动规章制度的内容。

顾问向陈某表示：根据目前的情况来看，公司不支付陈某加班费确实有充分的依据，即使陈某因此申请仲裁，败诉的可能性也比较大，但顾问仍建议陈某努力争取一下。

陈某表示：经常没有履行审批手续而加班，虽然主要原因是由于自己的疏忽，但人力资源部门对此也没有任何质疑，上级主管也没有提醒自己应当按照正确的流程来工作，完全让自己承担这个不利后果，确实难以接受，仍希望得到公司的补偿。

人力资源经理表示：公司严格按照劳动规章制度处理并无不妥，如果单纯满足陈某的要求，对公司的其他同事来说会有不好的示范效应。但是考虑到陈某在职期间工作的确勤勉，公司愿意对陈某进行一些补偿，只是不能以加班工资的名义发放，金额也比陈某提出的加班工资数额要少。

看到公司主动让步，陈某十分高兴，立即表示同意。随后，双方签署了和解协议。

【启示】

(1) 协商人员可能只有双方，也有可能出现第三方，但第三方不是居中裁判者。

(2) 协商不能脱离事实依据和法律依据，但也不限于此，还可以进行情理分析。

(3) 在双方互谅互让基础上达成的协商结果，有可能不同于第三方居中裁判的结果。

业务示例 9-3

拟订劳动争议和解协议

【背景资料】

某公司与职工因解除劳动合同发生争议，职工到劳动争议仲裁机构申请仲裁。后双方达成协议，劳动合同解除，并由公司支付给职工一定的补偿，职工从劳动争议仲裁机构撤回仲裁申请。

请根据上述内容拟订劳动争议和解协议。

【解析】

劳动合同协商解除协议

用人单位：××××有限公司
　　个人：　　　　（身份证号码：　　　　　）

双方就××××有限公司撤柜解除劳动合同后的处理，及个人在××××劳动仲裁提出的劳动仲裁请求等事宜，本着平等、自愿、协商一致的原则，达成以下协议：

第一条　双方友好协商对一切用工期间及结束后产生的争议问题予以谅解并一次性解决。

第二条　公司给予个人一次性补偿费用____元。

第三条　个人在收到补偿费用后对提出的仲裁申请予以撤回，确认双方劳动关系履行时的权利义务从协议签订之日起即行终止，并无任何未了事宜与异议。双方确认对协商解决的补偿费用、协商解除劳动合同程序及结果均无任何异议，保证不再提出任何仲裁和诉讼请求。

协议双方签字确认：
年　　月　　日
协议签字地点：××××

本人已收到本协议第二条约定的补偿费用。

个人补偿费用数额确认签字：

二、实操演练

任务 9-1

【背景资料】

钟某在一家建筑安装公司的工地粉刷墙面时，因操作失误从脚梯上掉下摔伤。他被送往医院治疗后，所有治疗费均由建筑安装公司支付。在此期间，建筑安装公司多次做钟某的工作，希望双方就赔偿事宜私了。钟某同意在自己的伤情基本稳定后协商。三个月后，建筑安装公司与钟某签订了工伤赔偿协议书，协议的主要内容是：由建筑安装公司一次性赔付钟某医疗费、误工费、护理费、营养费等共计 5 万元，双方就此事“一次了结，今后无涉”。协议签订后的第 2 天，建筑安装公司就将 5 万元赔偿款打到钟某的银行卡上。后来，经某司法鉴定所鉴定，钟某脊柱损伤为八级伤残、双侧腕部损伤为九级伤残。经初步计算，钟某依法应得到的赔偿数额约为 17 万元，由于与实际赔偿数额相差悬殊，钟某要求建筑安装公司增加赔偿数额，但是该公司说协议已经生效和履行了，不能再反悔。

【具体任务】

钟某想知道自己是否可以反悔？具体该如何操作？

工作任务二

调解解决劳动争议

一、业务技能与业务示例

（一）劳动争议调解委员会的组成和职能

《劳动争议调解仲裁法》第10条规定："发生劳动争议，当事人可以到下列调解组织申请调解：（一）企业劳动争议调解委员会；（二）依法设立的基层人民调解组织；（三）在乡镇、街道设立的具有劳动争议调解职能的组织。"

企业劳动争议调解委员会是最常见的劳动争议调解组织，由职工代表和企业代表组成。职工代表由工会成员担任或者由全体职工推举产生，企业代表由企业负责人指定。企业劳动争议调解委员会主任由工会成员或者双方推举的人员担任。

可见，劳动争议调解委员会在用人单位内部设立，在用人单位中具有相对独立的地位。劳动争议调解委员会负责调解本单位的劳动争议，检查督促争议双方当事人履行调解协议，保障劳动争议双方当事人在调解中依法行使其权利、履行其义务，对职工进行劳动法制的宣传教育，做好劳动争议的预防工作。

（二）实施劳动争议调解

根据《劳动争议调解仲裁法》的规定，当事人申请劳动争议调解本着自愿的原则，可以书面申请，也可以口头申请。口头申请的，调解组织应当当场记录申请人基本情况、申请调解的争议事项、理由和时间。

调解组织调解劳动争议，应当充分听取双方当事人对事实和理由的陈述，耐心疏导，帮助其达成协议。经调解达成协议的，应当制作调解协议书。当事人自劳动争议调解组织收到申请之日起15日内未达成调解协议的，可以依法申请仲裁。

业务示例9-4

制作劳动争议调解申请书

【背景资料】

谢天是长虹化工厂职工。某日，由于生产设备发生故障，需要抢修，于是车间全体员工停产抢修，所有的职工都需要加班。谢天提出家住得太远，小孩需要照顾，故不能加班。同时，谢天认为，加班加点应征得职工本人同意，所以不愿加班不领加班费是可以的。化工厂则认为，由于谢天的岗位职责与抢修有关，故不参加加班将影响整个抢修进度，最终谢天坚持不加班。经研究厂方给予谢天扣发半年奖金并给予警告处分的处罚。谢天对此不服。

经查，谢天在厂表现较差，一贯不服从领导，与车间主任多次顶撞，车间主任多次要求厂里将谢天调离本车间，但由于谢天具有一定的技术水平，故一直未调整。在此次生产设备发生故障事件中，谢天提出按国家有关规定，加班需征得本人同意。而企业认为，谢天家距厂仅有骑自行车 25 分钟的路程，且小孩已满 14 岁，所以谢天的理由并不充分。而谢天所提的加班加点必须征得职工同意没有法律依据。当时厂方对谢天进行了解释和劝说，谢天置之不理，第二天谢天托人交上一张事假条就休息了三天。工厂无奈便未安排谢天加班。由于谢天的缺席使抢修受到了一定影响。鉴于谢天拒不服从企业的工作安排，给企业造成了一定的损失，因此为严肃劳动纪律，企业经研究决定给予谢天警告处分并扣发其半年的奖金。

请以谢天的名义起草一份劳动争议调解申请书。

【解析】

劳动争议调解申请书

申请方：谢天（长虹化工厂机修车间工人）

被申请方：长虹化工厂（地址：北京××路甲一号）

法定代表人：闫明（厂长）

委托代理人：李青（长虹化工厂人力资源部经理）

因被申请方扣发我奖金及处分一事，与被申请方产生争议，特申请调解。

调解请求：

1. 被申请方补发我被扣发的半年奖金 1 800 元；
2. 撤销对我的警告处分。

事实与理由：

××××年×月×日，长虹化工厂要求全体职工加班，我由于家住得较远，孩子又小，因此，没有同意单位的加班要求，厂方遂扣发了我半年的奖金，并给予了警告处分。本人认为，按照《劳动法》的规定，加班加点应征得职工本人的同意，本人有特殊情况，不能加班，单位不能强迫职工加班，更不能以不加班作为处分和扣发奖金的依据。

为此，特向长虹化工厂劳动争议调解委员会申请调解，请依法调解。

申请人：谢　天

××××年×月×日

业务示例 9-5

拟订劳动争议调解实施方案

【背景资料】

企业劳动争议调解委员会收到了“业务示例 9-4”中谢天的调解申请，着手实施劳动争议调解工作。

请为企业劳动争议调解委员会拟订一个调解方案。

【解析】

(1) 审查受理。审查的内容主要有：申请调解的争议是否属于劳动争议、是否符合劳动争议调解委员会受理的范围、申请人是否合格、有无明确的申请对方和具体的申请请求及事实根据等。

(2) 劳动争议调解前的准备。这些准备工作包括：一是对申请手续和申请书的内容进行审查。二是通知被申请人，征询被申请人的意见。如果被申请人不同意对该纠纷进行调解，可以告知申请人用其他方式解决纠纷。三是调查和搜集证据，包括谢天家离厂的远近、谢天孩子的年龄、厂方作出处理决定的依据（厂方的规章制度）、厂方安排职工加班的理由及程序。上述调查的内容应事先拟订一个调查提纲，列出调查的主要问题及具体的调查时间和调查的方法。调查的材料应制作笔录。

(3) 实施调解：此案可通过召开调解会议的形式进行。可由调解委员会主任主持，具体可采取下列程序：1）会议主持人宣布会议开始，书记员向主持人报告到会人员情况。2）主持人宣布调解的目的和纪律，告知当事人的注意事项，并宣布申请人请求调解的争议事项。3）当事人陈述。先由本案的申请人谢天宣读申请书或口头陈述事实及理由，再由被申请人厂方陈述。4）主持人宣讲与争议有关的法律、法规，本案中，可对当事人双方宣讲劳动法关于加班加点的规定。5）公布调解委员会对本案的调查核实情况。6）由双方当事人对调解委员会宣布的事实、证据发表意见。7）调解委员会依据查明的事实，提出调解意见，征求双方当事人意见。如果双方当事人均表示可以接受调解意见，可以补充内容，调解成功。如果一方或双方当事人均不能接受调解意见，也未提出和达成其他一致协议书，则调解不成功。

(4) 制作调解协议书或调解意见书。达成协议的，制作调解协议书；未达成协议的，制作调解意见书。

(5) 将案件材料归档保存。

二、实操演练

任务 9-2

【背景材料】

王小然与金辉公司签订了一份 5 年期的劳动合同。在劳动合同期限届满前的一个月，金辉公司通知王小然，将不再与其续签劳动合同，鉴于王小然还需要寻找新工作，从次日起，王小然就不用到公司上班了，但是公司将继续发放工资，直到劳动合同期限届满日。

王小然认为，自己的劳动合同还未到期，公司就不让自己继续工作，属于提前解除劳动合同，因此应当支付给自己解除劳动合同的经济补偿。

金辉公司认为，并未和王小然提前解除合同。公司将工资发放到劳动合同期限届满日，却不让其来上班，是考虑到其再就业的问题。公司完全可以让其工作到劳动合同期限届满的那一天，王小然属于无理取闹。金辉公司只同意按照劳动合同终止的相关规定给予王小然经济补偿。

王小然对金辉公司的决定不服，向公司劳动争议调解委员会申请调解。

【具体任务】

1. 以王小然的名义起草一份劳动争议调解申请书。
2. 以金辉公司劳动争议调解委员会的名义起草一份调解实施方案。

工作任务三 劳动争议仲裁的申请和受理

一、业务技能与业务示例

（一）仲裁时效

劳动争议申请仲裁的时效为 1 年。仲裁时效期间从当事人知道或者应当知道其权利被侵害之日起计算。如果当事人一方向对方当事人主张权利，或者向有关部门请求权利救济，或者对方当事人同意履行义务，那么仲裁时效中断，从中断时起，仲裁时效重新计算。因不可抗力或者有其他的正当理由的，当事人不能在规定的仲裁时效期间申请仲裁的，仲裁时效中止。从中止时效的原因消除之日起，仲裁时效期间继续计算。

劳动关系存续期间因拖欠劳动报酬发生争议的，劳动者申请仲裁不受仲裁时效的限制，但是，劳动关系终止的，应当自劳动关系终止之日起 1 年内提出仲裁申请。

（二）书面仲裁申请

申请劳动争议仲裁，当事人应当亲自或者书面委托代理人到有管辖权的劳动人事争议仲裁委员会提出书面申请，按照申请书上的要求填写后递交给工作人员，然后等待是否受理的通知。

申请劳动争议仲裁应当提交下列材料。

1. 申请书

申请人除了向劳动人事争议仲裁委员会提交书面申请书外，还应按照被申请人人数提交副本。书写仲裁申请确有困难的，可以口头申请，由仲裁委员会记入笔录，经申请人签名或盖章确认。

申请书用蓝黑或者黑色钢笔或签字笔书写，均须本人签名并注明申请日期。申请书除应写明劳动者的姓名、性别、年龄、职业、工作单位、住所、联系电话及用人单位的名称、住所、法定代表人或负责人的姓名、职务、联系电话等当事人的基本情况外，还应当有明确具体的申请请求及申请所依据的事实和理由，并载明证据和证据来源、证人姓名和住所。

2. 身份证明

申请人是劳动者的，应携带本人身份证明并提交复印件，有委托代理人的，还应提交授权委托书及委托代理人身份证明等；申请人是用人单位的，应携带单位营业执照副本，并提交复印件以及本单位法定代表人身份证明、授权委托书、委托代理人身份证明等。

3. 劳动关系证明

如劳动合同、解除或终止劳动合同证明、工资发放证明、社会保险缴费证明、工作证、出入证等材料及相应复印件。

4. 被申请人身份证明

申请人在申请劳动争议仲裁时，劳动人事争议仲裁委员会根据立案审查的需要，要求申请人提交能够证明被申请人身份的有关材料的，申请人应尽可能提交。被申请人是用人单位的，应当提交其工商注册登记相关情况的证明，包括单位名称、法定代表人、住所地、经营地等；被申请人是劳动者的，应当提交其本人户口所在地地址、现居住地、联系电话等。

5. 送达地址确认书

申请人在递交申请书时应签署送达地址确认书，写明自己接收仲裁法律文书的详细地址、邮政编码和联系电话等内容。

（三）劳动争议仲裁机构受理案件

劳动人事争议仲裁委员会在立案时，只就申请人是否是本案当事人、所申请内容是否属于劳动争议的受理范围、是否属于该劳动人事争议仲裁委员会管辖等问题进行初步审查。至于申请人的请求是否符合法律的要求、是否有相应的事实依据，是在后面的仲裁审理活动中要解决的问题。申请人所提交的《劳动争议仲裁申请书》中所写的内容未必一定就是劳动人事争议仲裁委员会最终认定的结果。

劳动人事争议仲裁委员会自收到仲裁申请之日起 5 日内，认为符合受理条件的，应当受理，并通知申请人；认为不符合受理条件的，应当书面通知申请人不予受理，并说明理由。对劳动人事争议仲裁委员会不予受理或者逾期未作出决定的，申请人可以就该劳动争议事项向人民法院提起诉讼。

劳动人事争议仲裁委员会受理仲裁申请后，应当在 5 日内将仲裁申请书副本送达被申请人。被申请人收到仲裁申请书副本后，应当在 10 日内向劳动人事争议仲裁委员会提交答辩书。劳动人事争议仲裁委员会收到答辩书后，应当在 5 日内将答辩书副本送达申请人。被申请人未提交答辩书的，不影响仲裁程序的进行。

业务示例 9-6

提出劳动争议仲裁申请

【背景资料】

于明丽（女）是天乐公司财务处的一名会计，与本部门出纳张君（男）素来不和。于明丽的丈夫认为张君总是欺负于明丽，决定找个机会教训一下张君。由于怕于明丽阻拦，于明丽的丈夫特地在某日下午来到天乐公司，因为他知道这天下午于明丽会去银行办事，自己可以趁此机会好好教训一下张君。于明丽的丈夫来到财务处，找到张君，不问青红皂白便给了张君一拳，周围的同事赶紧把他俩拉开。正在此时，于明丽从银行回来，赶紧把丈夫拉回了家。

第二天，于明丽一上班就得到一份通知，被告知由于教唆家属到公司殴打同事，她已经严重违反劳动纪律，公司决定解除与于明丽的劳动合同，并让她立即办理工作交接手续。

于明丽不服，她认为丈夫来单位打人自己并不知情，更谈不上教唆，况且自己在事发后及时制止了丈夫的行为，于明丽认为，自己可以就打人一事向张君道歉，公司解除劳动合同的处理太过严重，于是于明丽向劳动人事争议仲裁委员会申请仲裁。

请帮于明丽写一份《劳动争议仲裁申请书》。

【解析】

《劳动争议仲裁申请书》具体见表 9－1。

表 9－1　劳动争议仲裁申请书

申请人				被申请人			
姓名或单位名称	于明丽			姓名或单位名称	天乐公司		
单位性质				单位性质	私营企业		
法定代表人姓名		职务	会计	法定代表人姓名	尚娟	职务	总经理
性别	女	年龄	27	性别	女	年龄	48
民族或国籍	汉族			民族或国籍	汉族		
工作单位	天乐公司			工作单位			
地址	北京市西城区展览路×号			地址	北京市朝阳区南大街 88 号		
电话	×××××××××			电话	×××××××××		
邮编	××××××			邮编	××××××		

请求事项：

撤销对申请人解除劳动合同的决定。

事实和理由（包括证据和证据来源、证人姓名和住址等情况）：

本人是天乐公司财务处的一名会计，与本部门的出纳张君有些私人恩怨，但本人从未因此影响工作。××××年×月×日，本人家属趁本人不在公司时，到公司对张君作出了一些不理智的举动。事发后，本人立即劝走了家属，并向张君道歉。

但天乐公司认为，是本人教唆家属来公司闹事。对此结论本人不认可，家属来公司本人确实不知情，谈不上教唆。公司以本人严重违反劳动纪律为由，解除本人劳动合同缺乏依据，本人不服，特申请仲裁。

此致

×××劳动人事争议仲裁委员会

申请人：于明丽

××××年×月×日

业务示例 9－7

劳动争议仲裁机构受理案件

【背景资料】

根据上一业务示例提供的背景资料，劳动人事争议仲裁委员会受理了申请人于明丽的申请。请根据《劳动争议仲裁申请书》的内容填写《立案审批表》。劳动人事争议仲裁委员会决定立案后，向申请人发出《受理案件通知书》，向被申请人发出《立案通知书》。

【解析】

1. 劳动人事争议仲裁委员会立案审批表参考格式见表 9－2。

表 9－2　×××劳动人事争议仲裁委员会

立案审批表

案由			收案时间		案号	
申请人	姓名		性别		出生日期	
	现工作单位					
被申请人	单位全称					
	企业性质		主管部门			
请求事项	填报人：　　　年　月　日					
审批意见	审批人：　　　年　月　日					

重点提示：

《立案审批表》是劳动争议仲裁机构的工作文件，不送达给当事人，但会存入该案件的案卷中予以保存。对于案件是否受理，以劳动争议仲裁机构向当事人送达的通知书为准。

2.《受理案件通知书》参考格式。

×××劳动人事争议仲裁委员会

受理案件通知书

（×劳人仲字〔　〕第__号）

________________：

本委已经接到你（单位）申请仲裁________________的申请书，经审查符合规定的受理条件，本委决定立案审理。现将有关事项通知如下：

一、自收到本通知书之日起 10 日内，劳动者应提交身份证件复印件（A4 纸），用人单位应提交《营业执照》副本复印件（A4 纸），并填写《法定代表人身份证明书》。

二、如需委托代理人代理参加仲裁活动，一经确定具体人选，即应填写《授权委托书》并提交文本。

三、本委决定此案由仲裁员______________承办，仲裁员的联系电话为______________。如要求回避，当事人请向本委提出回避申请。

年　　月　　日

（盖章）

3.《立案通知书》参考格式。

×××劳动人事争议仲裁委员会

立 案 通 知 书

（×劳人仲字〔　〕第__号）

______________：

本委已受理______________申请仲裁你（单位）劳动争议案，现将申诉书副本送交你（单位），并将有关事项通知如下：

一、请你（单位）自收到申请书副本之日起 10 日内，向本委提交答辩书两份（使用 A4 纸，并签名或盖章）。

二、自收到本通知书之日起 10 日内，劳动者应提交身份证件复印件（A4 纸），用人单位应提交营业执照副本复印件（A4 纸），并填写《法定代表人身份证明书》。

三、如需委托代理人代理参加仲裁活动，一经确定具体人选，即应填写《授权委托书》并提交文本。

四、本委决定此案由仲裁员______________承办，仲裁员的联系电话为______________。如要求回避，当事人请向本委提出回避申请。

五、如对本案管辖持有异议，请自收到本通知书之日起 10 日内向本委书面提出，并提供相关依据原件。

年　　月　　日

（盖章）

业务示例 9－8

被申请人进行答辩

【背景资料】

根据上一业务示例提供的背景资料，被申请人收到了申请书副本。请以被申请人的名义制作《劳动争议仲裁答辩书》。

【解决方案】

劳动争议仲裁答辩书

答辩人：天乐公司

答辩请求：驳回申请人的请求，维持公司解除劳动合同的决定。

事实和理由：

申请人于明丽在工作中，没有正确处理与同事间的矛盾，反而教唆家属到公司来殴打同事，造成很坏的影响。此行为已经严重违反了我公司的劳动纪律，我公司作出解除劳动合同的处理决定并无不当。理由如下：

(1) 无论基于什么理由，对他人进行身体攻击都是违法行为。本案中，殴打张君虽非于明丽本人所为，但其家属来单位殴打张君，如非于明丽指使，家属怎会擅自前往。所以于明丽对此事件有着不可推卸的责任。

(2) 由于于明丽家属的不理智行为，扰乱了我公司正常的办公秩序，在员工中也造成了很坏的影响。于明丽的行为已经严重违反了我公司的劳动纪律，我公司与其解除劳动合同既有事实上的依据，也有制度上的依据。

综上所述，申请仲裁委员会驳回申请人于明丽的请求，维持我公司与其解除劳动合同的决定。

此致

××劳动人事争议仲裁委员会

答辩人：天乐公司（签名或盖章）

××××年×月×日

重点提示：

对于被申请人而言，答辩是其权利而不是义务，即被申请人可以放弃答辩的权利。如果被申请人没有在规定的时限内提交答辩书，不影响劳动争议仲裁案件的审理。

二、实操演练

任务 9－3

【背景材料】

周平，某百货公司营业员，经医生诊断为肝炎，休病假 3 个月。病假期间，公司工会主席曾到周平家探望并嘱咐其安心养病。然而该公司王某反映，周平并非一直在休病假，有时会在服装贸易市场售货。3 个月后，周平回公司上班，然而在一个月内，先后有三个人（赵某、钱某、孙某）反映，看到周平在服装市场售货，公司以周平“病假期间牟取非法收入，且上班时间脱岗”为由，与周平解除了劳动合同，周平不服，到劳动人事争议仲裁委员会申请仲裁。

【具体任务】

1. 以周平的名义制作一份劳动争议仲裁申请书。
2. 以某百货公司的名义制作一份劳动争议仲裁答辩书。

工作任务四

仲裁准备阶段的工作

一、业务技能与业务示例

（一）仲裁机构组建仲裁庭

劳动人事争议仲裁委员会在作出受理仲裁申请的决定后，应着手建立仲裁庭，确定开庭的时间和地点，并以书面形式告知当事人。根据《劳动争议调解仲裁法》以及《劳动人事争议仲裁办案规则》的相关规定，仲裁委员会应当在受理仲裁申请之日起5日内组成仲裁庭，并将仲裁庭的组成情况书面通知当事人。仲裁庭由3名仲裁员组成，设首席仲裁员。简单劳动争议案件可以由1名仲裁员独任仲裁。仲裁庭应当在开庭5日前，将开庭日期、地点书面通知双方当事人。当事人有正当理由的，可以在开庭3日前请求延期开庭。是否延期，由仲裁委员会根据实际情况决定。

（二）仲裁机构决定回避事宜

在仲裁庭组成之后，劳动人事争议仲裁委员会要对仲裁员进行审查，要求与本案有利害关系的仲裁员进行回避。回避分为仲裁员主动回避和当事人申请回避两种。《劳动争议调解仲裁法》第33条规定：仲裁员有下列情形之一，应当回避，当事人也有权以口头或者书面方式提出回避申请：（1）是本案当事人或者当事人、代理人的近亲属的；（2）与本案有利害关系的；（3）与本案当事人、代理人有其他关系，可能影响公正裁决的；（4）私自会见当事人、代理人，或者接受当事人、代理人的请客送礼的。《劳动人事争议仲裁办案规则》第11条规定：当事人申请回避，应当在案件开庭审理前提出，并说明理由。回避事由在案件开庭审理后知晓的，也可以在庭审辩论终结前提出。当事人在庭审辩论终结后提出回避申请的，不影响仲裁程序的进行。第12条规定：在回避决定作出前，被申请回避的人员应当暂停参与该案处理，但因案件需要采取紧急措施的除外。

回避需要经过严格的程序。《劳动人事争议仲裁办案规则》第12条规定：仲裁员是否回避，由仲裁委员会主任或者其委托的仲裁院负责人决定。仲裁委员会主任担任案件仲裁员是否回避，由仲裁委员会决定。《劳动争议调解仲裁法》第34条规定：仲裁员有私自会见当事人、代理人，或者接受当事人、代理人的请客送礼的，或者有索贿受贿、徇私舞弊、枉法裁决行为的，应当依法承担法律责任。劳动人事争议仲裁委员会应当将其解聘。

（三）当事人的权利义务

1. 撤回申请

申请人在仲裁过程中有权撤销或者放弃申请请求。撤回申请应当在劳动争议仲裁委员会立案后至《调解书》或者《裁决书》送达之前提出书面申请，并经劳动人事争议仲裁委员会批准。

2. 提交答辩书及相关材料

劳动人事争议仲裁委员会受理仲裁申请后，应当在5日内将仲裁申请书副本送达被申请人。被申请人收到仲裁申请书副本后，应当在10日内向劳动人事争议仲裁委员会提交答辩书，该10日为答辩期。同时，被申请人还应当向劳动人事争议仲裁委员会提交营业执照副本、法定代表人身份证明书、授权委托书等相关材料。

3. 提出管辖异议

被申请人对劳动人事争议仲裁委员会受理案件的管辖有异议的，应当在答辩期内以书面形式提出并提供相关的证据材料。劳动人事争议仲裁委员会认为管辖异议成立的，应当停止案件的审理并通知被申请人。劳动人事争议仲裁委员会不同意管辖异议的，被申请人应当按时出庭。逾期提出的管辖异议或者未提供必要证据材料的，劳动人事争议仲裁委员会不予受理。

4. 填写送达地址确认书

当事人在申请或者答辩时，应当向劳动人事争议仲裁委员会提供送达地址，并填写送达地址确认书，写明接收仲裁法律文书的详细地址、邮政编码和联系电话等内容。受送达人是有固定职业的自然人的，其从业场所可以视为送达地址。劳动人事争议仲裁委员会送达仲裁法律文书时将依据实际情况，采取直接送达、邮寄送达、委托送达、公告送达等形式。

5. 提出反申请

被申请人可以提出反申请。反申请应当在答辩期内向劳动人事争议仲裁委员会提出书面申请，经劳动人事争议仲裁委员会决定受理并批准合并审理的，一并开庭审理。逾期提出反申请，经审查符合受理条件的，另案处理。

6. 委托代理人参加仲裁活动

当事人可以委托1～2名委托代理人参加仲裁活动。委托代理人为律师的，应当有律师事务所出具的出庭函和律师执照，没有上述公函和律师执照的，不能以律师的身份参加仲裁活动。

当事人委托代理人的，应当填写《授权委托书》。《授权委托书》上应当写明委托事项和权限。委托代理人的代理权限为：代为接收仲裁文书；代为承认、放弃、变更仲裁请求，进行和解，提起反申请；确认送达地址等。

当事人更换委托代理人、变更或解除委托代理人的代理权限的，应当向劳动人事争议仲裁委员会书面报告变更情况。

7. 追加第三人

当事人申请追加第三人的，应当向劳动人事争议仲裁委员会书面提交追加第三人的事实理由、拟追加第三人的单位名称、法定代表人、通信地址、联系电话等详细准确的情况，经劳动人事争议仲裁委员会批准后追加第三人参加仲裁活动。

8. 按时出庭、遵守仲裁庭纪律

仲裁庭在被申请人答辩期限届满后公开开庭审理，并提前5日向当事人送达《出庭通知书》，当事人收到《出庭通知书》后，应当按照规定的时间、地点准时出庭，并遵守仲裁庭纪律。

9. 申请回避

仲裁员有下列情形之一的，当事人可以提出回避申请：（1）是本案当事人或者当事人、代理人的近亲属的；（2）与本案有利害关系的；（3）与本案当事人、代理人有其他关系，可能影响公正裁决的；（4）私自会见当事人、代理人，或者接受当事人、代理人请客送礼的。

当事人提出回避申请，应当说明理由，在案件开庭审理前提出；回避事由在案件开庭审理后知晓的，也可以在庭审辩论终结前提出。当事人在庭审辩论终结后提出回避申请的，不影响仲裁程序的进行。在回避决定作出前，被申请回避的人员应当暂停参与该案处理，但因案件需要采取紧急措施的除外。

仲裁员是否回避，由仲裁委员会主任或者其委托的仲裁院负责人决定。仲裁委员会主任担任案件仲裁员是否回避，由仲裁委员会决定。

10. 阅读庭审笔录并签字

当事人和其他仲裁活动参与人应在庭审结束后阅读庭审笔录，并应签名或盖章；认为对自己陈述或记录有遗漏或者差错的，可以申请补正，补正后应签名或盖章。

11. 向法院起诉及申请强制执行

根据《劳动争议调解仲裁法》第 47 条的规定，涉及追索劳动报酬、工伤医疗费、经济补偿或者赔偿金，不超过当地月最低工资标准 12 个月金额的争议，以及因执行国家的劳动标准在工作时间、休息休假、社会保险等方面发生的争议，除劳动者对仲裁裁决不服外，可以自收到仲裁裁决书之日起 15 日内向人民法院提起诉讼的情况外，仲裁裁决为终局裁决，裁决书自作出之日起发生法律效力。用人单位有证据证明前述仲裁裁决有《劳动争议调解仲裁法》第 49 条第 1 款规定的情形之一的，可以自收到仲裁裁决书之日起 30 日内向劳动人事争议仲裁委员会所在地的中级人民法院申请撤销裁决。仲裁裁决被人民法院裁定撤销的，当事人可以自收到裁定书之日起 15 日内就该劳动争议事项向人民法院提起诉讼。

当事人对《劳动争议调解仲裁法》第 47 条规定以外的其他劳动争议案件的仲裁裁决不服的，可以自收到裁决书之日起 15 日内向人民法院提起诉讼；期满不起诉的，裁决书发生法律效力。

当事人对发生法律效力的裁决书，应当依照规定的期限履行。一方当事人逾期不履行的，另一方当事人可以依照民事诉讼法的有关规定向人民法院申请强制执行。

（四）当事人委托代理人注意事项

根据法律的规定，劳动争议仲裁案件的当事人有权委托他人参加劳动争议仲裁活动。委托他人参加劳动争议仲裁活动的，必须填写、提交《授权委托书》。

委托代理制度是劳动争议仲裁中普遍运用的代理制度。在实际生活中，劳动争议的当事人由于某些原因难以亲自参加仲裁活动或不便亲自参加仲裁活动，或者因缺乏劳动法律常识或仲裁经验而需要在仲裁中获得法律帮助，可以委托他人代理参加仲裁活动。

委托代理是根据代理人和被代理人之间的合同成立的代理，受当事人委托代为仲裁的人，就是委托代理人。当事人在签发授权委托书前，应当就委托代理事项和代理权限同委托代理人达成协议。

委托代理的权限和事项一般由委托人自行决定，委托代理人必须在委托人的授权范围内从事代理活动，委托代理人须以委托人的名义从事仲裁活动，而仲裁活动的后果则由委托人承担。委托代理人不得超越授权委托书中约定的授权范围从事仲裁活动，超越授权范围从事代理活动的，委托代理人应当向委托人一方承担法律责任。

当事人在委托代理人时，必须如实详尽地填写委托事项和权限，委托代理人代为承认、放弃、变更仲裁请求，进行和解的，必须有委托人（当事人）的特别授权，该特别授权必须如实记载于授权委托书中方发生法律效力。如果当事人仅授予委托代理人一般代理权，那么在委托事项和权限一栏可写明：代理进行仲裁活动，如进行答辩、申请回避、提供证据等。当事人授予委托代理人的是一般授权，还是特别授权，由当事人自己决定。

业务示例 9－9

当事人委托代理人参加仲裁活动

授权委托书

＿＿＿＿＿＿劳动人事争议仲裁委员会：

你委受理的关于＿＿＿＿＿＿＿＿的劳动争议一案，依照法律规定，特委托＿＿＿＿为我（单位）的代理人，参加本案仲裁活动。

委托代理人：

姓名：

性别：

年龄：

工作单位及职务：

经常居住地：

联系电话：

委托事项和代理权限如下（请在以下两项中选择其一进行勾选）：

□一般代理

□代为接收法律文书；代为承认、放弃、变更仲裁请求，进行和解，提出反申请

委托代理人在委托权限范围内签署的有关文书我方均予以承认，并承担法律责任。

委　托　人（签名或盖章）：

年　　月　　日

委托代理人（签名或盖章）：

年　　月　　日

业务示例 9－10

仲裁机构制作出庭通知书

×××劳动人事争议仲裁委员会

出 庭 通 知 书

____________：

本委受理____________________一案，现决定于____年____月____日____午____时____分在____________________开庭审理，请准时出庭。

特此通知

×××劳动人事争议仲裁委员会（盖章）

年　　月　　日

注：（1）申请人收到本通知，无正当理由拒不到庭或未经仲裁庭同意中途退庭的，视为撤回仲裁申请。

（2）被申请人收到本通知，无正当理由拒不到庭或未经仲裁庭同意中途退庭的，可缺席裁决。

（3）请注意遵守仲裁庭纪律。

二、实操演练

任务 9－4

【背景材料】

张颖是某公司的职工，她曾多次以孩子生病为由向厂领导请假，但每次都逾期几天才回到工作岗位。后又未经领导同意擅自离岗 10 天，随一旅行团外出旅行。公司认为，张颖经多次教育仍不悔改，严重违反了劳动纪律，遂决定解除其劳动合同。

张颖向公司劳动争议调解委员会申请调解，但公司不同意调解。公司经理认为，张颖的行为已经构成了严重违反劳动纪律，多次请假并逾期未归，累计已经有 35 天，其中逾期未归 15 天，后又旷工 10 天，情节严重，必须与其解除劳动合同。张颖又向当地劳动争议仲裁机构申请仲裁。公司经理认为，公司解除张颖的劳动合同是完全依法进行的，仲裁机构不应插手此案，处分职工是企业的自主权，故拒不到庭，认为只要他们不到，仲裁机构就无法作出裁决。仲裁机构在经两次开庭公司均缺席的情况下，根据调查的事实，作出了裁决。公司接到裁决书才着了急，认为仲裁机构的裁决不合理，坚决要求仲裁机构撤销仲裁裁决书。

【具体任务】

1. 公司在仲裁活动中的应对措施有何不妥之处？
2. 在当事人缺席的情况下，仲裁机构能否作出裁决？

3. 在仲裁活动中，当事人都有哪些权利与义务?
4. 公司有权要求仲裁机构撤销仲裁裁决书吗?

工作任务五

仲裁开庭审理和裁决

一、业务技能与业务示例

(一) 仲裁庭审流程

劳动争议仲裁案件开庭审理时，仲裁员应当听取申请人的陈述和被申请人的答辩，主持庭审调查、质证和辩论，征询当事人的最后意见，并进行调解。

庭审过程是围绕案件事实进行调查的过程，除了前期的准备工作外，重点有以下几个环节。

1. 举证和质证

当事人提供的证据必须真实，如果提供虚假的证据要承担相应的法律责任；提供的证据要与案件争议的焦点有关，不要提供与案件无关的证据；证据的来源应当合法。另外，当事人在庭审过程中举证时，要说明证据的名称、要证明的问题和证明目的等。

质证是指一方当事人对另一方当事人提供证据的真实性、关联性、合法性发表意见，进行质疑、说明和辩驳；在质证过程中要尊重对方举证和质证的权利，不要打断对方，也不得对对方进行人身攻击。

2. 辩论

在辩论过程中要注意围绕案件争议的焦点进行辩论，已经陈述过的意见不要反复地说，要尊重对方，禁止发表攻击对方人格的言论。

3. 调解

在辩论程序终结后，当事人各方可以选择调解程序，调解达成协议的，仲裁庭应当制作调解书。调解书一经双方当事人签收后，就发生法律效力。如果调解不成，仲裁庭还会依法裁决。有的人认为调解不如裁决的法律效力高，其实调解与裁决是处理劳动争议的两种方式，二者具有同等的法律效力。

业务示例 9-11

劳动争议仲裁开庭流程

第一阶段：准备阶段（书记员负责）。该阶段的开庭事项和具体内容如表 9-3 所示。

表 9-3 准备阶段的开庭事项和具体内容

开庭事项	具体内容
核实参加庭审人员到庭情况	书记员宣布：申请人（姓名或单位名称）诉被申请人（姓名或单位名称）（案由）争议一案，仲裁庭审理即将开始。请双方当事人及各自委托代理人按指示牌就座，旁听人员进入旁听席就座。现在核查双方当事人及其他仲裁参与人到庭情况。 （参加庭审人员回答到庭情况，通常按先申请方、后被申请方的顺序回答）
宣布仲裁庭纪律	书记员宣布： （1）参加庭审人员必须遵守仲裁庭纪律，保持庭内安静、庄严，不许喧哗吵闹。未经仲裁庭许可，不准录音、录像、拍照及进行其他妨碍庭审的活动。如携带移动通信工具的，请予关机。 （2）当事人及代理人在陈述事实、说明理由以及辩论时，必须在首席仲裁员主持下，围绕争议要点进行。发言应实事求是、文明礼貌，不得进行人身攻击。 （3）双方当事人在仲裁庭开庭后，未经仲裁庭许可，不得中途退庭。擅自退庭的，对申请人视为撤回仲裁申请，对被申请人按缺席裁决处理。旁听人员不得随意走动或进入审理区域，不准发言和提问。 （4）对违反仲裁庭纪律，妨碍仲裁活动的当事人或代理人，情节严重的，对申请人视为撤回仲裁申请，对被申请人按缺席裁决处理。构成犯罪的，建议司法机关追究其法律责任。
向仲裁员报告准备工作情况	书记员：报告首席仲裁员（仲裁员），仲裁庭准备工作就绪，请开庭。 [如果必须到庭的当事人和其他仲裁活动参与人没有到庭，由书记员向首席仲裁员（仲裁员）报告，首席仲裁员（仲裁员）可于通知开庭时间的 30 分钟后宣布休庭。如申请人属无正当理由拒不到庭的，视为撤回仲裁申请。被申请人提出反申请的，可以作缺席审理。如被申请人属无正当理由未到庭的，本案按缺席裁决处理]

第二阶段：核实人员身份（首席仲裁员或仲裁员负责）。该阶段的开庭事项和具体内容如表 9-4 所示。

表 9-4 核实人员身份阶段的开庭事项和具体内容

开庭事项	具体内容
正式宣布开庭	仲裁员宣布：申请人（姓名或单位名称）诉被申请人（姓名或单位名称）（案由）争议一案，现在开庭审理。
宣布仲裁庭组成人员	仲裁员宣布：本案由首席仲裁员×××，仲裁员×××，仲裁员×××组成仲裁庭审理，书记员×××担任本庭记录工作。
核实当事人身份	申请人：自然人的姓名、性别、出生时间、民族、住所地（查验居民身份证）。 法人或其他组织的名称、住所地、法定代表人或主要负责人的姓名、职务（查验企业法人营业执照副本、事业单位登记证等，法定代表人或主要负责人的身份证明）。 委托代理人：律师的姓名、工作单位、职务及代理权限（查验授权委托书、律师事务所公函、律师执照）。 其他公民的姓名、性别、职业或工作单位及职务、住所地、与当事人有无近亲属关系及代理权限（查验授权委托书、居民身份证）。 核实完毕后，仲裁员宣布：上述人员经本庭核实，符合法律规定，可以参加本案仲裁活动。

续表

开庭事项	具体内容
宣布当事人权利义务	仲裁员宣布：当事人有提出、变更、放弃仲裁请求，提出反申请以及和解的权利。当事人有申请回避、提供证据、进行辩论、请求调解的权利。当事人有如实陈述事实、如实提供证据的义务。当事人有遵守仲裁庭纪律、服从仲裁庭指挥的义务。 仲裁员宣布完毕后，应当询问当事人是否听清，是否申请本庭组成人员回避。 （根据《劳动人事争议仲裁办案规则》的规定，当事人提出回避申请，应当说明理由，在案件开始审理时提出；回避事由在案件开始审理后知道的，也可以在庭审辩论终结前提出；当事人在庭审辩论终结后提出的，不影响仲裁程序的进行，当事人因此对仲裁裁决不服的，可以依法向人民法院起诉或者申请撤销。被申请回避的人员在仲裁委员会作出是否回避的决定前，应当暂停参与本案的处理，但因案件需要采取紧急措施的除外。仲裁员是否回避，由仲裁委员会主任或其授权的办事机构负责人决定。仲裁委员会主任担任案件仲裁员是否回避，由仲裁委员会决定）

第三阶段：仲裁庭调查（首席仲裁员或仲裁员负责）。该阶段的开庭事项和具体内容如表9－5所示。

表9－5　仲裁庭调查阶段的开庭事项和具体内容

开庭事项	具体内容
申请人宣读申请书	申请人宣读申请书，宣读完毕后，仲裁员应当询问申请人对申请事项是否还有补充。
被申请人宣读答辩书	被申请人宣读答辩书，宣读完毕后，仲裁员应当询问被申请人对答辩事项是否还有补充。 （当申请人增加请求或被申请人在答辩时提出反申请且符合条件的，首席仲裁员应询问其他当事人是否需要答辩期，如不需要，即可对上述请求合并审理；如需要答辩期，则可宣布休庭，但如果上述请求不影响本案审理的，可先对本案进行审理）
案件事实调查	仲裁员明确本案争议的焦点，并且向当事人宣布：请各方当事人就本案争议的焦点如实回答本庭提出的问题。 由各方当事人当庭举证和质证，请各方当事人依次出示相关证据，并请各方当事人进行质证。 对所认证完毕的相关证据，由仲裁庭予以确认并当庭宣布认证结果（有效、无效、待查）。 （本阶段举证注意事项：要针对与案件有直接联系的内容和范围进行；证据应客观、真实；证据的来源、形式等必须合法；书证、鉴定结论、勘验笔录要宣读内容，物证要当庭展示，视听资料要当庭播放） （本阶段质证注意事项：质证应围绕本案的请求、事实及理由进行；对任何一方所举证据可以互相审验，对其证明效力进行辩论和反驳；经仲裁庭许可，可以向对方当事人、证人发问；当事人请求庭后补充证据的，仲裁庭应当根据实际情况确定补充证据的期限，并记入笔录） [如果有证人出庭作证：查验证人的身份（姓名、性别、出生时间、职业或工作单位和职务、住所地）；宣读证人权利义务（依照有关法律规定，证人在作证时，应当客观公正地提供证言，如有意歪曲事实真相作伪证的，将追究法律责任；同时，证人有权拒绝回答与本案无关的提问）；由仲裁员询问证人，并由各方当事人向证人提出问题]
宣布调查阶段结束	双方当事人对案件事实均没有补充，也没有新的证据提供时，仲裁员宣布调查阶段结束。

第四阶段：仲裁庭辩论（首席仲裁员或仲裁员负责）。该阶段的开庭事项和具体内容如表 9-6 所示。

表 9-6　仲裁庭辩论阶段的开庭事项和具体内容

开庭事项	具体内容
仲裁庭辩论	仲裁员宣布：现在进行仲裁庭辩论。辩论应围绕本案争议焦点进行，发言时简明扼要，避免重复，并不得进行人身攻击。下面由当事人分别发表辩论意见。 申请人和被申请人分别发表辩论意见。（在辩论过程中要注意围绕案件争议的焦点进行辩论，已经陈述过的意见不要反复地说，要尊重对方，禁止发表攻击对方人格的言论）

第五阶段：调解裁决阶段。该阶段的开庭事项和具体内容如表 9-7 所示。

表 9-7　调解裁决阶段的开庭事项和具体内容

开庭事项	具体内容
仲裁庭调解	仲裁员：依照《劳动争议调解仲裁法》的规定，仲裁庭处理劳动争议应当本着自愿、合法的原则先行调解。请问各方当事人是否愿意调解？ 双方当事人分别发表意见。 （如果调解成功，仲裁员当庭宣布调解书，并制作调解书当庭送达各方当事人，同时宣布闭庭。如果当事人均不愿意调解或调解不成，首席仲裁员直接宣布休庭进行评议）
仲裁庭裁决	继续开庭，仲裁员宣布裁决，并告知当事人如不服本裁决，有权在收到裁决书之日起 15 日内向××法院起诉，然后询问各方当事人是否听清。如果裁决内容属于终局裁决，也应告知当事人相应的救济权利。 各方当事人及代理人阅读、补正仲裁庭笔录并签字盖章。 仲裁员宣布闭庭。（如果没有当庭裁决的，宣布休庭）

业务示例 9-12

制作庭审笔录

×××劳动人事争议仲裁委员会

庭　审　笔　录

时间：　　年　　月　　日　　时到　　时

地点：

案号：　　劳人仲字〔　〕第　号

案由：

首席仲裁员：

仲裁员：

书记员：

申请人：

委托代理人：
被申请人：
委托代理人：
第三人：
委托代理人：
审理情况：______________________________
____
____
____
____

（二）仲裁庭调查要点

1. 当事人的举证责任分配

（1）对当事人或者代理人身份有异议的，由持有异议的一方承担举证责任。

（2）当事人对自己提出的仲裁请求所依据的事实，或者辩驳对方仲裁请求所依据的事实，有责任提供证据加以证明。没有证据或者证据不足以证明当事人的主张的，由负有举证责任的当事人承担不利的法律后果。

（3）劳动者无法提供由用人单位掌握管理的与仲裁请求有关的证据，仲裁庭可以要求用人单位在指定的期限内提供。用人单位在指定期限内不提供的，应当承担不利的法律后果。

（4）在劳动合同（劳动关系）争议案件中，主张劳动合同（劳动关系）成立并生效的一方当事人，对劳动合同（劳动关系）成立和生效的事实承担举证责任。主张劳动合同（劳动关系）变更、解除、终止、撤销的一方当事人，对引起劳动合同（劳动关系）变动的事实承担举证责任。

（5）因用人单位作出解除劳动合同（劳动关系）、减少劳动报酬、计算劳动者工作年限等决定而发生争议的，由用人单位对决定所依据的事实和处理依据承担举证责任。

2. 证据要求

当事人向劳动人事争议仲裁委员会提供的证据，必须满足如下要求：

（1）当事人向劳动人事争议仲裁委员会提供证据，应当提供证据原件以及与原件核对无异的复印件。当事人提供视听资料证据的，应当提交两份拷贝件和两份完整的书面对话记录。

（2）当事人应当对提供的证据逐一分类编号，并填写《证据材料清单》。证据原件和复印件经劳动人事争议仲裁委员会核对后，原件退当事人，复印件由劳动人事争议仲裁委员会留存。

（3）以外文书证或者外文说明资料作为证据的，应当附有中文译本，中文译本应是有关机构认可的有翻译资质的单位翻译。

（4）当事人向劳动人事争议仲裁委员会提供的证据系在中华人民共和国领域外形成的，该证据应当经所在国公证机关予以证明，并经中华人民共和国驻该国使领馆予以认证，或者履行中华人民共和国与该所在国订立的有关条约中规定的证明手续，有关证据是在港澳台地区形成的，按照相关规定执行。

（5）一方当事人对另一方当事人提交的证据的真实性持有异议的，可以申请鉴定。当事人申请鉴定，应当在劳动人事争议仲裁委员会指定的期限内提出。鉴定机构由双方当事人约定，无法达成约定的，由仲裁庭指定。对需要鉴定的事项负有举证责任的当事人，在劳动人事争议仲裁委员会指定的期限内无正当理由不提出鉴定申请或未提供相关材料，致使对案件争议的事实无法通过鉴定结论予以认定的，应当对该事实承担举证不能的法律后果。

（6）当事人申请证人出庭作证的，应当在举证期限届满 5 日前提出，并经劳动人事争议仲裁委员会许可。当事人提供证人证言的，除法律、司法解释规定的特殊情况外，证人应当亲自到庭作证接受询问。

仲裁员和当事人可以对证人进行询问。证人不得旁听仲裁庭审理。询问证人时，其他证人不得在场。仲裁庭认为有必要时，可以让证人对质。

3. 举证期限

举证期限由劳动人事争议仲裁委员会根据案件情况指定，自当事人收到案件受理通知书或立案通知书之日起计算。当事人在举证期限内向劳动人事争议仲裁委员会提交证据材料，当事人在举证期限内不提交的，视为放弃举证权利。对于当事人逾期提交证据材料的，劳动人事争议仲裁委员会审理时不组织质证，但对方当事人同意质证的除外。

劳动人事争议仲裁委员会可以组织当事人在开庭审理前交换证据。交换证据的时间可以由当事人协商一致并经劳动人事争议仲裁委员会认可，也可以由劳动人事争议仲裁委员会指定。仲裁庭视案情允许当事人补充证据的，应当在仲裁庭规定的时间内补充证据，如果在规定的时间内不能补证的，应当承担不利的法律后果。

业务示例 9－13

确认劳动关系案件的调查

【背景资料】

某日，张师傅到一家工艺品市场管理公司应聘保安。第二天，公司电话通知他面试合格，让他来公司领服装、签合同。张师傅如约前往，在与公司签订劳动合同后，领取了两套工作服。因合同要加盖公章，公司将一式两份的合同全部拿走，张师傅手中仅有一张招聘人员手写的便条，内容为张师傅的工资待遇及工作时间。一周后，张师傅开始上岗工作。然而仅仅过了一天，张师傅上班后站在凳子上打开遮阳伞时，因凳子突然断裂，他摔倒并被遮阳伞上的铁皮割伤了手指。经诊断，张师傅的伤口深及肌腱，需要住院。出院后，张师傅要求公司承担治疗费用。没想到公司竟告诉他，他并不是公司员工，公司不承担他的治疗费。张师傅于是向劳动争议仲裁机构申请仲裁，要求确认他与工艺品市场管理公司的劳动关系。

那么，关于确认劳动关系的案件，有什么法律依据？应查明哪些相关问题？举证责任如何分配？

【解析】

1. 确认劳动关系案件的主要法律依据

《关于确立劳动关系有关事项的通知》(劳社部发〔2005〕12号)。

2. 确认劳动关系案件应查清的相关问题及举证责任(分两种情形)

第一种情形:被申请单位否认与劳动者存在任何关系的。

(1) 劳动者与被申请单位是否签有劳动合同。

(2) 劳动者的工资支付情况:是否由被申请单位支付过工资,如工资由自然人支付,实际工资支付者是否是被申请单位的人,支付的理由是什么。

(3) 劳动者的社会保险缴纳情况:是否由被申请单位缴纳了社会保险。

(4) 城镇职工的档案关系是否在被申请单位处或由被申请单位委托存档。

(5) 劳动者有无与被申请单位存在劳动关系的其他证据(如工作证、服务证、收入证明、介绍信、暂住证等)。

(6) 被申请单位有无证据证明其主张(全体员工的花名册、工资支付记录、社保缴纳记录等)。

第二种情形:被申请单位承认与劳动者存在关系,但否认是劳动关系。

(1) 劳动者是否已依法享受基本养老保险待遇(核查社会保险)。

(2) 被申请单位主张与劳动者建立劳务关系的:第一,是否签有符合法律、法规规定的劳务协议;第二,日常工作地点、形式、管理是否明显不同于用人单位职工;第三,劳务费用结算情况。

3. 被申请单位主张劳动者与第三方建立劳动关系的

(1) 涉及劳务派遣的:是否有劳务派遣协议,是否有劳务派遣名单,劳动者与劳务派遣单位是否签有劳动合同。

(2) 涉及建筑行业发包、分包、转包的:第三方是否具有符合行业规定的资质(工伤案件),是否有符合行业规定的书面协议,劳动者与第三方是否签有劳动合同。

(3) 涉及个人承包者所雇用人员的:承包者是否属于本单位职工,是否由承包者管理并结算费用。

业务示例 9-14

加班工资支付案件的调查

【背景资料】

黄某向公司提出辞职,并指出自己在公司工作期间经常加班,但从未获得加班工资,与公司产生争议。

那么,关于加班工资支付的案件,有什么法律依据?应查明哪些相关问题?举证责任如何分配?

【解析】

1. 加班工资支付案件的主要法律依据

(1)《劳动法》第44条。

(2) 最高人民法院《关于审理劳动争议案件适用法律若干问题的解释（三）》第9条。

2. 处理原则

(1) 劳动者执行的工时制：劳动合同约定情况，如为不定时工作制或者综合计算工时工作制，是否经过劳动行政部门审批或为公司法规定的高级管理人员，审批的有效期间及计算周期，是否向劳动者告知或者明示（用人单位举证）。

(2) 加班工资的基数：劳动合同、集体合同、劳动者本人正常劳动应得的工资。

3. 具体情形应查明的事实和举证责任分配

第一种情形：用人单位以不存在加班为抗辩的。

(1) 劳动者主张存在非周期性加班的，应说明具体的加班时间、加班内容，并对加班事实的存在或用人单位掌握加班事实存在的证据负有举证责任。

(2) 劳动者主张周期性加班的：第一，劳动者主张存在每天超过8小时工作或每周超过5天工作的加班事实的，劳动者对加班事实的存在或用人单位掌握加班事实存在的证据负有举证责任；第二，用人单位主张存在每天少于8小时，每周总工作时间不超过40小时，每周至少休息1天的，用人单位对上述主张负有举证责任。

(3) 用人单位主张劳动者的超时在岗期间为值班的，用人单位承担举证责任：第一，超时在岗期间的工作任务、强度是否明显区别于正常工作时间；第二，超时在岗期间是否能休息；第三，劳动者是否吃住在用人单位；第四，用人单位是否已经支付值班津贴。

(4) 用人单位以劳动者没有提交加班申请并经批准进行抗辩的，用人单位承担举证责任。

(5) 用人单位主张休息日加班已倒休的，用人单位对该主张负有举证责任。

(6) 劳动者主张加发相当于加班工资报酬25%的经济补偿的，用人单位举证，用人单位证明不存在克扣或者无故拖欠劳动者加班工资的情形。

第二种情形：用人单位主张已足额支付加班工资的。

(1) 劳动者的工资构成，用人单位举证。

(2) 用人单位的加班工资支付情况，用人单位举证。

4. 补充说明

(1) 劳动者加班是否由用人单位安排，其工作内容是否属于应在正常工作时间内完成的。

(2) 劳动者的工资构成是否全部或主要为计件工资，超时工作的部分是否以计件工资的形式支付了，是否有证据能证明延时、休息日、法定休假日工作时具体计件数，是否是劳动者为获取更多劳动报酬而主动申请超时计件工作。

(3) 劳动者仅凭打卡记录不足以证明存在加班的事实。

（三）仲裁庭结案

1. 仲裁调解书和仲裁裁决书

劳动争议案件经过开庭审理后，常见的结案方式有调解方式和裁决方式，这两种方式不可能同时出现，只能二者择其一。

劳动争议仲裁调解书是指劳动人事争议仲裁委员会制作的，用来记录劳动争议当事人自愿达成的解决劳动争议协议的法律文书。按照有关规定，制作劳动争议仲裁调解书必须以当事人达成的调解协议为前提。当事人达成调解协议，必须贯彻自愿、合法的原则。仲裁庭处理劳动争议进行调解，应在查明事实、分清是非责任的基础上进行。经仲裁庭调解达成调解协议的，仲裁庭应当根据调解协议的内容制作调解书，调解书自送达最后一方当事人之日起发生法律效力。如果当事人不履行调解书约定的义务的，另一方当事人可以基于调解书申请强制执行。调解未达成协议或者调解书送达前当事人反悔的，仲裁庭应当及时裁决。

劳动争议仲裁裁决书应当载明仲裁请求、争议事实、裁决理由、裁决结果和裁决日期。裁决书由仲裁员签名，加盖劳动人事争议仲裁委员会印章。仲裁裁决书制作的总体要求是准确、鲜明、严密、精练。所谓准确，一是指裁决书中认定的事实要确实，既不能夸大，也不能缩小；二是要准确地分清是非责任，不能模棱两可；三是运用的法律不得出现失误。所谓鲜明，是指对争议中的正确与错误、是与非要依法表明态度，使当事人阅读裁决书后一目了然。所谓严密，是指仲裁裁决书要遵循摆明事实—适用法律—得出必然性的处理结论的逻辑过程加以论证。所谓精练，是指裁决书要言简意赅、明确无误、层次清晰。

2. 送达回执

送达回执是劳动人事争议仲裁委员会向仲裁案件的当事人及其他关系人送达各种仲裁文书时填写的法律文书。根据法律规定，送达仲裁文书必须有送达回执。送达回执是劳动人事争议仲裁委员会依法送达各类法律文书，劳动争议仲裁案件的当事人收到各类法律文书的书面凭证。

劳动人事争议仲裁委员会送达仲裁文书，应当直接送交受送达人；本人不在的，交其同住成年亲属签收；受送达人已向劳动人事争议仲裁委员会指定代收人的，交代收人签收；受送达人是企业或单位，又没有向劳动人事争议仲裁委员会指定代收人的，可以交其负责收件人签收。

受送达人拒绝接受仲裁文书的，送达人应邀请有关组织的代表或其他人到场，说明情况，在送达回执上证明拒收事由和日期，由送达人、见证人签名或盖章，把仲裁文书留在受送达人住所，即视为送达。

直接送达仲裁文书有困难的可邮寄送达，邮寄送达挂号查询回执上注明的收件日期为送达日期。

受送达人下落不明，或其他方式无法送达仲裁文件的，可公告送达。自发出公告之日起，经过 30 日，即视为送达。公告送达应在“备注”栏中注明原因和经过。

3. 结案报告

结案报告是根据法律规定制作的，供劳动人事争议仲裁委员会处理劳动争议案件终结后，对案件处理情况进行总结，并将案件处理过程中形成的材料分别归档时使用的文书。

案件处理终结后，仲裁委员会应当将处理过程中形成的全部材料立卷归档。仲裁案卷分正卷和副卷装订。正卷包括：仲裁申请书、受理（不予受理）通知书、答辩书、法定代表人身份证明书、授权委托书、调查证据、勘验笔录、开庭通知、庭审笔录、延期通知书、仲裁建议书、调解书、裁决书、送达回执等。副卷包括：评议记录、立案审批表、调查提纲、阅卷笔录、会议笔录、底稿、结案审批表等。

仲裁委员会应当建立案卷查阅制度。对不需要保密的内容，应当允许当事人及其代理人查阅、复印。仲裁调解和其他方式结案的案卷，保存期不少于5年，仲裁裁决结案的案卷，保存期不少于10年，国家另有规定的从其规定。保存期满后的案卷，应按照国家有关档案管理的规定处理。

业务示例 9－15

制作仲裁调解书

×××劳动人事争议仲裁委员会
调　解　书

×劳人仲字〔　〕第__号

申请人：×××（姓名），×（性别），××××年××月××日出生，××××××（工作单位及职务），住本市××区××街××号。

委托代理人：×××（姓名），×（性别），×岁（年龄），××××××（工作单位及职务或家庭住址）。[如果是律师代理，则仅写：×××（姓名），×××律师事务所律师]

被申请人：××××公司，住所地：×××××××××。

法定代表人或负责人：×××（姓名），×××（职务）。

委托代理人：×××（姓名），×（性别），×岁（年龄），××××××（工作单位及职务或家庭住址）。[如果是律师代理，则仅写：×××（姓名），×××律师事务所律师]

申请人×××（姓名）（以下简称×××）诉被申请人××××（名称全称）（以下简称××公司）劳动争议一案，本委受理后，由仲裁员×××、×××、×××（仲裁员姓名）依法组成合议庭，×××任首席仲裁员（依法由仲裁员×××独任审理）。

×××（申请人姓名）向本委提出如下仲裁请求：

一、……

二、……

…………

经本委主持调解，双方当事人自愿达成如下协议：

一、……

二、……

…………

上述协议不违背有关法律规定，本委予以确认。

本调解书自送达之日起具有法律效力。

首席仲裁员：×××
仲　裁　员：×××
仲　裁　员：×××
年　月　日

此件与原本核对无异（仲裁委员会盖章）　书　记　员：×××

注：本调解书式样是以申请人为劳动者个人，被申请人为用人单位为例。

业务示例 9－16

制作仲裁裁决书

×××劳动人事争议仲裁委员会

裁　决　书

×劳人仲字〔　〕第　号

申请人：×××（姓名），×（性别），××××年××月××日出生，××××××（工作单位及职务），住本市××区××街××号。

委托代理人：×××（姓名），×（性别），×岁（年龄），××××××（工作单位及职务或家庭住址）。[如果是律师代理，则仅写：×××（姓名），×××律师事务所律师]

被申请人：××××公司，住所地：×××××××××。

法定代表人或负责人：×××（姓名），×××（职务）。

委托代理人：×××（姓名），×（性别），×岁（年龄），××××××（工作单位及职务或家庭住址）。[如果是律师代理，则仅写：×××（姓名），×××律师事务所律师]

第三人：××××公司，住所地：×××××××。

法定代表人或负责人：×××（姓名），×××（职务）。

委托代理人：×××（姓名），×（性别），×岁（年龄），××××××（工作单位及职务或家庭住址）。[如果是律师代理，则仅写：×××（姓名），×××律师事务所律师]

申请人×××（姓名）（以下简称×××）诉被申请人××××（名称全称）（以下简称××公司）××、××、××（案由）争议一案，本委受理后，由仲裁员×××、×××、×××（仲裁员姓名）依法组成合议庭，×××任首席仲裁员（依法由仲裁员×××独任审理）。

经审查，本委认为××××公司（名称全称）（以下简称××公司）与本案的处理结果有利害关系，依据《中华人民共和国劳动争议调解仲裁法》第二十三条的规定，追加××公司为第三人。

本案经公开开庭审理，×××（申请人姓名）及其委托代理人×××（姓名）、××公司（被申请人名称简称）的委托代理人×××（姓名）、××公司（第三人名称简称）的委托代理人×××（姓名）均到庭参加了仲裁活动。[如果被申请人经书面通知未到庭，在前面表述了已出庭人员后（注意不要再表述被申请人），应在此继续写明：本委于××年××月××日向××公司（被申请人名称简称）送达了出庭通知，但其无正当理由未到庭。] 本案现已审理终结。

×××（申请人姓名）称：……（概述申请人提出的事实和理由，并明确列出申请人的全部请求）

××公司（被申请人名称简称）辩称：……（概述被申请人答辩的主要内容及针对申请人每一项请求的明确态度）

××公司（第三人名称简称）述称：……（概述第三人的主要意见）

经查：……（一般按时间发展的基本顺序表述劳动人事争议仲裁委员会查明的事实。个别疑难案件，如有必要，可以采取逐一列举双方提交的证据并论述质证、认证情况的论述方式）

上述事实有各方陈述、庭审笔录、×××（证据名称）、×××（证据名称）（这类证据应该是经过确认的证据）等在案证实。

本委认为：……（应当以概述性语言作为观点，逐一展开论述。要求对经查事实表明态度，并针对申请人的每一项请求是否予以支持进行论述，双方意见一致的点到即可，不用展开论述，着重论述双方存在分歧的地方。写明裁决的理由和依据，要写明具体所依据的法律、法规、规章和其他规范性文件等，文字要简练、逻辑要清晰、内容要全面）

本案经调解，双方未达成协议，依据《中华人民共和国劳动争议调解仲裁法》第四十二条第四款、《××××》第××条、《××××》第××条的规定，现裁决如下：（如果被申请人经书面通知未到庭的，则此段表述为：本案在开庭审理中，××公司经本委合法通知无正当理由未到庭，根据《中华人民共和国劳动争议调解仲裁法》第三十六条第二款、《××××》第××条、《××××》第××条的规定，现缺席裁决如下：）

一、……

二、……

三、……

……

如不服本裁决，可于本裁决书送达之日起十五日内，向××法院提起诉讼，逾期不起诉，本裁决书发生法律效力。[如果系终局裁决，则此段表述为：本裁决对××公司（被申请人名称简称）为终局裁决。××公司（被申请人名称简称）有证据证明本裁决有《中华人民共和国劳动争议调解仲裁法》第四十九条第一款规定的情形之一的，可自本裁决书送达之日起三十日内向××法院申请撤销裁决。××（申请人姓名）如不服本裁决，可于本裁决书送达之日起十五日内，向××法院提起诉讼，逾期不起诉，本裁决书即发生法律效力。]

首席仲裁员：×××
仲　裁　员：×××
仲　裁　员：×××
年　　月　　日

此件与原本核对无异（仲裁委员会盖章）　　书　记　员：×××

注：本裁决书式样是以申请人为劳动者个人，被申请人为用人单位为例。

业务示例 9 - 17

送达回执（见表 9 - 8）

表 9 - 8　×××劳动人事争议仲裁委员会
送 达 回 执

×劳人仲字〔　〕第　号

受送达人				案由			
送达单位地点				执行送达人			
送达文件	签发人	送达人	送达方式	收到时间	受送达人签名	代收人与受送达人关系	不能送达原因
				月　日　时			
				月　日　时			
				月　日　时			
				月　日　时			
				月　日　时			
备注							

业务示例 9-18

结案报告（见表 9-9）

表 9-9 ×××劳动人事争议仲裁委员会
结 案 报 告

×劳人仲字〔 〕第 号

案由			
申请人及请求事项			
被申请人及答辩理由			
处理结果			
首席仲裁员	仲裁员	仲裁员	书记员
立案日期	年 月 日	结案日期	年 月 日
归档日期	年 月 日	归档号数	
卷内共 页		保存期限	

二、实操演练

任务 9-5

【背景材料】

某公司宣布，为了压缩成本、提高效率，将裁员 20%，主要针对销售部门，被辞退的员工有 150 人左右，占整个销售部门的 2/3。裁员消息一经宣布，即开始执行。此后不断有该公司员工上传视频到网络，指责公司的态度恶劣，实行“暴力裁员”。有员工称，在公司办公室，裁员执行人员通知所有人当天交电脑、交门卡，第二天就不要来上班了。被裁掉的员工不服，向当地劳动争议仲裁机构申请仲裁，要求认定公司解除劳动合同违法并支付赔偿金。

【具体任务】

关于此类案件的处理有什么法律依据？应查明哪些相关问题？举证责任如何分配？

任务 9-6

【背景资料】

职工杨某到某广告公司工作，签订劳动合同后，广告公司以担心职工把劳动合同文本弄丢为由，未让杨某留存自己的劳动合同文本。后来广告公司业绩下滑，开始拖欠职工工资，杨某已经连续 3 个月未领到工资，于是申请劳动争议仲裁，要求解除与广告公司的劳动合同，并要求公司补发工资、支付经济补偿。广告公司在开庭前的答辩书中称：不认识杨某，与杨某不存在劳动关系。杨某对广告公司矢口否认的行为十分气愤，可是又拿不出书面劳动合同。

【具体任务】

广告公司通过否认与杨某存在劳动关系来规避支付工资的义务，这样做有哪些风险？如果你是杨某的代理人，你会如何证明劳动关系的存在？

任务 9-7

【背景材料】

1. 申请人：张某

被申请人：某食品厂

张某与某食品厂签订了为期 5 年的劳动合同，合同上规定他的工作是"管理岗位"（质检部经理），工资为 8 000 元/月。张某上岗后，对工作尽心尽力。劳动合同履行两年以后，食品厂领导以张某"对工作不负责任，质检时送人情"为由，将他调离原有的工作岗位。张某被安排到"保洁管理岗位"工作，实际上是做厂区内的一名卫生保洁员，负责打扫厂区内的卫生，工资也下降到 3 000 元/月。

张某不服食品厂的决定，提出异议。食品厂领导认为：合同未明确规定是哪一岗位，现在保洁工作也是"管理岗位"之一，对他的工作调动并无不妥之处，由于工作调动，工资水平做相应调整也是理所应当的。张某觉得食品厂是擅自变更了合同，未征得他的同意，于是便不到单位上班了，并到劳动争议仲裁机构申请仲裁。

2. 申请人：田某

被申请人：某国有企业

田某与某国有企业签订了为期 5 年的劳动合同。劳动合同履行期间，田某与几位朋友经商赚了钱，开始不安心本职工作，经常借故请假替别人干活捞点外快。由于当时用人单位效益不好，人浮于事，对田某的行为没有注意。后来，由于该用人单位改善了经营管理，产量增加，效益提高，职工收入也随之增加。田某再次请假时，因生产任务紧未被批准，田某与领导发生争吵。用人单位以田某不听劝告为由，单方面解除了劳动合同。田某不服，向当地劳动人事争议仲裁委员会申请仲裁。

3. 申请人：陈勇

被申请人：某化工厂

陈勇和马荣是某化工厂的职工。两人在休年休假期间结伴去外地旅游。在旅游期间，陈勇不慎将腿摔伤住进了当地医院，无法按时回工厂上班，于是委托马荣为其请假。马荣回厂不久就被工厂派去和外商谈判，因公务繁忙，把代陈勇请假的事情忘得一干二净。陈勇养好伤回到化工厂上班时才得知，工厂以旷工为由，已经解除了自己的劳动合同。陈勇不服，认为自己不来上班事出有因，不应该认定为无故旷工。化工厂认为，只要没有请假，便是旷工。陈勇认为，没有请假的过错不在于自己，但化工厂仍然坚持解除劳动合同的决定。双方为此发生纠纷，陈勇申请了劳动争议仲裁。

4．申请人：远上公司

被申请人：李东

远上公司与李东签订了5年期限的劳动合同，合同约定试用期为6个月，同时还约定，公司选派李东培训，若李东违约，应赔偿培训费。李东不得出卖、转让或带走公司的技术资料。合同签订后，公司即派李东到国外培训一个月，李东培训结束后回到公司上班。上班3个月后，李东被一家公司高薪聘用，不辞而别，并带走了公司的技术资料。公司多次要求李东回公司工作，否则赔偿损失，李东都给予拒绝，并说自己在试用期有权解除劳动合同，技术资料是自己学习时付出了许多劳动所得。远上公司于是申请了劳动争议仲裁。

【具体任务】

针对上述劳动争议案件开展仲裁活动：

1．分配角色和任务：参与人员分别扮演仲裁员、书记员、申请人及代理人、被申请人及代理人。（仲裁员人数必须是单数，如果仲裁员为3人以上单数，设首席仲裁员）

2．充分讨论案情，各成员根据自己的角色制作相应的法律文书。

3．开庭审理劳动争议案件。

4．整理该案所有法律文书，制作结案报告。

（注：案件细节信息可以补充）

工作任务六

劳动争议诉讼

一、业务技能与业务示例

（一）劳动争议诉讼当事人的确定

1．确定劳动争议诉讼当事人的一般原则

劳动争议的诉讼当事人简单来说就是用人单位和劳动者，不服仲裁裁决的劳动者和用人单位，只能以仲裁阶段的对方当事人为被告向法院起诉，而不能以劳动仲裁机构为被告人。劳动争议仲裁机构也不得作为诉讼程序中的第三人。

2. 确定劳动争议诉讼当事人的具体规定

（1）劳动者和用人单位均不服劳动人事争议仲裁委员会的同一裁决，向同一人民法院起诉的，人民法院应当并案审理，双方当事人互为原告和被告。在诉讼过程中，一方当事人撤诉的，人民法院应当根据另一方当事人的诉讼请求继续审理。

（2）劳动者与起有字号的个体工商户产生的劳动争议诉讼，人民法院应当以营业执照上登记的字号为当事人，但应同时注明该字号业主的自然情况。

（3）劳动者因履行劳务派遣合同产生劳动争议而起诉，以派遣单位和接受单位为共同被告。

（4）用人单位与其他单位合并的，合并前发生的劳动争议，由合并后的单位为当事人；用人单位分立为若干单位的，其分立前发生的劳动争议，由分立后的实际用人单位为当事人。用人单位分立为若干单位后，对承受劳动权利义务的单位不明确的，分立后的单位均为当事人。

（5）用人单位招用尚未解除劳动合同的劳动者，原用人单位与劳动者发生的劳动争议，可以列新的用人单位为第三人。原用人单位以新的用人单位侵权为由向人民法院起诉的，可以列劳动者为第三人。原用人单位以新的用人单位和劳动者共同侵权为由向人民法院起诉的，新的用人单位和劳动者列为共同被告。

（6）劳动者在用人单位与其他平等主体之间的承包经营期间，与发包方和承包方双方或者一方发生劳动争议，依法向人民法院起诉的，应当将承包方和发包方作为当事人。

（二）起诉的法定期限

劳动争议当事人对仲裁裁决不服的，有权在收到裁决书之日起 15 日内向法院起诉，超过这个时限的，裁决书即发生法律效力，当事人无权再向人民法院起诉。

（三）法院的管辖权

劳动争议诉讼管辖，是指法院受理第一审劳动争议案件的分工和权限。最高人民法院规定的我国现行劳动争议诉讼的管辖规则是：在级别管辖上，均由基层人民法院管辖；在地域管辖上，由用人单位所在地或者劳动合同履行地人民法院管辖，劳动合同履行地不明确的，由用人单位所在地人民法院管辖。

但在实践中各地做法不一，特别是在级别管辖问题上，许多地区都采用了区分级别管辖的做法，即县（区）级以下（含县区级）的用人单位及其他用人单位与劳动者之间发生的劳动争议案件，由被告所在地基层人民法院管辖；市（地区）级以上的用人单位与劳动者之间发生的劳动争议案件，由被告所在地中级人民法院管辖。

业务示例 9－19

劳动者违反竞业限制协议，应当承担违约责任

2012 年 3 月，闫某与某科技公司签订劳动合同，约定闫某从事开发工作，在双方解除或终止合同一年内，闫某不能以任何方式向有竞争关系的组织或者公司提供服务。双方签署《保密协议》，约定了竞业限制业务范围及情形，某科技公司在竞业

限制期内支付竞业限制经济补偿，如果闫某违反约定，须向某科技公司支付违约金20万元，该违约金不足以弥补某公司损失的，不足部分仍应赔偿。2013年5月，闫某离职，某科技公司发出《关于要求履行竞业限制以及严格遵守保密义务的通知》，同时对限制的工作内容进行了进一步明确，并告知构成竞争关系的公司包括A及其下属公司；B及其下属公司；C及其下属公司……闫某在该通知上签字，同月，闫某入职C集团的某下属公司。

2013年12月，某科技公司以闫某违反双方的竞业限制协议为由，提出劳动仲裁申请，仲裁委员会裁决闫某继续履行与某科技公司约定的竞业限制义务，返还经济补偿金12万余元，支付违约金20万元。闫某向法院提起诉讼。

法院认为，从C集团的某下属公司股东和股权质押等情况来看，闫某和C集团存在实质关联关系；从某科技公司和C集团及其下属公司之间的业务范围来看，二者属于竞争关系。因此，闫某违反了竞业限制义务。法院驳回了闫某的诉讼请求。

劳动者在享受劳动权益的同时，应当基于诚信原则履行劳动合同义务，如果与用人单位约定了竞业限制，在用人单位按期支付竞业限制补偿时，应当遵守相关约定，在入职其他用人单位时，及时向原用人单位反映就业情况，避免不必要的纠纷。

二、实操演练

任务9-8

【背景资料】

赵小明与腾飞公司签订了3年的劳动合同，担任营销部业务员，合同约定赵小明月工资20 000元，实行不定时工作制。劳动合同履行期间，腾飞公司颁布《员工手册》，开始严格实施考勤制度，要求所有员工都必须每天早上9点到公司进行指纹考勤，违者视为缺勤，累计缺勤15次以上解除劳动合同。赵小明认为，自己每天需要在外面跑业务，去公司进行指纹考勤耽误时间，且劳动合同已经载明自己的岗位属于不定时工作制，因此经常不去公司考勤。很快赵小明累计缺勤的次数达到了15次，公司依据《员工手册》解除了与赵小明签订的劳动合同。赵小明认为，公司《员工手册》的规定十分苛刻，很多员工对此都有意见，以《员工手册》为依据解除劳动合同属于违法，公司应向自己支付赔偿金，因此向当地劳动争议仲裁机构申请仲裁。仲裁机构立案后，由于案多人少矛盾特别突出，开庭日期排到了两个月以后，赵小明急于获得处理结果，于是直接向法院提起诉讼。

【具体任务】

赵小明是否能够以“实行不定时工作制”为由拒绝到公司考勤？如果腾飞公司《员工手册》在制定过程中没有经职工代表大会讨论，只随机选取了超过半数以上的职工进行讨论，那么《员工手册》是否有效？法院是否会受理赵小明的起诉？

任务 9-9

【背景资料】

徐某被从事劳务派遣业务的康华公司招用，但没有签订书面劳动合同，康华公司派遣徐某到宏兴公司从事工作。后来徐某上班途中遭遇车祸身亡，徐某的母亲齐某向当地劳动争议仲裁机构提出申请，要求确认徐某与康华公司存在劳动关系，并向仲裁机构提交一份担保书的复印件，该文件由康华公司向宏兴公司出具，文件载明徐某是康华公司员工。康华公司对复印件的真实性未提出异议，仲裁机构因此裁决徐某与康华公司存在劳动关系。

【具体任务】

齐某是否具备劳动争议仲裁申请人的资格？宏兴公司是否是本案的当事人？若康华公司对仲裁裁决不服，是否有权向法院提起诉讼？

主要参考文献

1. 程延园. 劳动合同法教程［M］. 2版. 北京：首都经济贸易大学出版社，2014.

2. 郝云峰. HR劳动争议案例精选与实务操作指引［M］. 北京：中国法制出版社，2018.

3. 姜俊禄. 劳动人事争议典型案例评析：第3辑［M］. 北京：中国劳动社会保障出版社，2017.

4. 李援.《中华人民共和国劳动争议调解仲裁法》条文释义与案例精解［M］. 北京：中国民主法制出版社，2012.

5. 唐鑛，杨振彬. 人力资源与劳动关系管理［M］. 北京：清华大学出版社，2017.

6. 吴高盛.《中华人民共和国劳动合同法》释义及实用指南［M］. 北京：中国民主法制出版社，2013.

7. 王桦宇. 劳动合同法实务操作与案例精解［M］. 北京：中国法制出版社，2013.

8. 王勤伟. 劳动争议实务操作与案例精解［M］. 4版. 北京：中国法制出版社，2018.

9. 王远东，赵学昌. 劳动争议处理实务［M］. 2版. 北京：北京大学出版社，2018.

10. 王振麒. 劳动人事争议处理［M］. 上海：复旦大学出版社，2011.

11. 肖胜方. 劳动合同法下的人力资源管理流程再造［M］. 4版. 北京：中国法制出版社，2016.

12. 于丽萍. HR劳动争议经典管理案例［M］. 北京：中国法制出版社，2018.

13. 郑东亮，唐鑛. 劳动关系协调员：国家职业资格三级［M］. 北京：人民出版社，2014.